# 华夏历史一本通

上古——东汉　第一卷

张生栋 ◎ 著

花城出版社

中国·广州

图书在版编目（CIP）数据

华夏历史一本通. 上古—东汉 : 全6册 / 张生栋著
. -- 广州 : 花城出版社, 2022.9
ISBN 978-7-5360-9604-2

Ⅰ. ①华… Ⅱ. ①张… Ⅲ. ①中国历史－上古-东汉时代－通俗读物 Ⅳ. ①K209

中国版本图书馆CIP数据核字(2022)第132960号

出 版 人：张 懿
责任编辑：陈诗泳　梁宝星　凌春梅
技术编辑：薛伟民
装帧设计：迟迟工作室

| 书　　名 | 华夏历史一本通. 上古—东汉<br>HUAXIA LISHI YIBENTONG SHANGGU DONGHAN |
|---|---|
| 出版发行 | 花城出版社<br>（广州市环市东路水荫路 11 号） |
| 经　　销 | 全国新华书店 |
| 印　　刷 | 广东鹏腾宇文化创新有限公司<br>（广东省珠海市高新区唐家湾镇科技九路88号10栋） |
| 开　　本 | 787 毫米 ×1092 毫米　16 开 |
| 印　　张 | 154.5　6 插页 |
| 字　　数 | 2470,000 字 |
| 版　　次 | 2022 年 9 月第 1 版　2022 年 9 月第 1 次印刷 |
| 定　　价 | 488.00 元（全 6 册） |

如发现印装质量问题，请直接与印刷厂联系调换。
购书热线：020-37604658　37602954
花城出版社网站：http://www.fcph.com.cn

# 目 录

001 | 第一章　人类起源之谜

013 | 第二章　三皇五帝
015　第一节　"三皇五帝"称谓由来、钻木取火、伏羲女娲、神农尝百草
025　第二节　轩辕黄帝、姓氏起源、黄帝战蚩尤、龙的传人
033　第三节　血统之谜
039　第四节　颛顼帝喾、唐尧授时、尧造围棋、后羿射日
047　第五节　孝子虞舜、竹书纪年、尧舜禅让

055 | 第三章　夏朝
057　第一节　大禹治水、奇书《山海经》
071　第二节　大禹代舜
078　第三节　姒启夺位
082　第四节　太康失国、后羿代夏、少康复国、嫦娥奔月
089　第五节　孔甲养龙
093　第六节　妹喜受宠、夏桀亡国

101 | 第四章　商朝
103　第一节　伊尹负鼎、汤武革命
114　第二节　伊尹放太甲、盘庚迁殷、武丁借梦用傅说、女英雄妇好
123　第三节　妲己惑商、姬昌遭囚、商灭周兴、重读殷纣

137 | 第五章　西周
139　第一节　周国崛起、武王伐纣
148　第二节　封邦建国
156　第三节　周公吐哺、武庚叛乱

| 164 | 第四节 | 四大制度、周公遭忌 |
| 175 | 第五节 | 周穆王西游、周孝王养马 |
| 180 | 第六节 | 防民之口、冰美人褒姒、烽火戏诸侯 |

# 第一章 人类起源之谜

人次国新之司
第一章

讲历史必须从头讲起，要不然开篇就讲三皇五帝，人们就不禁会感到疑惑，三皇五帝是谁？他们是从哪里来的？为什么称呼他们为"三皇五帝"？他们都做过些什么？为何他们能成为三皇五帝，而其他人不能？

而在说三皇五帝之前，就又得先说人类是从哪里来的。

关于人类的起源，有许多经典的神话传说，其中比较著名的有中国的女娲造人之说、希腊的大地女神盖亚创造众神之说，以及基督教和犹太教的上帝创造亚当、夏娃之说等。

那么人类究竟是怎么来的？实际上既不是上帝造的，也不是女娲造的，依目前主流观点，人类是慢慢地进化来的。

那么人类是从什么物种进化来的呢？达尔文说人类是从古猿进化来的，该观点目前也有争议，我们不妨把范围划得大一些，认为人类是从原始生物进化来的。

那么原始生物又是从哪里来的呢？

在回答人类或者是原始生物的问题之前，就又得先说说人类赖以生存的地球，因为不论是原始生物还是人，都不是无源之水、无本之木，不可能凭空从太空中飞来再进化。根据科学的测算方法（同位素测年技术）得知，地球诞生已经46亿年了，而人类有文字记载的文明史，只有数千年，之前那么长的时间，地球上发生过什么？有没有产生过其他的智慧文明但已意外灭绝？为什么地球目前由人类主宰，而不是其他动物，比如说曾经盛极一时的恐龙？

还未来得及回答这个问题，更大的问题又来了，地球又是从哪里来的？

根据现今最有影响力的宇宙学说，地球起源于宇宙大爆炸。大约一百三十八亿年前，我们所处的这个宇宙，是一个温度非常高（大约在一百亿摄氏度以上）、质量非常大的致密天体，可以把它想象成一个乒乓球。宇宙的时间也是零，时间的起点就是乒乓球的中心（天文学术语为宇宙的奇点或时间的奇点）。乒乓球在高速旋转，而实际上，这个乒乓球是一个黑洞（黑洞是质量非常大但体积非常小的致密天体，一个体积只有乒乓球大小的黑洞比无数个地球质量还要大，它可以吞噬任何物体，连速度最快的光线都无法逃脱，所以称之为黑洞）。当这个乒乓球高速旋转得已经无法再承载自身所拥有的巨大能量时，自我解体也就是大爆炸发生了，大爆炸产生的气浪高速旋转着瞬间向四周扩散，巨大的能量通过引力波向四面八方辐射。就像湖心里丢进去一块石头，波纹一圈一圈地向外荡漾一般。大爆炸开始的时候，我们所在的宇宙开始计时，从零秒起，一直计到现在，就是一百三十八亿年。往外扩散几秒钟之后，宇宙中的温度迅速下降，产生了各种基本粒子，化学元素周期表上排列在前的那些元素就在这个过程中逐渐形成的。宇宙再膨胀，宇宙中心引力不断缩小，能量不断扩散，温度不断下降，到几千摄氏度的时候，乒乓球爆炸产生的那些气浪变成了星云，星云再旋转，又产生了星系（比如银河系），星系中诞生了较大的恒星（比如太阳）和较小的行星（比如地球），行星被恒星的引力或者说是扭曲时空时产生的能量所俘获，于是开始绕着恒星转动（比如太阳系和八大行星）。

地球就这样诞生了，但是，这个时候的地球还不是现在的地球。那个时候的地球，还非常热，是一个火球，处于熔岩状态。它在高速旋转中又分离出去一些物质，或是用引力或扭曲时空产生的能量俘获周边的一些物质，比如月球（月球到底是从地球上分离出去的还是被地球俘获的目前尚无定论）。随着宇宙的再扩散和时空挤压，地球渐渐变冷变小，密度增大，最外层的熔岩逐渐冷却，变成了岩石，内部的水在旋转中逐渐到了表层，形成了海洋和陆地，这就是地球的雏形（我国的神话传说中，是盘古开天辟地，用斧子劈开混沌的宇宙，清而轻者上升为天，浊而沉者下降为地，之后，盘古又用自己的身体各部化为日月星辰及世间万物）。

距今大约三十亿年前，地球原始大气中的气体和地壳表面的一些可溶性物质溶于水中，在宇宙射线、太阳紫外线、闪电、高温等的综合作用下，经过极其漫长的过程，合成了有机化合物（这对生命的起源至关重要），在经历了极其艰难和漫长的过程之后，有机化合物逐渐演变为原始生命。

从地球诞生到距今五亿七千万年前（地质年代叫古生代前寒武纪），最原始的生命出现了。单细胞藻类和细菌大量繁殖，一些无脊椎动物出现。到距今五亿一千万年前的寒武纪，海洋中的三叶虫（这个很不起眼的三叶虫，就是大部分动物最早的祖先）、红藻（大部分植物的祖先）开始繁殖，但陆地上依然没有生命。接下来的地质年代比较多，不再一一列举，只拣几个知名度较高的说一说。比如说侏罗纪（因系列电影《侏罗纪公园》而为人们所耳熟）、白垩纪，等等，一直到第四纪猿人出现。但对于人类来讲，最有纪念意义的非两亿四千五百万年前的三叠纪莫属，因为在那个时候，许多海洋中的动物已经进化成了水陆两栖或者是爬行动物，并且出现了哺乳动物（人类就是哺乳动物）。恐龙于一亿四千五百万年前至六千五百万年前的白垩纪灭绝，在接下来的第三纪，哺乳动物迅速进化且体形增大。到了距今两百万年前的第四纪，陆地上较有代表性的动物就是：人类始祖、猛犸象、剑齿虎（动画片《冰河时代》中的主要人物形象即来源于此）。

客观地讲，如果恐龙没有灭绝，今天地球上有没有人类还很难说，因为弱小的哺乳动物在高大凶猛的恐龙面前，根本无法存活。关于恐龙灭绝的原因，有一假说很有影响力，称六千五百万年前一颗小行星不幸与地球相撞（墨西哥尤卡坦半岛上有一直径约两百公里的大坑，据称就是当初行星与地球相撞之处，科学家从坑里检测出了超量的可疑元素，证据比较有说服力），将数万亿吨尘土扬入大气层中，致使地球上数年不见阳光，处于一片黑暗之中，且气温急剧下降，植物不能吸收阳光进行光合作用而枯萎，恐龙等动物无法呼吸到氧气找到食物并抵御低温，最后不得不灭亡。

人类，就是最原始的三叶虫之类的海生动物不断进化，进化成莫氏鱼之类的鱼类，鱼类不断进化，进化成更高级的鱼类，高级鱼类再进化，进化成水陆两栖或爬行动物上岸，上岸后的一部分爬行动物再进化，进化成哺乳动物（即由卵生到卵胎生，由卵胎生再到胎生）。哺乳动物再进化分支，人类的一部分灵长目祖先就分了出来，有猴子、有类人猿，等等，人类的始祖通过打猎、做工具、做食物，就慢慢进化成了最原始的人。

原始的人类群居而繁衍，在恶劣的自然环境中艰难地生存着。他们使用天然尖锐的石块或是粗陋的打制石器，以采集果实和捕猎野兽为生。因为在生存的过程中要摘果子、拿木棒、扔石块，所以他们的上肢长时间地被占用，而身体的重量就全部由下肢来承载。渐渐地，上肢被解放了出来，下肢在长期的锻炼中具备了平衡站立和行走的能力。从这个时候起，原始人学会了直立行走，成为了真正意义上的人。这一个发展阶段，历史上称之为旧石器时代，从距今约三百万年前开始，延续到距今约一万年前结束。我国境内发现的最早的原始人类，是距今一百七十万年前的云南元谋人，还有距今八十万年前的陕西蓝田人、距今七十万年前的北京人。

与北京人同时期的原始人类，他们生活在山洞里，已经懂得用树木或是野兽的骨头制造工具，当然更多的还是用岩石打制的工具，具备了一些支配自然力的能力。他们在白天制造工具、采摘果实、猎取野兽，到了晚上，返回居住的山洞里，一边烤火取暖，一边休息调养，已经可以用简单的语言加上手势交谈。他们的食物主要是植物的野果、嫩叶、块根，以及昆虫、鸟、蛙、蛇等小动物。这一时期的原始人，已经学会了人工取火和保存火种。值得自豪的是，经过考古发现，世界上至今被证明的人类最早用火的是我国的元谋人和北京人。三皇之一的燧人氏，大约就生活在这一时期。北京人之后的山顶洞人，已经懂得把野兽的骨头磨成骨针，用骨针把贝壳、蚌壳等串在一起做装饰。

其时的原始人，常常数十或数百人结成一群住在一起，他们的寿命很短，大多数人在四十岁之前就夭亡了。这一时期，已经排除了双亲与子女、祖父母与孙子女发生关系，常常是有血缘关系的兄弟姐妹互相结为夫妻，繁衍后代。

在距今约十万年到二三万年前，这是历史上的旧石器时代中晚期，远古社会由原始人群阶段进入母系氏族社会。在这一个时期，人类的繁衍排除了同胞兄弟姐妹以及旁系兄弟姐妹发生婚姻关系，演进成为不同群落的同辈男女互为夫妇的群婚制、外婚制。夫妻分别居住在各自的母系氏族中，日常的婚姻生活，丈夫可以不定期从自己的部落到妻子所在的部落去走访，子女跟随母亲居住，属于母方的氏族，世系和财产继承也从母系。等男子成年以后，再寻求与其他部落的女子结合，然后到妻子所在的部落走婚。华胥氏走婚的传说及伏羲氏、女娲氏兄妹通婚的神话，就反映了这一时期的基本史实。

到了距今约1万年前，母系氏族非常繁荣，妇女在部落里的地位非常高，她们掌握着经济大权。由于对偶婚的出现和逐步巩固，丈夫常常迁到妻子一方的氏族跟随妻子居住。这一时期，随着人类制作石器的技术越来越纯熟，出现了磨制的石器。为了与之前使用打制石器的时期相区别，使用磨制石器的时期就被称为新石器时代。使用磨制石器，主要是因为当时已经发明了种植农业，需要更规则、精利的磨制石器来耕作，当然采集野果和捕鱼打猎仍然必不可少。在许多利于灌溉、土质肥沃的地方，比如在现今的黄河中下游地区山西、河南、山东等地，开始种植粟（俗称小米）、黍（俗称黄米），而在许多水源丰富、地势平坦的地方，比如在现今的长江下游地区安徽、江苏等地，开始种植水稻。先民们用石块、兽骨、蚌壳、木头制作的用来种植农作物的工具数量已经超过了捕鱼和打猎的工具，从此，农业开始占据主导地位。先民们有时候出去打猎，捕获成群的野牛、野猪、野鸡、野狗等，一时之间吃不完，于是就做成坚固的栅栏，然后把它们圈养起来，圈养的时间长了，牛、猪、鸡、狗被慢慢驯化，成为人们普遍饲养的家畜家禽。同时人们在漫长的生活中，发现一些被大火高温烧过的土片会变得非常坚硬牢固，于是陶器被发明了出来，人们开始用烧制的陶器吃饭饮水，并盛放野果、谷物，储存一些之前不易储存的食物等。另外，原始的先民们坐在田野里、树底下休息时，两手会自觉不自觉地采摘一些好看的花草或树叶来为自己编织一顶帽子或是围裙，慢慢地，人们又学会了编织衣物。经过一个长期的过程，他们发现葛、麻、棉等植物纤维和蚕丝比较适宜于人的皮肤，编成衣服穿在身上不会引起身体不适，于是用葛、麻、棉、丝等纺织衣物来遮羞或御寒。伏羲氏及神农氏，大致就生活在这一时期。

距今约六千至四千年前，在母系氏族社会经历了全盛时期后，由于男子体格较女性更为高大有力，在猎捕野兽、种植农作物等农业生产中逐渐占据了支配地位，因此古代社会的氏族部落先后从母系氏族转变为父系氏族部落，原始社会逐渐趋于解体。男子承担了更多的劳动，他们理所当然地获得了更多的发言权和经济上的优势，然后在社会生产和日常生活中占据了统治地位。在这个时候，他们不再愿意屈居于妇女的统治之下，于是要求按照父系计算世系、继承财产，母权制的婚姻秩序被打破了。原来对偶婚制下的从妻而居的传统，被较普遍的一夫一妻制所取代。在部落内部，部落首领与其他部落成员在社会地位、财富占有上，产生了非常大的差距，并且部落与部落之间，也形成了比较大的差别。有的部落居民，他们无论在拥有的财产上，还是在社会地位上，都超过了其他周边的部落，他们的首领不但统治本部落的居民，还统治其他部落的居民。这一时期，生产出来的食物不仅够吃，而且还有了相当多的剩余，禽畜饲养业也更加兴旺，传统所谓的六畜马、牛、羊、鸡、狗、猪，在这个时候基本上都齐了。先民们制作陶器的技艺越来越高超，种类和形状也越来越复杂，有的非常精美，并且还出现了漆制的木器（主要用来祭祀），以及石斧、石锛、石凿等磨制精致、锋利实用的木工工具（用来给贵族首领制作床、椅等必备的家具）。纺织衣物的工艺也非常成熟，已经能够织出工致的葛麻、棉布、丝绸衣服，并且出现了大量雕琢的玉器和铸造的铜器。

部落首领在占有较多的社会财富、享受崇高的社会地位之后，为了巩固自己的地位并表达对自然、图腾和祖先的崇拜，他们开始组织部落居民祭祀天地、神灵和祖先，修筑大型的祭坛，然后在祭祀时创作一些寄托着对天地、神灵和祖先充满敬畏、感激并表达美好愿望的祝文，而文化的诞生，就跟早期的祭祀活动有很大的关系。随着部落的进一步发展，为了防止其他部落前来掠夺和攻打，于是在中心部落之中，部落首领开始组织先民们用泥土和石头修筑坚固的城墙，这些用夯土和石块筑成的城邑，渐渐具备了国家的雏形，原始人类经过数百万年的发展，终于走到了文明的门槛边。黄帝等五帝，大约就生活在这一时期。

还是在比较早一些的时期，原始人类在群居、生存、捕食、繁衍的过程中，在群落或部落内部，有时候会天然地出现一些天赋异禀，或者身体非常强壮的人。他们发现了一些可以吃的植物，把种子带回来让部落里的人种植，并把一些野生动物抓回来驯养，同时带领部落里的人一起抵御食肉类猛兽的进攻，久而久之，就在群落或部落内部积累了相当高的威望，于是人们就自然而然地推举或是服从他们当首领，让他们主持分配获得的食物，带领大家劳动，带领众人共同抵御前来抢夺财产的其他部落，保护本部落的妇女和财产等。这些首领就是三皇五帝的雏形。

当然了，在那个时候，因为争夺地盘、猎物、财产或是抢婚，群落与群落之间的战争也不可避免。不过，那个时候最顶尖的武器就是石块和木棒，所以这样的战争就其规格而言，充其量就像是现今的械斗。在械斗的过程中，这个群落的一些人落了下风，被抓到了那个群落里去，那个群落的一些人又被抓到这个群落里来，有男的也有女的。刚开始被抓的人，女性会被留下来生育，男性则十有八九会被杀死祭神（祭神之后很有可能会被吃掉）。当然也有例外，比如说到了该吃饭的时候，这个群落的人拿着石块敲火，敲了半天也没有敲出一个火星子，结果被抓来绑在石洞拐角准备要在饭后处死的一个外部落的人就发言了，说："那里不是有一根木棒吗？你钻一下试试。"结果钻了几下，起了火，成功点燃柴草，肉很快就烤熟了。这个群落的首领一看，这个异族人还有点用，不能杀。于是就撕给他一块烤肉，和他聊了聊，不再打算杀死他，而是让他在这个群落里做奴隶干活。文明就通过这样的方式渐渐被交流传播开来。这个首领当得时间长了，他的群落里的人不再为食物发愁，生活得自由宽裕，周围的好几群人听说后，非常羡慕，于是就赶来投奔，于是这个群落就兼并了其他的群落，更加壮大了。那个时候没有书籍、广播、电视、网络、手机，信息的传播只能靠面对面地交流，人们见面之后就说这个首领如何会带领他们种谷子、如何会带领他们去打猎，就这样口耳相传，首领的名声就越来越大，甚至他死了之后由于信息不断还在传，直到他的儿子、孙子、曾孙时也无法停下来。为了方便称呼，比如说这个首领比较会驯养动物，人们就把他叫作伏羲氏，又有一个首领教人们在树上搭窝睡觉以躲避猛兽的袭击，人们就把他称作有巢氏，等等。等这些首领死了之后若干年，后世的人们以为他们也像后世的帝王那样非常有权势，于是就尊称他们为三皇五帝，这就是三皇五帝的来历。

三皇五帝再往后，随着经济的发展，食物和财产有了相当多的剩余，做首领有了非常大的权力，再不是谁会种谷子谁就能当首领了，因为那个时候的人们都会种谷子了。因此当首领不一定需要会种庄稼会打猎，而是需要更高的政治智慧或是会运用帝王权术。尧、舜之后的禹因为治水有功培植了巨大的私人势力，所以他的儿子启就攻杀了准备要继位的伯益登上了王位，然后建立了中国历史上的第一个朝代夏朝。接下来就是商、周、秦、汉等十八个朝代先后更替，一直到了二十一世纪的今天，创造了数千年的华夏文明史。地球上其他文明的诞生发展过程，与华夏文明也是大同小异。

从我们生活的今天往前数，可以数到公元0年，有两千多年；再往前数，可以数到公元前2000多年夏朝建立之时，这是四千多年，加上三皇五帝和其他的一些没有留下名字的首领，至少一千多年，所以说，人们都说华夏有五千年文明史，并不是空穴来风，而是有事实根据的。

我们所在的这个宇宙诞生已经一百三十八亿年了，而人类有记载的文明史才五千多年，相比之下是极为短暂的。但就在这短短的五千多年间，多少思想震古烁今，多少壮举精彩纷呈，多少阴云笼罩密布，多少荣辱频繁交织，多少苦难不绝于史，多少创造更上层楼，多少梦想延续至今……翻开这五千多年的历史，就会发现有许多惊人的相似之处，朝代的变换、权力的更迭、战争的胜负、人事的兴衰、谋略的成败，等等，聪明谨慎的人借鉴经验成功飞跃，愚笨傲慢的人无视教训重蹈覆辙，因而他们的结局也会呈现出好多种截然不同的形态，最终留给世人无尽的感慨和嗟叹。所以历史是一个不断循环前进的曲折终始，充满了巧合和雷同。如果人们能够对历史稍作留意，并从中发现一些规律性的东西，等到类似事情出现在面前的时候，或许就能趋吉避凶，做出更加正确的选择，并传承发展已有成果，进而抓住千载难逢的机遇，推动自身、群体乃至人类文明的进程。若如此，定不会辜负一辈又一辈的思想家、哲学家、史学家、文学家对历史所做的研究和探索。

最后，来看看宇宙大爆炸之前的那个乒乓球（奇点）是从哪里来的。

等再过大约五十亿年，宇宙中像太阳这一类的恒星，由于恒星表面的氢元素全部燃烧完毕，无法再进行由氢转变成氦而发光发热的热核反应，于是全都会变成红巨星，在坍塌之前，它们的体积会增大数倍且发出异常强烈的光芒及热量，因此它周边行星上的所有生命，都会被烤成黑烟，直白地说，那个时候，地球的末日就到了。当然那个时候，人类的科学技术很有可能已经发展到可以借助飞行器移居到别的星球、星系甚至是别的宇宙中去了，可行性由一辈又一辈的人类科学家去接续奋斗，在这里不做探讨，而且未来的时间非常长，也实在是有些杞人忧天。

不过一个最重要的前提是，人类必须没有遭遇原子武器、人造黑洞、生化武器（包括实验室泄漏）、人工智能背叛、星际基地攻伐等毁灭，也没有遭遇病菌失控、高能电磁射线、天外来客、天体碰撞等意外，一直繁衍生息到了那个时候，并且科学技术也一直传承发展没有中断。在这五十亿年间，地球文明会不会因灾难或意外中绝再从头开始进化，谁也无法预料。依目前的科技水平，人类也不过处在宇宙村的蛮荒阶段，在遥远的未来能否在宇宙星际交流争衡中占优生存，也还是未知数。

再过大约五百亿年，这个宇宙中的恒星逐渐死亡，或者坍塌成黑洞，或者被更大的黑洞吞噬，我们生活的这一个宇宙，最后会成为黑洞的世界（注意，仅指我们所处的这一个宇宙，因为未知的世界无限大，这个宇宙之外还有多少个平行宇宙、并列宇宙、交叠宇宙或是包含宇宙，依目前的观测技术还无法进行准确的探测并给出明确的回答）。大黑洞兼并小黑洞，最后只剩下一个巨型黑洞或相互之间无法兼并的N个黑洞。（当然也有一些位于这一宇宙边缘的天体，会成为类似太空垃圾的存在，或是因远离宇宙中心引力点而游离至这个宇宙之外，或是在游离中被其他宇宙中的天体粉碎或是吞并。）这些黑洞高速旋转，不断扭曲时空，在时空挤压下越转越小，而能量质量却越聚越大，就又成为一个乒乓球，然后等到某一个时刻，又是轰的一声，一个或N个新的宇宙在老的宇宙中爆炸诞生，一切重新开始，重新产生新的物质元素，在一些条件适宜的行星上又会重新产生新的生命，重新进化，重新出现高级生命（不一定是人类，因为人类的出现与所在行星的重力大小、大气层厚薄、空气含氧量多少、距离恒星远近、宇宙辐射强弱等诸多因素密切相关，实在是太过幸运和偶然），重新书写文明史。

因此，宇宙破旧立新，周而复始，而历史，也是革故鼎新，循环往复！

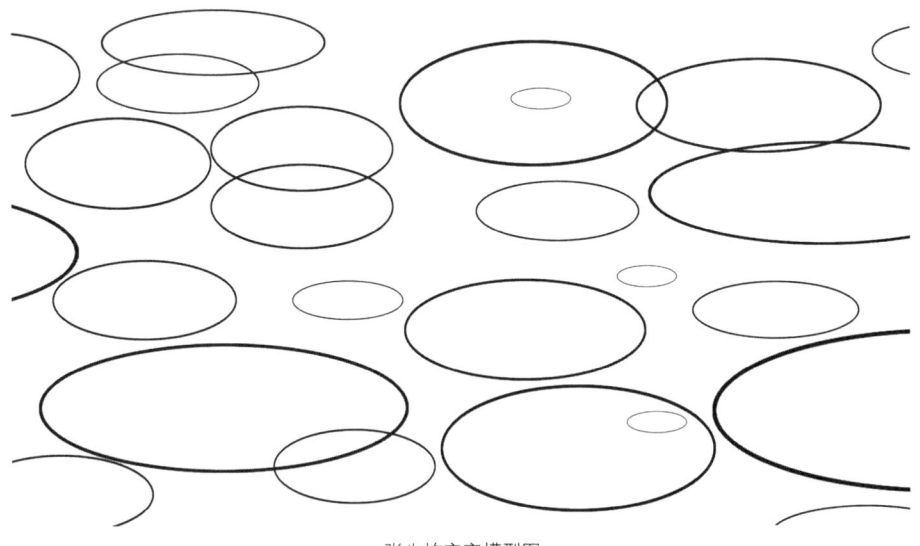

张生栋宇宙模型图

第二章

三皇五帝

## 第一节  "三皇五帝"称谓由来、钻木取火、伏羲女娲、神农尝百草

三皇五帝是指原始社会后期出现的几个比较著名的部落首领,他们并不是真正意义上的帝王,和后世的皇帝也有很大的差别。

三皇五帝所处的时代,在历史上被称为"上古时代""远古时代"或是"神话时代"。

"三皇五帝"这个称号,并不是当时就有的,而是后人追认的,尊谥的,或者说是类推想象出来的。从单纯的首领到被冠以某皇某帝的称号,那中间至少经过了数百年甚至数千年的时间。由于上古时期许多记载亡轶,再加上秦始皇焚书坑儒和项羽入咸阳后的一把大火,以及后来许多刻有原始史料的甲骨被人当作药材吃掉,所以能够流传下来的史料少之又少,为探寻那段历史增添了极大的难度。那就像彗星的尾巴,看上去似乎有影,但实际上却是无形、缥缈不定,极难琢磨,它的边际到底在哪里,真是没办法进行清晰的界定。这也是为什么世界各地早期的历史之中,都或多或少夹杂着神话传说的缘故。

人类的求知欲是无限的,总希望通过考古研究或是科学测验,把能够认知的文明年代尽量地往前推。知道了夏、商、周三个朝代,也知道了夏、商、周三个朝代之前的尧、舜、禹等时期,好奇的人们就不仅又会问,那么尧、舜、禹之前又是谁?由于缺乏系统的佐证,于是人们就根据社会发展的规律进行推想:尧、舜、禹之前,也是一些像尧、舜、禹一样的首领。这些首领有的留下了名字,有的没有留下名字,于是当时的人们就如同今天进行文艺创作塑造典型人物一样,把前人广为传说的首领的名字和许多整合的事迹衔接在一起,而忽略那些没有名

字或事迹不突出的首领，把群体的创造投射于某一个具体的人，这就成了今天看到的三皇五帝。

确切地说，三皇五帝是对上古时期所有部落首领的一个概括性简称，类似于三纲五常、三令五申、三番五次等词汇，形容首领的数量多，但却并不是确指哪几个人。但流传得久了，人们又希望三皇五帝与某几个具体的首领名称一一对应，并且在许多人的心理层面也出现了这种期待，所以三皇五帝这一个笼统的称谓，就又渐渐地演变为几个具体而清晰的人名。

但毕竟一个区域和一个区域的记载、传说不一样，因此三皇五帝到底是哪几位就又出现了分歧。这个时候，就看哪部著作更权威、流传更广（这部权威的经典著作至少是某一个非常强大的、统治了相当长的一个时期的部落或国家编撰并推行的，比如说《尚书》），而且这部经典又恰好非常幸运地流传了下来，那么人们就理所当然地接受并认可这部经典中的说法，因为除此之外，再找不到其他的有力证据。既然谁都认可，那么从那个时候起，各国的史官就一直根据这个说法原文照录前朝的历史，久而久之，前朝的历史固定了下来，三皇五帝具体是谁也成了历史的定说，之前那段原本模糊不清的历史，就全都成了信史。

那么三皇五帝究竟是哪几位呢？典籍中的说法比较多，大体如下：

三皇的说法主要有以下几种：

天皇、地皇、泰皇（人皇）；

伏羲氏、神农氏、女娲氏；

伏羲氏、神农氏、黄帝；

燧人氏、伏羲氏、神农氏。

五帝的说法主要有以下几种：

黄帝、颛顼（音"专须"）、帝喾（音"库"）、尧、舜；

少昊、颛顼、帝喾、尧、舜；

太昊、炎帝、黄帝、少昊、颛顼。

本书根据进化发展及对人类进步贡献大小，取三皇为燧人氏、伏羲氏、神农氏，五帝为黄帝、颛顼、帝喾、尧、舜，并顺便简要介绍一下其他未被列入三皇五帝而事迹传说比较突出的首领的情况。

需要说明的是，远古的许多发明，并不一定就是这些首领亲自创造的，而是许多原始人在群居生活过程中经过长期的实践摸索总结出来的，但由于这些原始人连名字都没有，那么他们的集体智慧就只能归口于他们那个时期所在部落或部落首领的名下。

另外，关于谁是谁的儿子、谁是谁的后裔、谁继承了谁的帝位等说，也不一定全都确凿无误，因为根据史书中记载的三皇五帝在位年代推算，这些帝王之间存在一定的时间悬隔，比如从现今推算的黄帝出生（公元前2700年左右）到大禹即位（公元前2070年），在这期间，存在近二三百年的时间断层无法说清。因为五个帝王活了近七百岁，这在医疗卫生健康程度已经非常高的今天，活这么长时间也是不敢想象的。史书中记载的黄帝、尧等首领的寿命都特别长，其中黄帝活了一百一十一岁，尧活了一百一十七岁，颛顼、帝喾、舜、禹都在一百岁左右，这在人生七十古来稀的古代，可能性是极小的，出现一两个长寿的帝王或许有这种可能，但个个都长寿就显得过于整齐。或许这是古代一些学者为了解决这个问题而进行的某种创设，但尽管如此，还是未能解决五帝代际之间的时间悬隔问题。据此推断，在黄帝及颛顼、帝喾、尧、舜、禹之间或是之前，还有为数不少的其他首领，只是由于史料不足或是事迹不突出，从而使他们的名字失传了，并且在时间上有前后错置也无法排除。又或者，这些首领的名字，弄不好其实是他们所在部落邦国的名字，邦国联盟首领由各邦国部落依据势力大小轮流推举担任也未可知，哪个邦国强盛了哪个邦国来当盟主，势衰的邦国让贤臣服也是很有可能的。

韩诗以为自古封泰山祭天、禅梁父山祭地者，有一万多家。就连其后号称学识最渊博的孔子见了，也还有好多不能尽识。管仲也说往古封禅者有七十二家，而他所听闻的，也只有十分之二。

古代封禅，也不是谁想去就可以去的，多少得有天下人公认的历史功绩，并且还不是同时间一窝蜂去的，至少得有段时间间隔创建出令人信服的功德才可以服众（春秋五霸之一的齐桓公因管仲劝说缺乏祥瑞而打消封禅之念）。有那么多人参加了封禅，可想而知上古更历了多少首领帝王。

而这些首领在黄帝之前封禅者，却并没有多少人的事迹能够记载并流传。所以，在黄帝前后，不知道有多少首领帝王的姓氏事迹失载，以致造成时间悬隔，也不是非常难以理解的问题。

但是这些遗憾，生活在今天的人们，已经没办法弥补了，其一是在古代的典籍中已经记载成这样，成了定说；其二是许多史料已经找不到了，在龟甲作为药材的各朝代，有难以计数的记载上古历史的孤本龟甲都已经被先人熬成汤药吃掉了，并且即使找到一些，也无法全部辨认；其三是一些证据还埋在地下，或许有一天出土后可以佐证某些推想，或许永留地底难见天日，或许风化锈蚀自此无踪。所以，对于大多数史家来说，也只能照着古籍原样叙述，这一点务请灵活掌握，不要机械理解。

燧人氏被列为三皇之一，是因为他钻木取火的功绩。

早期的原始人由于不会用火，所以茹毛饮血，吃的是野兽的生肉或没做熟的植物根、茎、叶。由于生食，卫生状况不佳，非常容易感染疾病。以现今最常见的马铃薯为例，做熟了吃，自然可口，但如果生吃，现在估计连消化都是问题，甚至没有几个人能吃得下去。再比如蛏子、牡蛎等海产品，生吃含有大量的细菌、寄生虫、毒素等，极易造成食物中毒。所以在这种状态下，人类的寿命非常之短。

早先的时候，因为闪电、火山爆发、煤炭自燃、阳光暴晒等引起森林大火，原始人不认识火，还以为是什么神灵，所以对此感到非常恐惧敬畏，看到火起，就赶快成群结队逃离起火现场。但总有一些不幸的动物，因为来不及逃离而被烧死。大火过后，原始人重返故地，从烧焦的动物残骸上扒下来一块一吃，咦，发现比生吃的时候容易咀嚼，并且没有了那股难闻的腥味，而且味道还很鲜美，吃下去之后感觉肠胃也特别舒服。于是原始人渐渐地意识到，食物做熟比生吃要好，且易于消化，有利于身心健康。还有，到了寒冷的冬天，如果靠近火，就会使人感觉到温暖舒适，手、脚等不容易冻伤或是被冻死，存活下来的概率也越来越大。

渐渐地，原始人类了解了火并开始有意识地使用火。下一次烧起了大火，他们就赶快取一些火种留起来，以方便日后的生活。但自燃、闪电或火山爆发不是每天都有，以当时的条件，保存火种也存在相当大的难度，因此给原始人的生活和健康带来了非常大的困扰和挑战。

原始人在打猎的过程中，有的拿着木棒，有的拿着石块，在狠命掷打猎物的过程中，没有命中猎物的石块落在坚硬的山石上，在剧烈撞击之下产生了火花。燧人氏发现这个现象之后，受此启发，于是发明了敲石取火和钻木取火，然后教会了其他人。燧人氏的"燧"字，意思就是燧石，古代取火的工具。人们为了纪念他钻木取火或敲石取火的功绩，因此把他尊为"燧"，称之为燧人氏，后世尊称为"燧皇"。中华民族素来有崇拜"鼻祖"的传统，因此将发明人工取火技术的燧人氏尊为"火神""火祖"。

有了这样的贡献，群居的原始人理所当然地觉得燧人氏是一个值得信赖的智者，于是自发地跟随他，很快，以燧人氏为首的部落变得越来越强大，这个氏族部落被后世称为"燧明国"。

人类开始熟食生活，并利用火来取暖御寒，这在很大程度上提高了原始人类的健康水平。而且从另一个层面上说，熟食对于肌体的适应程度毕竟要优于生食，引起了人类生理的巨大变革。火的使用，是人类利用自然征服自然的巨大里程碑。从此，人类的食物开始变得丰富，生存的条件也得到了一定程度的改善，寿命也开始变得比之前更长。

从自然取火到人工取火，从茹毛饮血到熟食生活，加快了原始人类的进化，也加速了华夏文明进程。因此，把燧人氏列为三皇之一，是当之无愧的。华夏文明有文字记载的历史，就始于燧人氏，而燧人氏，也成为中华民族可以考证的第一位祖先。燧明国旧址河南商丘，也因此被誉为华夏文明的发祥地，有"中国火文化之乡"之称。

此外，传说燧人氏还发明了"结绳记事"。当时文字还没有产生，所以发生的许多事情时间长了容易忘记。为了记住这些事情，燧人氏于是将树皮搓成细绳，然后在这些细绳上打结记事。大事打大结，小事打小结。为了能够记录更多的事情，他还利用植物的天然色彩，将细绳染成各种颜色，每种颜色代表一类事情，使所记的事情更加便于记忆。传说在燧人氏之前，人们把所有的动物都叫作"虫"。燧人氏经过仔细观察，把这些动物划分为四类：天上飞的叫作"禽"，地上跑的叫作"兽"，有足的爬行动物称作"虫"，无足的爬行动物称作"豸"。

燧人氏之后，比较著名的首领是华胥氏。传说华胥氏是燧人氏的妻子，是中国上古时期母系氏族社会中非常有名的部落女首领，她所在的华胥国，位于现今的西安市蓝田县华胥镇。中国又称"华夏""中华"，其中的"华"字，就跟华胥氏有很大关系。华胥国大约存在于距今八千多年前，主要在今天的甘肃西部、陕西渭河流域及黄河流域之一部分。据称华胥氏人首蛇身，有高尚的道德和崇高的声望，有一天她到一个名叫雷泽湖（位于今山东省菏泽市）的地方去玩，在湖边看到了一个巨大的脚印，于是好奇地踩了一下，之后便有了身孕。怀孕十二年后，在成纪（今甘肃省天水市秦安县）生下了人首蛇身的儿子伏羲氏。后来，华胥氏又通过走婚的方式怀孕，生下了女娲氏，也是人首蛇身。

提起伏羲氏和女娲氏，人们熟悉得多，源于一个著名的传说。

传说在一次大水灾中，华胥国族中其他的人都被淹死，而伏羲和女娲兄妹因为坐在葫芦里，被漂到今陕西蓝田与临潼交界的骊山上，最终活了下来。（《山海经》记载说：当宇宙初开之时，伏羲、女娲兄妹二人居住在昆仑山，就是今青海、新疆、西藏交界地带的昆仑山。）兄妹俩看到人间只有他们两个人活了下来，为了繁衍人类，就打算结为夫妻，但又觉得羞耻，于是决定将他们的命运托付给上天。他们各自点起一堆篝火，然后向天问誓说："如果上天不愿意让人类绝迹，要让我们兄妹结为夫妻，就让两堆火的烟合为一股；如果上天不同意我们结为夫妻，就让两堆火的烟四散分开吧。"起完誓后，他们发现两股烟合在了一起，于是按照上天的昭示结为夫妻，并繁衍了人类。

这个古老的传说反映了上古时期原始人类婚姻状况的一些历史史实，但若说所有人类都是伏羲、女娲兄妹相婚繁衍的后代，则是不客观的。因为根据遗传学的基本原理，近亲结婚繁衍子嗣的结果是不可想象的。所以说，人类是群体进化而来的，而不是一两个人生育出来的。当然了，伏羲氏和女娲氏兄妹成婚，也在一定程度上反映了远古时期部落内部血缘婚尤其是兄妹婚的这种人类社会必经发展阶段的历史真实。

太皞伏羲氏真正被列为三皇之一的原因，是出于他教人结网捕鱼和从事打猎放牧饲养的功绩。"伏羲"又称为"伏牺""包牺""庖牺"等，字面的原意就是驯化牲畜。传说伏羲还根据天地万物的变化，创造了八卦，发明了文字，结束了人们"结绳记事"的历史。伏羲氏还变革婚姻习俗，使部落内部的血缘婚变为部落之间的族外婚，以成对的鹿皮（俪皮）作为聘礼，结束了长期以来原始人只知其母不知其父的群婚状态，提高了人类的文明程度和繁衍水平。

伏羲氏有龙瑞，以龙纪官，号为龙师。制作了三十五弦的瑟，是木德王。建都在陈（今河南淮阳一带），向东封禅泰山，在位一百一十一年崩。其后裔，在春秋时，有任、宿、须、句、颛臾等，都是风姓的后裔。

女娲氏和燧人氏、伏羲氏一样，都是风姓，木德王，她接替伏羲氏统治部落民众，号为女希氏。

后来，水神共工和火神祝融争夺帝位，共工战败，一怒之下将头撞向不周山（也叫葱岭，今帕米尔高原），哪知不周山是撑天的柱子，不周山折断，导致天塌西北，地陷东南，天河的水注入人间，人类立即惨遭空前浩劫。女娲为了拯救人类，于是炼出五色石补好了天，又斩下一只千年大龟的四足，然后当作四根柱子把天重新又撑了起来。尽管天补好了，但这场灾难留下的后遗症还是不小，天还是向西北略微倾斜，所以日月星辰每天都会落向西边，而又因为地陷东南，所以大地上的河流都流向东边。每天早上，太阳从东边出来的时候，天空中出现的五彩云霞就是女娲补天所用的五色石发出的光彩。

神话传说中说，经过这场灾难，大地上已经没有幸存的人类了，于是女娲便开始照着自己的样子，用黄土捏人，后来捏得累了，就用树条蘸着黄泥巴向四处甩，落在平地上变成的人就是富人，而落在丘陵、荒地、沼泽、沟壑等处变成的人就是穷人，而她最先用手捏成的人则是统治者，等等。

女娲就这样造出了人类，但想到这些人总有一天会死，而等他们死了之后自己再捏一批会非常麻烦，于是就安排男婚女嫁，让男人和女人通过结婚来繁衍后代。于是就有了婚姻。所以，女娲又被人们视为主职婚姻与爱情的媒妁之神。因为这些传说，女娲被民间尊为创世神和始母神，是华夏民族的人文始祖。

伏羲氏和女娲氏的儿子叫少典，少典也称有熊氏，所在的部落叫作有熊氏部落，也叫有熊国（今河南省郑州市新郑市一带），以龙作为他们的图腾。关于这里的"熊"字，据考证，上古的"熊"字写作"上今下酉"，意思是国中有帝王的意思，但后来因为文字演变的缘故，现在的"熊"字，已经完全失去了最初蕴含的意义。

少典氏娶有蟜氏（也有说法为女娲氏）部落（位于今河南省洛阳市嵩县一带）的女子女登（也叫任姒）为妃。有一天，女登在游玩时，忽然飞来一条神龙，之后，女登就感觉怀孕了，后来生下了炎帝。因为炎帝牛首人身，所以少典氏不大喜欢炎帝，于是让他们母子居住在姜水边（今陕西省宝鸡市清姜河），因此，炎帝姓姜。因为他最初起于烈山（主要有安徽省淮北市烈山和湖北随州市烈山等说法），所以又叫烈山氏，也叫厉山氏。因为他是火德王，所以又称为炎帝。炎帝自幼聪慧过人，成年以后，就能辨认出五谷来。最初的时候，原始人大多都吃禽兽肉，那个时候，人少而禽兽多，所以食物基本上不用发愁，但到了后来，随着人类的繁衍，人越来越多，而能猎取到的禽兽却越来越少，野生植物能食用的也全都吃光了，那么人们的食物来源便成了问题。

炎帝于是砍下树材制作了农具耒（形状像木权）、耜（形状像铁锹），教人们从事农业生产种植庄稼作物，虽然最初产量不高，但却为根本上解决人类食物短缺问题提供了有效的方法。只要辛勤劳动，食物就能从土地里种出来。人们非常感激炎帝，称赞他的创举，认为他教人们种植农作物就像得到了神的教化一样，所以又尊称他为神农氏。

另外，炎帝还制作了五弦瑟，教人们在中午进行物物交换做生意（日中为市），各取所需。最初建都于陈地，后来迁到曲阜，在位有一百二十年。

因为教人稼穑的出色功绩，炎帝所居的周边又渐渐凝聚起了一个强大的部落。神农氏部落兴起，脱离少典氏（有熊氏）部落。

农业的发明，使上古时期人类由不定期迁徙的采集渔猎生活（不是后来所指的游牧生活）发展到可以定居并从事农业生产，这又是一个了不起的进步。因为在定居之后，不少的农具、财产、物资等，都可以储存起来而不致遗失，做到了财富的积累。

原始农业兴起之后，为了寻找更多更好的农作物，炎帝神农氏开始尝食其他的植物，在尝食的过程中，他渐渐发现，有些植物可以吃，有些植物不能吃，有些植物许多禽兽也在食用，说明无毒，而有些植物人们吃了之后会呕吐、腹痛、昏迷甚至死亡，说明这些植物有毒。同时炎帝也注意到，人们在误食了有毒的食物之后，食用某些植物或是动物的肢体、脏器就可以减轻病痛或是解除中毒症状，于是再之后人们出现了相同的症状，就用这种植物或是动物脏器来解毒或是医治。经过这种长期不懈的探索——"神农尝百草"，最终药材被发现，中医药被发明了出来。在今天湖北的神农架，传说神农氏在那里架木为梯，攀山越岭采尝草药，救治了许多百姓，备受人们的感激和爱戴，"神农架"也因此而得名。后世的人们为了纪念炎帝，特地将东汉时期结集成书的中国第一部中药学著作命名为《神农本草经》。

从燧人氏、伏羲氏到炎帝神农氏，可以看出古人类进化发展的印记，首先采野果、吃熟食，然后捕鱼、饲养，然后自己种植谷物，这是一个艰难、曲折却伟大的发展过程。人们尊称他们为三皇，用来纪念他们在人类进化史上的功绩，是毫不为过的。

此外，还有一种广为流传的说法，早期的一些典籍上都有记载，说三皇分别是天皇、地皇、人皇。

天地刚刚生成的时候，有天皇氏。天皇氏以木德为王，管理百姓崇尚淡泊无为，不矫揉造作，所以百姓之间相处得非常自然、融洽。天皇氏共有兄弟十二人，他们的家族轮流当首领，每个家族各执政一万八千年；天皇氏之后，是地皇氏。地皇氏以火德为王，他们有兄弟十一人，在现今的龙门山（山西省运城市河津市龙门）、熊耳山（河南省洛阳市洛宁县熊耳山）一带立国。十一个兄弟的家族轮流当首领，每个家族各执政一万八千年；地皇氏之后是人皇氏，人皇氏有兄弟九个人，分管九州，在各自的统治区域内建造城邑，他们共历时一百五十世，合四万五千六百年。

人皇氏之后，分别有五龙氏、燧人氏、大庭氏、柏皇氏、中央氏、卷须氏、栗陆氏、骊连氏、赫胥氏、尊卢氏、浑沌氏、昊英氏、有巢氏、朱襄氏、葛天氏、阴康氏、无怀氏等部落首领。

这些部落首领之中，燧人氏事迹与其他的记载大体相互印证，除此之外，有较多事迹流传的是有巢氏、朱襄氏、葛天氏。

有巢氏活动区域大致在黄河下游地区，今安徽合肥巢湖市因此而得名。当时的野兽非常凶猛，毒虫毒蛇较多，原始人居住的山洞非常简陋，防护措施不好，许多人因遭受禽兽虫蛇的袭击而丧命。有巢氏经过细心观察，发现一些鸟类在树上做窝，而那些体形巨大的野兽却对它们没辙。受此启发，他用树枝等物在树上搭建出简易的篷盖，然后和人们住在里面，以躲避猛兽毒蛇的攻击。人们发现住到树上之后，可以有效预防猛兽的偷袭，也不怕洪水，休息起来安全多了。为了纪念他的这个功绩，人们就把他叫作有巢氏。"有巢"，顾名思义，就是人们要有地方住。有巢氏没有跻身于三皇之列，究其原因，大概是因为后世的人们最终没有选择住在树上吧。

有巢氏当初所搭的篷盖，无疑就是其后房屋的雏形。当然这种最初的房屋，比较有利于抵御野兽攻击和防御洪水，但到了天降大雨雪的时候，住在树上却显得很不方便，原始人只能回到山洞里避雨并抵御严寒。据此推理，在那一个时期，原始人类经过了同时在树上和山洞居住的一个阶段。之后随着人类的繁衍生息，人们可以在外围用栅栏抵御野兽之后，慢慢地从树上搬了下来，从山洞搬了出来，并仿照有巢氏当年的做法，进一步创新发展，把房子建到了地上。从最初寻找山洞居住到后来建造房屋居住，使人类又朝着文明的门槛迈了一大步。

朱襄氏起于炎帝部落，朱襄氏的都城据传在现今的河南省商丘市柘城县。他发明了五弦瑟，首开礼乐之先河，这是典籍中关于音乐的最早记载。

葛天氏发明了一种乐舞，称之为葛天氏之乐，由三个人手持牛尾歌唱。葛天氏还用葛藤的纤维编布做衣服，部落民众非常感激他，觉得他就像天上下凡的神人一样，因此送给他"葛天氏"的称号。葛天氏因此被尊为中华乐舞的始祖，他的都城主要有河南商丘市宁陵县和河南许昌长葛市两地之说，不过这两个地方相距并不远。

前文已有叙述，三皇不是单指某一个人，而是若干首领的统称。不管是燧人氏、伏羲氏、女娲氏、神农氏，还是后面的有巢氏、朱襄氏、葛天氏等，与其说他们是某一个人，还不如说他们是类似于后世的某一个朝代。比如燧人氏，不妨称之为"燧人朝"，因为他们这个朝代的所有首领都叫燧人氏。据记载燧人氏是华胥氏的丈夫，但燧明国在距今数万年以前，华胥国在距今八千年以前，如果燧人氏只是一个人，那么他绝对活不了几万年。所以可以推想的是，在"燧人朝"，他们的首领传承了不知道有多少代，但都叫燧人氏。就如同明太祖、明成祖、明仁宗……明思宗，等等，他们都有一个共同的称谓，叫"明朝皇帝"，如同此处的"燧人氏"。最初发明钻木取火的那个首领，不妨称之为燧人氏A，是开国之君，是燧人氏太祖；而华胥氏A的丈夫，不妨称之为燧人氏N，是末代之君，是燧人氏思宗，等等。把一个存续数百年甚至上千年的部落"人格化"为一个人，似乎是上古时期的惯用手法。如此描述，相信应该有助于对"三皇"及后文"五帝"进行更全面的理解。

## 第二节　轩辕黄帝、姓氏起源、黄帝战蚩尤、龙的传人

三皇都不是指单个的人，五帝则都被定义为了单个的首领。

传说炎帝神农氏最后是因为尝食了有毒的植物断肠草而不幸去世的。首任炎帝在位一百二十年，活动时间在公元前3200年左右。

炎帝娶奔水氏之女听詙（音拔）为妃，生下两个儿子一个女儿，他的女儿就是《山海经》中那个大名鼎鼎填海的精卫。

炎帝死后，炎帝神农氏部落的首领之位由儿子魁继承。魁死后，其子承继承首领之位；承之后，其子明继位；明死后，其子直继位；直死后，其子里继位；里之后，其子哀继位；哀之后，其子榆罔继位。到姜榆罔之时，炎帝神农氏部落已经传承了九个首领，都是父子相传，享国五百三十年。其后的州、甫、甘、许、戏、露、齐、纪、怡、向、申、吕等诸侯国，都是姜姓之后，在周朝时期，甫侯、申伯等，都是姜姓之后。

再说其时的少典部落，第N任少典氏又娶了有蟜氏（女娲氏）部落的女子附宝为妻。有一天，附宝到外面游玩，突然天降大雨，耀眼的闪电绕过北斗星，亮光照亮了郊野，附宝感觉自己怀孕了，二十五个月之后，生下了一个孩子，少典氏为这个孩子取名为云，这就是后来的黄帝。因为黄帝长得龙颜凤目，生下来不久就会说话，所以少典氏很喜欢他，就留他们母子生活在阴水河边（今陕西省咸阳市武功县漆水河）。附宝经常到阴水河边去洗衣，因为她长得非常美丽，人们就把那段河叫作姬水，所以，黄帝又姓姬。

史书上说黄帝和炎帝姜石年都是少典的儿子，这种说法要这样理解，他们并

不是同父异母的兄弟，而是炎帝是某一代少典氏的儿子，而黄帝则是五百多年后又一代少典氏的儿子，他们同宗，但却并不同父。

黄帝本姓公孙，又因长于姬水，所以改姓姬，因为居住在一个名叫轩辕（今河南省新郑市区一带）的山坡上，所以取名轩辕，号轩辕氏。说到这里就有必要介绍一下中国姓氏的来历，不然许多人常常会为此感到困惑，感觉古人的姓氏怎么会那么怪异。

姓的产生，可以追溯到原始社会后期母系氏族社会阶段，当时以母系血统为纽带形成了一个个氏族，每个氏族为区别于其他氏族，就必须有一个称号，这个称号就是姓。所以中国许多古老的姓都是女字旁或女字底，如姬、姜、姚、姒等，这时候的姓大多来自原始部落的名称或部落首领的名字，而部落名称或部落首领的名字又与图腾有关。而氏的产生，出现于母系氏族社会向父系氏族社会的过渡阶段，氏大多数情况下就是父系氏族的称号，或者是父系氏族首领的称号。大体来讲，某一个氏族为什么取了某一个氏，跟这个氏族或氏族首领、族长所居住的地点、分封的食邑、所任的官职或所做的事情有关。比如燧人氏、有巢氏等，跟他们所做的事情有关；还有这里的轩辕氏，是因为住在了一个名叫轩辕的山坡上；其后兴商的名相伊尹是因为生活在伊水边，所以以水为姓；兴周的姜子牙吕尚，是因为他的先祖被封在吕地，所以以吕为姓，等等。

姓氏是标示一个家族血缘关系的标志和符号。宋代史学家刘恕曾说："姓者，统其祖考之所自出；氏者，别其子孙之所自分。"就是说，姓，是总括家族祖先出自何处的标志，而氏，则是标明子孙后代分化于何处的标志。可以说是准确地解释了姓、氏的联系和区别。姓产生后，世代相传，一般不会更改，比较稳定，而氏则随着封邑、官职、居住地的改变而改变，因此就出现了同一个人的后代有几个不同的氏或是父子两代不同氏的情况。比如炎帝最初来自少典氏（有熊氏）部落，而当他发明了农业之后，就成了神农氏，与之前的少典氏（有熊氏）区别开来；炎帝部落的几个分支，如炎帝朱襄氏等，又与炎帝神农氏相区别；春秋时的荀林父，本是荀姓，因为担任晋文公所设的中行将，所以在荀姓中产生了一个新的分支，这就是历史上著名的"中行氏"，等等。原始时期的绝大多数人都是有姓没有氏的，而首领的子孙如果不继承首领地位，或者是得不到封号，也基本上不会跟氏产生多大的关系。那些被分封至部落之外的同姓子孙，为了体现他们地位、财富等的不同，就有必要改一个别的氏。而女子则一般称姓，主要是为了防止同姓通婚。所以说，氏主要用来区别贵贱的，而姓则主要用来区别婚姻的。当然了，只有贵族才有氏，而平民百姓一般没有氏。而到了战国之时，长年战乱导致秩序紊乱，森严的等级制度被打破，那么氏作为"别贵贱"的作用也就渐渐淡化消失了，只作为以男子为中心的家族的标志，氏也渐渐取代了过去姓的地位，人们往往以氏为姓，姓氏逐渐合而为一，直到今天。

弄清了上述姓氏的来源，此后再要是遇到一个古怪的姓氏，那么就不应该为此再感到困惑。生活中有一些好事者编段子揶揄日本人说，日本人的名字来自他们祖先野合的地点，比如田中、松下、高岛等，这不是历史的真实，不过参考一下倒是更有助于理解姓氏的起源。

据载，黄帝生活在公元前2700年至公元前2600年左右，活了一百一十一岁。他的诞辰相传是农历的三月初三，民间俗有"二月二，龙抬头，三月三，生轩辕"之说。

黄帝二十岁的时候，继承了有熊国国君的首领之位。传说黄帝即位之年为公元前2697年，中国的道家因此把这一年作为道历元年。在黄帝成为氏族首领之后，有熊氏的势力得到迅速发展，并形成了一个强大的黄帝部落。

黄帝生活的时期，正是炎帝部落统治的衰微时期。其时炎帝神农氏部落的首领是第九任炎帝姜榆罔。姜榆罔居住在空桑（今山东西部到河南东部之间的地区），四方诸侯相互侵伐，战乱不止，残害百姓，其中以九黎部落的蚩尤最为凶暴。姜榆罔的势力非常衰弱，已经没有能力去征服这些诸侯，最终被迫向北迁居于涿鹿（今河北张家口市涿鹿县）。于是黄帝带兵征伐，打败了许多的部落，其他部族的首领见状，纷纷前去归附他。之后便形成了中原的黄帝部落、西方的炎帝部落和东方的蚩尤部落鼎足而立的局面。

蚩尤所在的九黎部落在现今的黄河中下游及长江流域一带，也就是今山东、江苏、安徽、湖北、江西一带。相传蚩尤面如牛首，背生双翅，是牛图腾和鸟图腾氏族的首领。他有八十一个兄弟，都有铜头铁额，八条胳膊，九只脚趾，个个本领非凡。并且九黎部落的人擅长制造刀斧、弓弩等各种各样的铜制兵器，所以战无不胜，势不可挡。蚩尤常常带领他强大的部落，攻打别的部落，并最终侵占了炎帝的地盘。炎帝姜榆罔起兵抵抗，但却不是蚩尤的对手，被蚩尤所率的九黎部落打得一败涂地。姜榆罔不得已向北逃走，向驻扎在涿鹿附近的黄帝求援。于是炎、黄二部落联盟，并联合其他的部落，在涿鹿的田野上与蚩尤进行决战，这就是上古时期著名的"涿鹿之战"。

战争之初，蚩尤凭借精良的武器和勇猛的将士，占据上风。在三年之中，黄帝与蚩尤先后打了九仗，但都没有取胜。在其中一仗中，大雾弥漫三天三夜（神话传说中，大雾系蚩尤所作），黄帝的军队陷入困境，大将风后在北斗星座的启示下，发明了指南车，才带领黄帝的大军冲出迷雾。

最终双方的决战在冀州的原野上展开（今河北涿鹿一带属于古冀州），黄帝命令应龙（古代神话传说中一种有翼的龙，其后相传大禹治水时，应龙用尾巴画地成江河，引导洪水入海）蓄水，想用水淹蚩尤的军队，但碰巧遇上大风雨，黄帝一方的形势极为不妙，正在危急时刻，突然雨过天晴，黄帝非常高兴，在大将风后、力牧的帮助下，率领军队向蚩尤的军队发起攻击，结果大获全胜，活捉了蚩尤。

这场大战后来被演绎为神话传说：黄帝在困境中得到了九天玄女的帮助，制作了八十面夔皮鼓。传说夔是东海中的神兽，形状像牛，全身都是灰色的，没有角，只长了一条腿，每次出现都会发生狂风暴雨。它还浑身发光，就像日光和月光，它的吼声就像雷声那样震耳欲聋。黄帝将夔皮蒙在鼓上，用雷兽的骨头作鼓槌，"声闻五百里，以威天下"，人们和兽类听到这种巨大的声音之后，都非常恐惧骇怕。黄帝与蚩尤最终决战于冀州之野，双方都命令巫师作法，希望借助神力来战胜对方。黄帝命令有翼的应龙蓄水，准备淹没蚩尤军队，而蚩尤则请来风伯和雨师，纵大风雨，大雨飘向黄帝这一边。黄帝落了下风，于是赶快请天女旱魃下凡制止风雨，大雨顷刻停止，雨过天晴，蚩尤军队见状感到非常惊诧，黄帝乘机指挥军队掩杀，最终击败了蚩尤的军队。大战之后，应龙和旱魃因为参加大战导致元气大耗神力大减，所以无法再返回天上。旱魃居住在什么地方，什么地方就连年大旱，而应龙因为无法返回天上，所以天上也没有了降雨之神，导致人间连年不雨。而有趣的是，近代环境考古发现，在距今五千至四千年左右，气温不断升高，降雨骤然停止，从辽东半岛到长江三角洲都留下了海退的遗迹。涿鹿之战中那些神话传说的暴风雨及其后的干旱，正与当时的气候变化情况相吻合，可见这些神话确实从一个侧面反映了那一段时间的历史事实，并不是全无根据的想象、杜撰。

黄帝活捉蚩尤之后，命令给他戴上枷锁，然后处死他。因为害怕蚩尤死后作乱，于是将他的头和身子分别葬在相距较远的两个地方。蚩尤戴过的枷锁被扔在荒山上，化成了一片枫林，每一片血红的枫叶，都是蚩尤的斑斑血迹。至今，作为蚩尤后裔的苗族同胞仍有枫树崇拜的传统。而在现今山西省运城市南的盐池中，池水呈红色，民间称之为"蚩尤血"等。

涿鹿之战后，一部分东夷族融入炎、黄部落，共同形成后来的华夏族，而部分没有融入炎、黄部落的，其后裔成为南方的三苗、西方的羌族等少数民族。九黎部落不仅是今天苗族的先民，而且是南方黎族、瑶族、畲族等少数民族的共同先民。大量的苗族史诗、歌谣、传说表明，蚩尤作为九黎的首领，具有非常崇高的地位。苗族的先民在上古时代本来居住在黄河流域，由于被黄帝部落（华夏族）所败，最后被迫迁徙至今天的贵州和湘西、鄂西南等地区。

蚩尤所统率的九黎部落，在当时具有非常发达的物质文明，在当时三个大部落联盟中是非常强大的。蚩尤还发明了金属冶炼，并制造了金属兵器。这使蚩尤被后世尊为"兵主"，即战争之神。周、秦之时，国家每逢出动军队，都要祭祀蚩尤，汉高祖刘邦起兵之时，也祭祀了蚩尤，以示对他的尊敬、缅怀，并希望他能为出征的军队带来庇佑。

蚩尤还建立了法规，实施刑法，是中国古代法制的缔造者。他用刑法治理九黎部落，使治下的人们普遍感到畏惧。蚩尤死后，天下再次出现动乱，黄帝于是命人把蚩尤的画像画在军旗上，一方面鼓励自己的军队，另一方面威慑天下。叛乱的诸侯见到蚩尤像，都以为蚩尤还没有死，于是全都不战而降。

长期以来，因为儒家思想的影响和过于强调"正统"，史家又多有为尊者讳的记史传统，所以黄帝与蚩尤之间的战争，常常被描述为正义与邪恶的战争，流传甚广。那么相应地，蚩尤自然也就成了"凶暴""乱臣"的代名词。近代以来，人们对蚩尤的评价才渐渐趋于客观，蚩尤和黄帝、炎帝一起，被尊为中华三祖，受到华夏族人民的纪念。

黄帝和炎帝联合起来打败九黎部落并杀死蚩尤之后，统一了中原各部落，建都在涿鹿。之后，黄帝率兵进入九黎地区，在泰山（今山东省泰安市东岳泰山）会合天下诸部落，举行了隆重的封禅仪式，告祭天地。据说当时天上出现了黄色的大蚓大蝼状的云彩，黄帝认为这是上天所降的祥瑞，于是以土德称王，因为土色为黄，所以称作黄帝。

炎帝姜榆罔联合黄帝打败蚩尤之后，趁机扩大自己的地盘，侵伐别的诸侯。这些诸侯不得已向黄帝求救。黄帝为了巩固自己在诸侯之中的权威和地位，于是向原来的同盟炎帝开战。黄帝率领图腾分别为"熊、罴（棕熊）、狼、豹、貙（古书上说的一种像狸而巨大的猛兽）、虎"的六部大军，在阪泉之野（今北京市延庆区一带）与炎帝部落展开大战，前后三战，最终击败炎帝部落，取代炎帝部落而成为新的盟主。而炎、黄两个部落也渐渐融合成华夏族，即后来汉民族的主体。阪泉之战后来被视为华夏民族形成的奠基之战和关键之战。

炎帝姜榆罔战败，被降为诸侯，分封于洛（今河南洛阳），但姜榆罔耻于受封，于是向南迁徙到长沙茶乡之尾（今湖南株洲市茶陵县）。姜榆罔死后，当地民众感念炎帝部落为百姓带来的福祉，仍然以帝王之礼厚葬了他。

黄帝先后战败蚩尤和炎帝之后，取代炎帝成为新的部落联盟首领。当时，各部落的图腾都不一样，有牛、羊、鹿、马、虎、熊、蛇，等等。为了团结并亲近各部落，黄帝从原来各部落的图腾身上各取一部分元素，创造了一个新的动物形象，这就是龙。龙长着鹿的角、马的脸、兔的眼、牛的尾、蛇的身、鱼的鳞、虎的腿、鹰的爪、虾的须，等等，从此，华夏各部落有了共同的龙图腾，统一中华文明的历史就此开启。这个传说虽然完美地解释了自然界并不存在的动物形象龙是怎样成为中华民族的图腾这一问题，但辽宁省阜新市查海遗址中发现了距今七千至八千年的长达十九点七米的石堆龙，河南濮阳市西水坡墓室中发现的距今六千多年前的用蚌壳摆塑的龙，使这个传说出现了破绽（当然或许也没有破绽，而是印证了前文的论断，黄帝生活的时期可能比今人推算的时间更早），说明在更早以前，龙就已经成了中华民族共同的图腾。现代有不少学者认为龙图腾来源于蛇图腾，甚至认为龙就是鳄鱼，这个说法得到了许多人的认同。

讲到这里，有必要讲一讲图腾的来历。

图腾，是古代的许多原始部落迷信某些他们不理解的自然现象，或是与他们有血缘关系的亲属、祖先、保护神等，而用来作本氏族的徽号或象征，用来与其他部落相区别。图腾，不妨看作是一种记载神的灵魂的载体。

在原始社会，生产力低下，人们在严酷的自然环境里生存、繁衍，当时的生产方式主要是采集和渔猎。人们还不能独立地支配自然力，所以对大自然充满幻想、憧憬和崇拜。他们对人类生殖繁衍的缘由也不清楚，认为本氏族的人都源于某种特定的物种，是某些动植物作用的结果。于是将某种动物、植物或并不存在的神物当作自己的亲属、祖先或是保护神，相信它们有一种超自然力，会保护自己和部落，并且还可以借此获得它们的力量和技能。那么这种动物、植物或是神物就成了他们的图腾。

大多数情况下，如果某氏族部落的人被认为与某种动物具有亲缘关系，那么，图腾信仰就会与祖先崇拜发生关系。在许多图腾神话中，认为自己的祖先就来源于某种动物或植物，或是与某种动物或植物发生过亲缘关系，于是某种动、植物便成了这个民族最古老的祖先。比如鄂伦春族和鄂温克族人都认为他们的祖先是熊，侗族传说他们的始祖母与一条大花蛇交配生下一男一女，滋生繁衍成为侗族祖先，等等。图腾产生之后，人们开始运用图腾解释神话、古典记载及民俗民风，成为人类历史上最早的一种文化现象。不同地区和国家的人有不同的图腾崇拜，比如，中国人有共同的图腾龙，俄罗斯的图腾为熊，等等。

龙作为中华民族的共同图腾，体现了中华民族的共同精神特征，也成为中华民族的信仰载体和民族团结的情感纽带。从此，龙这个图腾，渐渐演化为一个神物，并走进了人们社会生活的方方面面，后世帝王自称为真龙天子，人们的生活器具、衣服、饰物等上面随处可见龙的形象，艺术中有龙，地名中有龙，人名中有龙，并且在每年的元宵、端午等佳节，通过舞龙灯、赛龙舟等活动来纪念龙。因而，中国人都自称是"龙的传人"。

黄帝成为新的部落联盟首领之后，设置了官职，制定了礼仪制度，颁布了历法，把全国分为九州。据载黄帝在位时间长达一百年，治下好多年风调雨顺、天下太平，生产得到了发展，人民安居乐业。黄帝继承了神农氏以来的农业生产经验，实行了田亩制，把原始农业发展到了更加繁荣的阶段。据传之前的炎帝仅能种植黍（即北方所称的黄米）、稷（高粱）两种粮食作物，而黄帝则能种植黍、稷、菽（豆类）、麦、稻五谷，使黄帝部落迅速发展壮大。

黄帝命隶首创造了算术，隶首是黄帝的史官，后世也借指善于算算术的人；他的大臣风后发明了指南车和阵法，有著名的风后八阵兵图；大臣伶伦用竹子制造了箫管，制定了五音十二律。伶伦被尊为中国音乐始祖；他的元妃嫘祖养蚕制作了丝质衣服；黄帝与岐伯讨论病理，作著名的《黄帝内经》（实际上最终成型于西汉），岐伯是中国上古时期最有声望的医学家，被后世尊称为"华夏中医始祖""医圣"；黄帝还命史官仓颉造字，仓颉经过仔细地观察人间万物，据此造出了鸟虫形状的象形文字，仓颉因此被后人尊为中华文字的始祖。

其实在这些发明之前，文字、算术、音乐等早就已经开始被广泛使用了，只是由于缺乏统一的规制，所以显得杂乱而不成系统。而隶首、伶伦、仓颉的功绩则很有可能是将凌乱的数字、音符、文字进行了整理规范，形成了一个初步的系统。但即便如此，隶首、伶伦、仓颉等人的功绩也是非常伟大的。

黄帝还推算了历法，让臣子大挠将十天干、十二地支配合起来，组成六十个组合（从甲子到癸亥，每六十个组合一个周期），以纪年、纪时。他所创制的历法，后世就称之为黄历，又叫"老黄历"。黄历发展演变到现今，已经能够同时显示公历、农历和干支历等多套历法，并附加了大量的与趋吉避凶相关的内容，并注明了婚嫁、动土、出行、开业等每天的吉凶宜忌，还有生肖运程等，深受民间百姓的喜爱，人们还把上面标注的吉利日子，称之为"黄道吉日"。

古人还将水井、弓矢、舟车、宫室的发明全部归功于黄帝。此外，黄帝还发明了帝王专用的冕服，并一直流传后世。

黄帝部落取代炎帝部落之后，人们将他和之前的炎帝并称为华夏民族共同的祖先、中华人文始祖，因此直到今天，中国人仍然把自己称为"炎黄子孙"。

黄帝晚年的时候，采集首山（今河南省许昌市襄城县南）的铜矿，在荆山下（今河南省三门峡市灵宝市）铸造了鼎。据说第一个鼎被造出来的时候，天上飞下来了一条龙，说是天帝派它来接黄帝升天的。黄帝于是就跨上了龙背，跟着他骑在龙背上的大臣和妃嫔有七十多人，龙就向天上飞去。剩下的小臣没有上去，于是都抓住龙须不放手，结果龙须被扯断，从空中落下，黄帝的弓也掉了下来。黄帝的一些大臣准备拿黄帝掉下的弓射那条龙，但却距离太远无法如愿，他们仰望着黄帝慢慢飞上天去，于是抱着他失落的弓和扯断的龙须大哭。所以后世把黄帝升天的地方称为鼎湖（今灵宝市阳平镇），掉落的弓叫作乌号（乌是于的意思，乌号就是"于是抱着弓号哭"，后以乌号比喻良弓）。后来也用"鼎成龙去"或"龙去鼎湖"借指帝王离世。

黄帝有四个妻子，正妻嫘祖（请注意这个名字，"嫘"是丝的意思，"祖"是祖先之意，她被尊为中国养蚕织丝的始祖，结合前文姓氏的来源，就会清楚地知道她为什么被称为嫘祖），西陵氏（今河南省驻马店市西平县一带）之女，是黄帝的元妃。嫘祖因发明了养蚕，史称"嫘祖始蚕"。次妃女节，方雷氏（今河南省许昌市禹州市一带）；三妻彤鱼氏（郡望不详），是炎帝的女儿，她专门负责人们的饮食住行，被后世尊为烹饪始祖；四妻嫫母，面貌丑陋，但为人品德贤淑、性情温柔，她曾经帮助黄帝杀死蚩尤、打败炎帝。

史载黄帝共有二十五个儿子，其中十四个儿子因分封得到了姓。这十四人共得到十二个姓，分别是：姬、酉、祁、己、滕、葴、任、荀、僖、姞、儇、衣。

## 第三节　血统之谜

　　黄帝之后的颛顼、帝喾、尧、舜，包括夏朝的奠基者大禹，按照典籍记载的谱系，都是黄帝的子孙。

　　黄帝的正妻嫘祖生了两个儿子，一个叫玄嚣（即少昊），一个叫昌意。昌意娶了一个名叫昌仆的蜀山氏（即位于今四川的古蜀国）女子，生下了儿子高阳，也就是后来的颛顼帝。帝喾是玄嚣的孙子，尧又是帝喾的儿子。

　　舜的来历已经略有些疏远了，据说是颛顼的后代，典籍中的谱系记载如下：颛顼育有六个儿子，其中长子是穷蝉，穷蝉生敬康，敬康生句望，句望生桥牛，桥牛生瞽叟，瞽叟生舜。颇有点像后来刘备说他是中山靖王刘胜之后、汉景帝阁下玄孙一样，看起来有那么一点底气不足。那么既然如此勉强，舜已经是公认的首领，是不是颛顼的后代又有什么区别呢？区别还是非常大的，因为这关系到以后几个朝代的正统问题。在舜的任期内，他分封过几个重要的功臣，而这些功臣的后代又建立了新的朝代（年代较近的夏、商、周都未能免俗，秦朝也同样），这些朝代为了证明自己是正统王朝，获得政治上的合法性，就必须维护舜，必须要让舜出身高贵、血统纯正。如果舜来历不正，那么后面这几个朝代也就会显得得国非正、底气不足。

　　另外，还有一些学者对颛顼和帝喾这两个人是否真实存在也提出了异议，但异议归异议，归根结底是没办法否认这两个人的存在，因为这两个人的名字已经被人写到前朝的历史中去了。随着时间的推移，这些记载又陆续被各朝各代的史官所引用，早就成了人们的共识，成了信史。许多人又依据这个信史再写历史，再进行流传，长此以往，即使是杜撰的东西也成了历史的定说。但结合前文的论述可以推定：颛顼和帝喾不论是不是他们的真实姓名，但总有那么两个首领能与他们一一对应，甚至那一时期真实存在的首领，根本不止两个，甚至还有可能更多。

中国发现的最早成系统的文字是甲骨文，刻在龟甲上，出现在今河南安阳市的殷代（商代）的废墟里。也就是说，截止至目前，夏朝之前的好多东西还没有直接证据证实，即使有古文字记载也没有保存下来或是挖掘出土，商、周时期的人知道夏朝之前发生过哪些事情，大多是靠口耳相传。颛顼和帝喾出现在前朝的历史记载中，一是颛顼出现在了商朝的卜辞中，刻在龟甲上，证据比较充分。就算颛顼是殷人杜撰的，但自殷人将他的名字刻在龟甲上的那一刻起，他就无可争议地成为一个真实存在的人，后世再没办法否认，因为殷人有记载，但质疑的人却没证据；二是帝喾也有相关记载，虽然有关他的记载相对来说有些苍白，但他是唐尧的父亲，似乎也没办法否认。

那么，质疑颛顼和帝喾身份真实性的玄机又是什么呢？还是商、周两朝的正统问题和嫡庶之争。

商朝和周朝在建政后都说自己的先祖是帝喾，血统都很纯正。那么到底谁的祖先更有资格继承大统呢？第一看血统，第二看嫡庶，双方都需要拿出有利于自己的证据！这一次，商朝人也像夏朝人一样，由于缺乏足够的史料和严谨的史官制度，最终让周人占了先。夏、商两朝的史官制度都不完善，记载保存的东西非常少，并且流传下来的史料也极其有限。到了周朝的时候，史官制度日臻成熟。这些史官不仅记录周朝自己的历史，也记录三皇五帝及夏、商两个前朝的。但周朝的史官在写史的时候发现，商朝已经占了先机，占了什么先机呢？商汤灭夏之后，为了证明自己的政治合法性，按照龙生龙、凤生凤的惯例就必须给自己找一个显赫的贵族人物来做祖先，找来找去就找到了帝喾。事迹不甚突出的前朝帝王，最容易成为后世的显贵寻祖认宗的目标，因为有关他们的记载很少，记载少就漏洞多，漏洞多就更容易被人钻空子。商人找到帝喾之后，说殷商的始祖契，是帝喾的儿子，是圣人尧的兄长，比唐尧还有资格继承大统。周人灭商后也不甘示弱，也找到了帝喾，说周的祖先后稷，也是帝喾的儿子，而且还是正妻生的，血统更为纯正，是嫡子，比唐尧和殷契更有资格继承大统。《史记·殷本纪》："殷契，母曰简狄，有娀氏之女，为帝喾次妃。"《史记·周本纪》："周后稷，名弃。其母有邰氏女，曰姜原。姜原为帝喾元妃。"明确无误地记载，殷商的始祖契是帝喾的次妻简狄所生，而周的始祖后稷是帝喾的正妻姜原所生。在宗法制度已经非常盛行的西周，正妻所生的儿子，也就是嫡子，跟次妻所生的儿子，也就是庶子，那不啻天壤之别。

那么周人为什么要煞费苦心做这些事情呢？后面《西周》一章中会讲到，周武王灭商之后，质疑他的读书人非常多，周人就必须为自己辩解，拿出一套令人信服的理由：周朝为什么要推翻商朝，抛开殷纣的残暴和不得人心，首先殷商的始祖契就不应该继承这个大统，正妻生的嫡子都还没有继承，那么次妻生的庶子有什么资格呢？因此，周朝推翻商朝是天经地义的，是正义的夺位。这就勉强堵住了天下悠悠之口，使自己回到了正统的位置上。夏、商、周三代时期的思想意识决定了，那个时候的人们，智识初开，都以为世间万物都在天帝等神的统治之下，那么天帝为什么选择周并抛弃商，周人就必须想出办法来说服天下的老百姓，不然以后还怎么统治他们？而光是这些还不够，还要把证据做得更充分，那就是给黄帝增加一个姓氏！黄帝因为曾经在阴水河边居住（已经无法考证黄帝在阴水河边居住是否为周人所杜撰），于是周人就想象他母亲貌美异常，是美姬，于是把阴水河改成了姬水，然后黄帝自然而然就在姬水边长大，因此黄帝被增加了一个姓——姬姓。为什么要增加呢？因为周人姓姬，是黄帝得姓之子中排名最靠前最显赫的一个姓。他们需要一个显赫的祖先，以证明他们的血统更纯正、更高贵、更适合承嗣大统。

当然，不论商人和周人有没有编造历史，他们始祖的血统仍然受到了广泛的质疑。商的祖先契是他的母亲简狄出去到河里洗澡时吃了一枚燕子蛋怀孕生的，周的祖先后稷是他的母亲姜原到野外去踩了一个巨人的脚印怀孕生的，来历都非常诡异。退一步讲，就算帝喾这个首领确有其人，他也确实有姜原和简狄这两个妃子，这两个妃子也确实生下了殷契和后稷这两个儿子。可是再回头一看，问题就又来了。什么问题呢？问题就是殷契和后稷这两个人，实际上都不是帝喾的亲生儿子，他们和传说中的伏羲、女娲一样，都是野合所生，他们都没有纯正的帝系血统。

那么商和周为什么要编造这样的神话呢？原因至少有三：第一，为自己祖先的野合而生找借口，掩盖自己祖先血统不纯的事实；第二，为自己祖先的出生罩上一层神异的色彩，以示与众不同；第三，出于图腾崇拜或是祖先崇拜，因为三皇五帝出生时都很神异，而自己的祖先出生时不神异，就感觉低人一等，不堪为祖。

因为不论此前或是此后，许多首领或帝王的出生方式与后稷、殷契一样，都显得非常神奇，其原因不外乎上述三点。所以有必要在这里进行专门的探讨，此后各朝代凡是出现类似的记载，都可以参考此处，不再赘述。

为了把这个问题说得更清楚，再来看看原始的婚姻制度。

人类最早的婚姻制度无疑就是群婚制，一群人生活在一起，有男有女，群居而杂交。伴侣也不固定，一位男子同一时期内跟好几位女子交合或者一位女子跟好几位男子发生关系都是很正常的，谁也不会用道德去谴责谁，因为那个时候的生产力低下，生活状况就是那样，文明程度自然也就不高，不会顾及什么礼仪，生下的孩子知其母而不知其父。

就这样一个部落群居着，繁衍着，发展着，突然有一天，部落里比较聪明一点的首领发现本部落的女子生下的孩子大多瘦弱多病、傻傻呆呆，一点也不强壮，而从其他群落里掳掠来的女子与本部落男子结合后所生的孩子反而强壮高大、聪明伶俐。这样的情况出现一次两次可能不怎么引人注意，但出现的次数多了可就引起部落首领们的注意了（当时还没有近亲繁殖的概念）。既然引起了首领们的注意，首领们就得想方设法避免这种不利情况的发生，要不然带着一个子民羸弱的部落，早晚会被野兽袭杀或是被别的部落所灭。在这种情况下，部落之间的外婚制就开始了，而且部落内部的血缘婚也渐渐被禁止了。因为他们意识到："同姓相婚，其生不蕃。"同一个部落的男女如果结合，那么他们的子孙后代都不会繁盛。

从部落内部的血缘群婚制到部落之间的外婚群婚制，这是人类发展史上一个巨大的进步，虽然距离现代文明的一夫一妻制还有非常大的差距，但这种婚姻制降低了许多疾病的遗传概率，至少已经能让人类健康地繁衍了。不过也不要以为部落之间开始通婚了，婚姻关系就一下子变得很文明了，没有那么快。某个女子被她的母亲告知她与某个男子是近亲，那她不跟这个近亲发生关系，跟其他的男子发生关系行不行？当然可以，没有禁止！于是，趁着外出洗衣、打猎，或者采野果、洗澡的机会，在树底下、田野里、小河边这些地方，都是可以的（这就是野合，望文生义就是野外交合，那个时候居所简陋，一出门就是野外。后来野合多引申为不合婚姻礼仪的婚配，比如《史记》中记载："叔梁纥与颜氏女野合而生孔子。"实际上就是孔子的父亲和母亲并没有举行一个结婚典礼之类的仪式就生下了孩子。再到后来，野合却又逐渐演化为一些男女私通苟合的代称）。突然有一天，别的部落来向这个部落提亲了，经过部落里的部众一致推荐，部落里的首领征求意见，决定将这个女子嫁到那个部落去。那么这个女子就得服从部落的安排，准备出嫁。可是她已经有身孕了，怎么办？也没有关系，那个时候又没有B超或测早孕设备，月份小一些谁能看得出来？至于嫁过去之后生下了孩子，也没有先进的DNA技术做亲子鉴定什么的，大抵都可以搪塞过去。但这种事情发生的次数多了，男人们也学聪明了，他怀疑那个孩子不是他的，把那个孩子杀了行不行，或者是扔到野外行不行？完全可以，他有这个权利且不会因此而负任何法律责任。这就是上古时期为了维护血统纯正而流行的"杀首子"风俗（就是怀疑妻子所生的第一个儿子是与别人野合的，所以把他杀掉或者是扔掉。看起来男人们也实在是被逼无奈了，因为那时候又没个人流技术什么的）。希腊神话中那个不幸弑父娶母的俄狄浦斯王，据有些学者研究就是一个"杀首子"风俗的牺牲品典型。"杀首子"风俗在文明的婚姻制度普及之后渐渐绝迹（因野蛮的"初夜权"而导致杀首子的行为不在此讨论之列），而弃婴陋习则一直流传至今。

  回到前文简狄吃燕卵和姜原踩脚印的传说上。简狄为什么说她吃了燕卵怀孕了？可以想象一下，帝喾作为那个时期的一个国王，应该是隔一段时间就要外出巡视的，有一天他巡视完毕回家来，突然发现有一个妃子怀孕了，可在那个受孕期内，他并不在家啊，谁干的？虽然那个时候的人还不怎么注重贞操，但作为堂堂一国之主，在他离家期间妻子与别人野合，那也基本上是没办法接受的，他必须问个明白。于是简狄就非常委屈地说："我就和几个女伴一起出去洗澡，结果天上飞过来一只燕子，掉下来一个蛋，我捡起来吃了，结果就怀孕了，大王，你怎么就不相信我呢？你不信可以去问那个女伴嘛……"实际上她早就和那个女伴串通好了，订好了攻守同盟，并且说不定那个女伴也做了同样的事，一损俱损，那个女伴怎么敢把实话说出来。好了，借口虽说称不上冠冕堂皇，但也至少能够敷衍，帝喾不相信也没办法。于是帝喾就气愤愤地到正妻那里去，准备到正妻那儿去找点安慰诉诉苦。结果去了之后，无比惊奇地发现正妻也怀孕了，这又是谁干的？难道，你也吃了燕子蛋了？"没有，我到田野里去，看到田野里有一个大脚印，我就想，谁的脚印这么大呢？我觉得很好玩，就过去踩了一下，结果就怀孕了，大王，你要相信我。"相信，怎么相信？要相信这番说辞那就不是帝喾了。于是，另一段神奇的文字就出现了。《史记》中关于周族的来历："姜原出野，见巨人迹，心忻然说，欲践之，践之而身动如孕者。居期而生子，以为不祥，弃之隘巷，马牛过者皆辟不践；徙置之林中，適会山林多人，迁之；而弃渠中冰上，飞鸟以其翼覆荐之。姜原以为神，遂收养长之。初欲弃之，因名曰弃。"真的是非常神奇！把后稷生下来之后，姜原把他扔到很偏僻的小巷里去了，结果走来走去的牛和马居然躲避着不踩踏；又扔到山林里，山林里的人也不伤害他；又扔到冰上，结果鸟儿们飞来伸出翅膀给他盖在身上取暖。姜原以为这个孩子不得了，就又捡了回来，把他养大了。因为刚开始准备要扔掉他，所以给他起了个名字叫"弃"。

什么牛马不踩鸟羽覆盖的神奇看完之后一笑置之就行了，因为一望而知就是假的。而唯一可信的一点就是后稷出生之后确实曾被姜原所丢弃。因为即使姜原不弃婴，帝喾也会弃婴，而残酷一点还会杀了他，所以结果都是一样的。

## 第四节　颛顼帝喾、唐尧授时、尧造围棋、后羿射日

说完了其他四帝与黄帝之间的亲缘关系，再来讲一下其他四帝的详细情况。

颛顼本名乾荒，号为高阳氏。他的母亲名叫女枢，有一次梦见一条长虹穿过月亮飞入腹中，由此怀孕而生颛顼，颛顼生下时头戴干戈，有特别出众的道德情操。颛顼最开始住在穷桑（今山东省济宁市曲阜市），后迁都于商丘（今河南省商丘市），再后来居住于帝丘（今河南省濮阳市）。在地理位置上，这三个地方相距都很近。颛顼是黄帝的孙子，按理说不应该直接继承黄帝部落的君位，因为中间还有他的父亲昌意和伯父玄嚣。昌意后来被谪居到若水（今四川省境内雅砻江），玄嚣被谪居到江水（今四川省境内岷江）。玄嚣又叫少昊、少皞、少皓等，史称青阳氏、金天氏、穷桑氏等，他后来成为东夷族的首领。据记载，玄嚣的部族以鸟为图腾，在他的部落里诞生了原始的凤文化，也成为华夏汉民族的图腾之一。与黄帝不同的是，玄嚣的官名都以鸟来命名。颛顼十岁时，他的伯父玄嚣就请他前去帮助料理朝政，聪明的颛顼不负众望，各项政务开展得非常出色，深得玄嚣的赏识，颛顼的名声也因此而传得更远。

黄帝刚出生的时候，因为天空中出现了可以昭示祥瑞的云，所以他的母亲就为他起名为"云"。黄帝成为国主之后，他所设置的职务都用"云"来命名，春官为青云，夏官为缙云，秋官为白云，冬官为黑云，中官为黄云，军队叫"云师"，等等。云，此时已经上升成为整个国家的意识形态。而颛顼做的一件大事就与云有关。他让大臣飞龙模仿风的声音，创作了一首名叫《承云》的乐曲，然后献给了黄帝，黄帝欣赏之后非常高兴，觉得颛顼非常聪明机灵，非常像

他,"深肖朕躬",所以黄帝将国主之位传给了颛顼。颛顼即位的时候,也是二十岁。

能够极大地提升颛顼帝知名度的一件事情是后世出现的《颛顼历》。因为秦朝人自称他们的祖先是伯益,而伯益又是颛顼的后代,所以秦人制定的历法就命名为《颛顼历》。《颛顼历》完成于战国时秦献公十九年(公元前366年),这部历法以三百六十五点二五天作为一年,以二十九点五三天作为一个月,十九年七闰,以夏正十月为一年的岁首。秦献公时,秦朝地处偏僻的雍州,很少与诸侯各国交往,中原的诸侯也把秦国视为戎狄之邦,看不起秦国,所以秦国实行的《颛顼历》,直到秦统一天下后才推行全国。之后汉承秦制,也沿用《颛顼历》,从而使《颛顼历》一跃成为历法的"正统"。其后的历法,大抵都是在《颛顼历》的基础上微调而成。

与颛顼帝相关的另一件很重要的事情是创制九州。黄帝时代虽然统一了中原,击败蚩尤和炎帝部落后把全国划分为九州,但事实上直到颛顼帝时,才形成各民族的真正统一。在黄帝划分古九州的基础上,颛顼帝对中国区域进行了明确规划,确定兖、冀、青、徐、豫、荆、扬、雍、梁九州的名称和分辖区域。颛顼帝统辖的疆域"北至幽陵(今河北、辽宁一带),南至交阯(今广东、广西、越南一带),西至流沙(今内蒙古额济纳旗一带),东至蟠木(今东海中的小岛)",可说是极其广大。

在后世的一些传说中,当初与水神共工争夺帝位的火神祝融,此时变成了颛顼帝。《列子》《管子》《淮南子》等记载,共工是炎帝部落的后代,他一直与黄帝部落矛盾重重,黄帝死后,颛顼即位,共工即起兵与颛顼争夺帝位。最终共工战败,一怒之下头触不周山,撞折了顶着天的柱子,扯断了拉着地的绳子,使天往西北方向倾斜,所以日月星辰每天都向西北方向落下;地向东南方向下陷,所以江河湖溪的水都向东南方向流淌汇集。最终也是由女娲补天,拯救了这场灾难。

传说在黄帝晚年,九黎部落信奉巫教,崇尚鬼神却废弃人事,一切都靠占卜来决定,百姓家家户户都有人当巫师搞占卜,人们不再虔诚地祭祀上天,也不安心于农业生产。为了解决这一问题,颛顼决定改革宗教,他亲自祭祀天地祖宗,为天下百姓作榜样。又任命南正重(南正是官名,重是人名,下面的北正也一样)负责祭天,以和洽神灵;任命北正黎负责民政,以抚慰万民,劝导百姓遵循自然的规律从事农业生产,鼓励人们开垦田地。颛顼帝通过禁绝民间以占卜通人神的活动，使社会恢复了正常秩序，受到了百姓的尊敬和爱戴。

当然按照当时的神话传说，颛顼此举，则直接匡正了神、人双方的行为。还是在黄帝时期，人和神混杂在一起，神可以自由地下地，而人也可以通过天梯——"昆仑山"上天。可是自从与蚩尤战后"九黎乱德"，天上的神不务正业，老是来到人间，地上的人也不务正业，全民皆巫（男的为觋，女的为巫），导致人和神混杂不清，职责不清，都不履职，神不保佑人，人也不祭祀神。于是颛顼开始整顿天地之间的神、人秩序，他命他的孙子重用两手托天，奋力上举，命另一个孙子黎两手按地，尽力下压。之后，天地之间的距离越来越大，最后除了昆仑天梯，天地之间的通道都被截断。接下来，颛顼还让重、黎分别管理神和人的事务，让神、人互不干扰，各司其业。这在上古神话中称之为"绝地天通"，也是上古时期的一个大事件。

从这个传说来看，颛顼仍然与华胥氏、伏羲氏、女娲氏等首领一样，还是被赋予"神格"的具备超能力的人。

传说颛顼在位七十八年，活了九十八岁后去世，葬于濮阳。

在古代神话中，把黄帝、伏羲、少昊、炎帝、颛顼五个人尊为五方天神，合称为五方上帝，是主管四方、四时和五行之神。分别是：中央黄帝有熊轩辕氏，具土德；东方青帝太昊伏羲氏，具木德，主春，也称春帝；西方白帝少昊金天氏，具金德，主秋；南方赤帝炎帝神农氏，具火德，主夏；北方黑帝颛顼高阳氏，具水德，主冬。在中国土生土长的宗教道教神话中，黄帝和炎帝都有非常显赫的地位，其中炎帝被尊为神农大帝，也称五谷神农大帝。

颛顼死后，他伯父玄嚣的孙子帝喾即位。

帝喾刚刚出生就会介绍自己的名字，长着整齐的骈齿（指牙齿重叠，其实就是一种比较整齐的龅牙，自古以来被认为是圣人之像），也有特别高尚的道德修养。

帝喾，姬姓，名俊（一作夋），因为他出生并兴起于高辛这个地方（今河南省商丘市睢阳区高辛镇），所以史称高辛氏。《山海经》等古籍中天帝帝俊的原型就是帝喾。帝喾的父亲名叫蟜极，祖父是玄嚣。帝喾幼小时就聪明好学、品德高尚，非常有才能，十二三岁便有盛名，十五岁时，被堂叔父颛顼选为助手，因有功而被分封于辛。颛顼死后，三十五岁的帝喾即位为天下共主，以亳（今河南省商丘市）为都城，使部落民众免遭洪水之患。帝喾在施政过程中注重听取老百姓的意见并顺从他们的意愿，处处为老百姓着想，治国理政讲究诚信、仁德，所以深得黎民百姓的信服和拥护。

帝喾的一项很重要的功绩是订立了节气。帝喾以前，人们虽有一年四季的概念，但只知道日出而作、日落而息，没有一个科学的时辰顺序，制约了农业发展和人们生活质量的提高。帝喾通过科学探索天象和物候变化规律，划分了四时节令，让老百姓按照节令从事农业畜牧生产并安排衣食住行，什么时令该春耕，什么时令该秋收，什么时令该冬藏，什么季节该穿棉衣或是单衣，等等，不要错过季节耽误了农时，也不要不辨寒暑延误了出行等，促进了社会生产力的发展，也方便了人们的日常生活，使华夏农耕文明走进了一个新的时代。到公元前104年的西汉，正式将二十四节气订于历法之中。

不过，正如前文所说的那样，帝喾这个人物的真实性也引起了许多争议。帝喾之名，最初见于春秋时期的史料之中。当时有说法为：商朝人祭祀帝喾，而又有说法为：商朝人祭祀帝舜。"舜"和"喾"是不是字误，学者们也进行了多方考证。三国著名史学家韦昭认为："舜"当为"喾"字之误。殷商甲骨卜辞记载商人的高祖是夒，据近代著名学者王国维考定，"夒"就是帝喾的名字，因形讹而成为"夋"字，因此由夒神而分化成为喾、夋两个神，同时出现在《山海经》神话中。唯一不同的是，在《山海经》中把"夋"写为"帝俊"，是全书中最主要最显赫的一个上帝神。"帝喾"只偶尔提到两三次，而另外分化出"帝舜"这一神人。自晋代郭璞至近代，许多学者都认为"舜"是由"夋"字音变而出的。最终认为："喾"与"俊""舜"三个神是由同一个神人"夒"分化出来的。

再之后，只有"帝喾"和"舜"进入了历史的文献之中，并同时成为五帝之一。这一说法，此后便成了历史的定说，并一直流传至今。

传说帝喾在位七十年，活了一百零五岁，死后葬于故地辛，建有帝喾陵。

帝喾娶陈锋氏部落的女子，生了个儿子叫放勋；又娶了娵訾氏（音居资）部落的女子，生了个儿子挚。帝喾死的时候，传位于大儿子挚。挚当了九年首领，由于才能平庸，再加上荒淫无度，所以国家变得混乱无序。但他的弟弟放勋却因为仁慈爱民、明于察人、治理有方、盛名天下，得到了诸侯们的拥护，于是挚就禅位给了放勋。另有一说，挚被诸侯所废，之后放勋被推举为天子。放勋就是帝尧。

尧的母亲名叫庆都，出生以后，不论她走到哪里，天上都有一块黄云覆盖着她。庆都长大以后，到三河（即当时被称之为河东、河内、河南的区域，今山西省运城市永济市，河南省洛阳市、焦作市一带）去游玩，头顶上常有龙跟随。

有一天早晨，那条龙背着一张图来了，上面写着"亦受天佑"四个字，画着一个人。之后庆都就感觉自己怀孕了，过了十四个月，在丹陵（有河北省保定市顺平县和湖南省株洲市攸县之争）生下了尧，尧的模样就和图上画得一模一样。

因为尧之前先被挚封于陶地（今山西省晋中市平遥县），后又改封到唐地（今山西省临汾市尧都区），所以人们把他称为陶唐氏，又由于帝号为"尧"，所以后世也把他称为唐尧。据载尧活了一百一十七岁，在位九十八年。

尧，姓伊祁，当政后建都平阳（今山西省临汾市）。尧的生活过得非常俭朴，身为首领却住的是茅草屋，吃的是粗米饭，喝的是野菜汤，穿的是用葛藤织成的粗布衣。因为他与治下的百姓同甘共苦，所以得到了人民的广泛爱戴。尧拥有高尚的道德和很大的名望，谨慎而有威严，能团结族人，使邦族之间非常团结和睦，因此他被后世儒家奉为圣明君主的典型。

尧命令羲氏、和氏根据日月星辰的运行规律来制定历法，然后颁布天下，使农业生产有所依据和遵循，这叫作"敬授民时"。

同时，尧派羲仲、羲叔、和仲、和叔四个人分别到国内的东、西、南、北四个方位去观测星象，以确定准确的时令。

古时的天文学家或星象学家，为了观测日、月、星的运行规律，把天空中的恒星划分为"三垣"和"四象"七大星区。"垣"就是"城墙"的意思，"三垣"分别是"紫微垣"，象征皇宫，比如说看到紫微垣中紫微星不明，就预示着皇帝可能要遭大难。著名演义小说《说唐》中，尉迟恭不小心把腿搭在李世民的身上，结果夜观天象的徐茂公发现紫微星正明，忽有黑煞星相欺，大声呼唤让众将救驾，闹出一场虚惊；"太微垣"，象征政府机构，比如月亮、流星、彗星如果进入太微垣的运行轨道，就预示着相应的大臣会遭受什么样的灾难或是有什么样的吉庆之事等；"天市垣"象征集贸市场，如果月亮、金星、木星运行到轨道的某一位置，则预示着米价会下跌，或是物价会上涨，等等。"三垣"环绕着北极星呈三角状排列，在"三垣"外围的东、南、西、北四个方向，分布着"四象"，分别是东方青龙七宿，看上去像一条龙，对应五行之中的木，因为草木是青色的；西方白虎七宿，看上去像一只虎，对应五行的金，因为金属泛白；南方朱雀七宿，看上去像一只大鸟，对应五行的火，因为朱是红色，凤凰浴火也是红色；北方玄武七宿，看上去像龟、蛇缠绕在一起，对应五行中的水，因为龟蛇这类生物，总与水有不解之缘；中间是麒麟，颜色为黄色，对应五行之中的土。这东、南、西、北各七宿，合起来就是赫赫有名的二十八星宿。

羲仲住在东方海滨一个叫旸谷的地方（这个地名和下面的"昧谷"不一定真实存在，古人传说太阳早晨从东方的"旸谷"出发，晚上落入西方的"昧谷"），观察日出的情况，等到昼夜平分的那一天，傍晚鸟星（即南方朱雀七宿）在正南方出现，根据这一景象来测定春分的日子。春分的这一天，中原地带的春耕开始（现今我国北方的一些地区，春耕小麦提前到惊蛰之时，比古代种植谷子提前半个月），壮劳力下地从事农业生产，禽兽开始孵化、交尾，孕育后代；

羲叔住在南方一个叫交阯的地方，观察太阳由北向南移动的情况，等到白昼时间最长的那一天，傍晚火星（既东方青龙七宿之一的心月狐，不是现在人们所说的火星，现在所说的火星古时叫荧惑，秦始皇死前发生过荧惑守心的奇异天象）出现在正南方，依据这一景象来测定夏至的日子。到了夏至前后，老弱之人也到田里帮助耕作，禽兽等万物茁壮生长；

和仲住在西方一个叫昧谷的地方，观察日落的情况，等到昼夜平分的那一天，傍晚虚星（即北方玄武七宿之一虚日鼠）出现在正南方的天空，根据这一景象来定准秋分的日子。秋分之后，百姓开始收获庄稼（当时主要是谷子，成熟得晚，现今种植的小麦，在小暑、大暑就已成熟，比谷类作物早两个月左右），禽兽毛羽丰厚、膘肥体壮；

和叔住在北方一个叫幽都的地方（这里因为地处北方，被认为是阴气所聚之地，所以称之为幽都，古代的雁门以北，即现今的山西省忻州市代县），观察太阳由南向北移动的情况，等到白昼最短的那一天，傍晚昴星（即西方白虎七宿之一昴日鸡，《西游记》中曾打败蜈蚣精搭救孙悟空的昴日星官）出现在正南方，依据这一景象来测定冬至的日子。从冬至开始，百姓开始安排农作物的储藏，并穿上冬装，到室内取暖，禽兽长出又细又密的绒毛，准备冬眠或越冬。

春分、夏至、秋分、冬至这四个节气测定以后，尧决定以三百六十六天作为一年，并每三年设置一个闰月，用闰月来调整历法和四季的关系，使每年的农时正确，不出差错。并把节气时令明确颁授给黎民百姓，让老百姓依据农时进行农业生产。尧制定历法是他任期内一项非常伟大的功绩，他的任期，被古人视为农耕文化出现飞跃进步的一个时代。

尧非常注重听取黎民百姓的意见，在简陋的宫门前设了一张"谏言之鼓"，谁要是对他或国家有什么意见、建议，随时可以击打这面鼓，尧听到鼓声，就赶快抽时间出来接见，认真听取来人的意见。为了方便老百姓找到朝廷，他还让人在交通要道设立"诽谤之木",即埋上一根木柱,木柱旁有人看守,民众有什么意见或是想要指出尧的过错,可以向看守的人陈述,如果他愿意去朝廷,看守人会给他指明道路。由于能及时听到老百姓的意见,所以尧对百姓的疾苦非常了解。

尧执政初期,基本的国家制度还不完备,国家只是部落联合体,非常松散,不利于国家的统一管理,所以在尧积累了一定的施政经验后,开始建立健全国家政治制度,其中很重要的一条就是根据各种政务任命官员。这是我国历史上第一次建立较为系统的政治制度,为此后国家的正式形成奠定了基础。

由于帝尧勤于政务且访贤任能,真诚地告诫百官各守其职,因此各项事业都井然有序、兴旺发达。

传说尧还发明了围棋。尧的儿子丹朱虽然长大成人,但却不务正业,成天游手好闲,争强斗狠,经常招惹是非,这让尧感到非常忧虑。尧思来想去,想了一个办法,觉得要想让丹朱向善向上,就必须先让他的心静下来,并对某些事情产生兴趣,这样才能教他学会几样本领。他刚开始教丹朱学习打猎,但丹朱却不感兴趣。尧见状非常失望,于是就用箭在一块平坡山石上刻画了纵横十几道方格,捡来一大堆山石子,自己拿一半,分给丹朱一半,通过落石子的方式来给丹朱讲授自己当年率领部落民众征战的过程。棋子中包含着很深的统治国家、治理百姓、统率军队、管理山河的道理,尧希望通过这种方式,让丹朱学习当首领的谋略。丹朱最初学得非常认真,但学了不久,就失去了耐心,又犯了之前的老毛病,尧非常伤心,于是把丹朱送到南方,再也不想见到他。其后,虞舜也觉得自己的儿子商均愚钝,于是学着帝尧的样子,用石子棋教自己的儿子商均。史书上有"尧造围棋,以教子丹朱"的记载。一九六四年《大英百科全书》中采纳了尧造围棋的记载,并将围棋发明的确切年代定为公元前2356年。而公元前2356年,正处于史书中记载的尧的任期内。中国古代四艺"琴、棋、书、画"之中的棋,就是指围棋。围棋集中体现了中华文化的博大精深,圆形的棋子和方形的棋盘,象征着"天圆地方",棋盘有三百六十一个交叉点,象征农历的三百六十一天。棋盘的中央是太极,棋子的黑白两色表示阴阳,蕴含着对立统一、阴阳调和的哲学道理。围棋的胜负也体现了一种和平、中庸的中国文化。与象棋相比较,象棋非常直观地体现了政治斗争的残酷,必须"赶尽杀绝",把"老帅"将死才算胜,但围棋的胜负就不一定如此,赢一目也是赢,赢半目也是赢,饱含着一种和平共处的和谐思想。

传说在帝尧时期，天上同时出现了十个太阳，将庄稼和草木都烤得焦枯，老百姓没有吃的食物，并且也热得喘不过气来。而猰貐（音亚语）、凿齿、九婴、大风、封豨、修蛇等这些神异的怪兽却趁机从干涸的江湖、山谷和森林之中跑出来，到处残害人民。

这些神异的怪兽大多出自《山海经》，其中猰貐是神话传说中一种吃人的怪兽，像貙，长着虎的爪子，奔跑起来非常迅速；凿齿是传说中居住在南部沼泽地带的怪兽，长有像凿子一样的长牙，手中持有盾和矛，会抢掠并吃人，实际上这是古代被妖魔化的南方少数民族土著居民形象；九婴是传说中的神兽，是水火之怪，能喷水吐火，有九个头，叫声就像婴儿啼哭那样，所以叫九婴；大风是传说中一种凶恶的鸷鸟，是孔雀的亲戚，形状像狗，长着人的面孔，看见人还会笑，性情凶悍，双翅一扇动就会刮起大风，所以又称之为风伯；封豨就是大野猪，修蛇又叫长蛇，就是大蟒蛇。其中"封豨长蛇"后来成为一个固定的词语，比喻贪婪和残暴的侵略者。

当时有一个非常著名的神箭手名叫羿（不是和嫦娥对应的那个羿），射箭的技艺非常高超。尧于是派神箭手羿前去，一一射杀了那些害人的巨兽，并射落了九个太阳，只留下了一个。残害人的怪物没有了，人们不再害怕，大地上的气温也变得适宜起来，庄稼和草木也可以正常生长了，人们可以正常生活了，老百姓对尧帝为民除害的圣德非常感激，于是更加拥护他。羿因为射日的功绩，被尧封在商丘（今河南省商丘市），人们都尊称他为"大羿"。大羿到后来教了个徒弟名叫逢蒙，也是一个神箭手。逢蒙把大羿的技艺全部学到手之后，为了独霸箭坛，于是用暗箭射杀了大羿。人们普遍都对大羿的惨死感到同情，而对逢蒙的卑鄙无耻感到不齿。

尧年老之后，就让大臣们推举继承人，大臣们推荐他的儿子丹朱，但尧却说丹朱愚顽、凶恶，不能担当重任；三苗族的首领名叫驩兜，他推荐炎帝部落的共工，尧却认为共工好说漂亮话，用心不正，也不能重用。尧当政的时期，是传说中的洪水时期。尧又让大臣四岳推荐可以治水的人，大臣们都推荐了鲧，但尧认为鲧这个人不怎么听话，在族里的名声也不好，也不能用。但当时再没有比鲧更合适的治水人选，四岳就建议先让鲧去试一试，如果实在不行，到时再换人。尧于是任用了鲧。但鲧治水九年，也没有取得成效。

## 第五节　孝子虞舜、竹书纪年、尧舜禅让

尧再一次让大臣们推荐他的继承人，这一次大家都推荐了舜，尧于是派舜出去考察。当时因为驩兜推荐的共工放纵邪恶，鲧治水没有成效，三苗在江、淮及荆州一带多次作乱。舜考察回来之后，建议将共工流放到幽陵，以便改变北狄的风俗；将驩兜流放到崇山（今湖南张家界市西南），以改变南蛮的风俗；将三苗迁徙到三危山（今甘肃省敦煌市东南，莫高窟对面），以改变西戎的风俗；将鲧流放到羽山（今江苏省连云港市东海县），以改变东夷的风俗。驩兜、共工、三苗、鲧被称为"四罪"。四罪被惩办，天下百姓听说之后，一方面非常畏惧，但另一方面也非常服气。舜通过这些措施，既维护了尧的权威，也树立了自己的威望。

有关舜的传说非常有趣：

舜传说姓姚又姓妫，名重华，字都君，出生在诸冯（今山东省潍坊市诸城市）或者姚墟（今山东省菏泽市一带），两地相距有一段距离。建都于蒲阪（今山西省运城市永济市）。因其国名为虞，所以又称有虞氏，虞舜。

舜的母亲叫握登，有一天梦见一条很大的虹，然后感觉就怀孕了，之后生下了舜。舜还未成年的时候，他的母亲就去世了，父亲瞽叟又续娶了一个妻子，生了个儿子叫象。"瞽"的意思是眼睛瞎，瞽叟自然就是盲眼老头了（当然也有人认为他眼睛其实并没有问题，而是认为他有眼而不辨善恶贤愚，所以给他起了这样一个雅号）。瞽叟对舜这个儿子很不待见，偏爱他的后妻和后妻所生的儿子象。瞽叟的后妻对舜也很刻薄，象又非常傲慢，反正三个人都想把舜害死，但

是舜却对他们很好。三个人想杀舜找不到机会，而用得着舜的时候，舜却常在身边。

　　舜二十岁的时候，就因为孝顺父母而非常出名了，到了三十岁的时候，还没有成家。当尧问谁能继承他的大位之时，四方的诸侯居然都推举了舜。

　　于是尧把娥皇、女英两个女儿嫁给了舜，并且让九个儿子去给他当随从，然后开始考验他，看他是否能理好家政。舜和娥皇、女英住在妫水河边（今永济市境内），处处遵守礼仪而行事，两位夫人都非常贤惠，对舜十分尊重，恪守妇道。尧的九个儿子也对舜非常尊敬，处处帮助他。消息传到尧的耳中，尧对舜非常赞赏，又派舜负责推行德教。舜于是教导臣民以五种美德指导自己的行为，这五种规范都很顺利地得到了推行，臣民们都乐意听从舜的教诲。传说舜在历山（主要有山东济南市千佛山、菏泽市鄄城县历山、山西省永济市中条山等争议）耕作，历山的百姓因为受他的影响，全都变得礼让起来，互相推让地界，谁也不愿占别人的便宜；他在雷泽（今山东省菏泽市东北）湖边捕鱼，雷泽的渔民们也受他的影响，全都推让便于捕鱼的位置；他在黄河岸边制作陶器，那里出产的陶器就完全没有次品了。舜具有非常大的感召力和凝聚力，百姓都乐于前去投奔他，支持他。他在一个地方住一年，他住的周围就能形成一个村子，在一个地方住两年，周围就能形成一个镇子，在一个地方住三年，周围就能形成一个城市。

　　尧看到舜如此受人拥戴，于是就赐给了舜大量的布匹、粮食和牛羊，还给了他一架琴（在当时，拥有琴是高级贵族身份的象征）。瞽叟和象听说之后，非常眼红，就想杀死舜，夺取他的财产，于是就借口叫舜帮忙修粮仓。等到舜爬到粮仓顶端的时候，瞽叟点着了火，想把舜烧死。结果舜发现火起之后，一手拿着一个斗笠，从粮仓顶上跳了下来，安全落地。（据此看来，实际上国人早在四千五百年前就可以申请专利造降落伞了，因为舜的这一行为，相当于把手里的斗笠当成了两个小降落伞，利用空气阻力减速，使自己不受任何损伤进行了软着陆。舜的这一逃生行为，是人类利用降落伞原理的最早记载。而一个令人沮丧的事实是，直到清朝末年，国人也没有把这一发现应用于造降落伞，更别说是申请专利了。）一计不成，又生一计。瞽叟又欺骗着让舜去帮他挖井，舜知道瞽叟要对他不利，于是事先在井里挖了个暗道。果不其然，等舜挖得深一些的时候，瞽叟和象从上面把土倒了下来，把井填了。舜发现父、弟的行为之后，赶快钻进之前挖的暗道，又逃过一劫。瞽叟和象都以为舜已经死了，于是就商量着分割舜的财产。象说主意是他出的，因此舜的两个妻子，也就是尧的女儿娥皇、女英，还有那架琴都归他,牛羊和谷仓归父母。之后他就跑到舜的宫里住了下来,并弹奏舜的琴。象正在弹的时候,从井里脱险的舜回来了。象看见舜非常惊讶,也很不高兴,不过他还是说:"啊,哥哥,我还以为你死了,我正在悲痛万分地思念你。"舜对他说:"是啊,你可真是我的好兄弟呀。"舜并没有因这些事情而跟父母和象闹翻,就好像没有发生过这些事情一样,仍然孝顺父母、爱护弟弟,并且比之前更加恭谨。

尧见舜确实具有常人不及的美好德行,于是让舜管理百官,处理政务。有了这样的平台,舜过人的才华和智慧立即展现了出来,官吏们都服从舜的安排,各项政事进行得顺利有序,没有一件荒废的。尧又让舜在明堂(古代帝王所建的用来朝会诸侯、发布政令、祭祀天地祖宗的重要建筑)的四门负责接待四方前来朝见的诸侯。因为舜的美好德行和得体的举措,所以远方来的诸侯宾客都很敬重他。舜和诸侯们因此相处得非常融洽,而他充分运用各种手段,使诸侯之间也都和睦相处,友好往来。最后,尧又让舜独自去山麓的森林中,经受大自然的考验。舜在森林、山川、湖泊这些复杂的地方和暴风雷雨中,一次也没有迷失过方向,每次都能安全地走出来,显示出强大的辨识能力和生存能力。而这些,在当时被认为是作为一个国主所必备的素质。

尧据此认为舜确实是一个贤才,于是召来舜说:"你考虑事情、说话办事都非常成熟可靠,而且还建立了非常好的业绩,我试用你已经三年了,现在你接替我登上帝位吧。"舜非常谦逊地推辞,认为自己的德行还不足以接替尧帝。但尧并没有容许,而是决意把帝位禅让给他。次年的正月初一,尧在太庙举行禅位典礼,正式让舜接替自己,登上了天子之位。唐尧此举,在中国历史上开创了"禅让制"的先河。

尧退居避位后,于二十八年后去世,天下百姓听到他的死讯,都非常悲伤,就像死了自己的父母那样,三年之内,全国各地都没有举行音乐歌舞,以表达对他的哀悼和思念。

现在来回望一下虞舜登上帝位的这一幕幕奇怪的场景:舜的父亲是个盲人,他带着前妻生的儿子还能再找一个妻子,可见他的家境很不一般,并不是没落贵族。既然家境不一般,那么他又何必要杀死并霸占儿子的财产呢?况且那个时候的舜已经成了储君,杀死舜,尧会放过他们吗?再说只要儿子当上了国君,有多少财产还不够他们享用的呢?而一个无可辩驳的事实是:舜当上首领之后,就马上打着天子的旗号去恭敬地看望了瞽叟,然后把象封了侯。所以说,上面的这些记载看起来太令人匪夷所思。有一种广为流传的说法认为：舜和他的家人通过高超的炒作技巧，自导自演了一场倍受欺凌而仍然孝顺的孝子的好戏，极大地提高了自身的知名度，然后靠着这个知名度引起了尧的注意，一跃而成为尧的接班人，看起来这种说法也并不是毫无可取之处。

当然，尧将首领之位禅让给舜，这只是流传下来的史书上的说法。尧没有把继承人定为自己的儿子而是禅位给了舜，史书上的说法是尧认为自己的儿子不成器。而实际上，如果能够结合当时的历史实际来推想，则很有可能会得出另外一个结论：那就是尧的儿子，被最终继承首领之位的人，刻意地抹黑丑化了，并且借唐尧之口否定了他，从法律程序上将他定义为非法，并借此反衬最终继位者的合法性和正确性。

这样的怀疑不幸得到了某些很有分量的史料的佐证。

公元281年（晋武帝太康二年），一个名叫不准（音否标）的汲郡（今河南新乡卫辉市一带）人盗墓，得到墓冢的竹简数十车，有记载夏、商、周年间历史的史书十三篇。经过考证，人们发现这些竹简是春秋时期晋国史官和战国时期魏国史官所作的一部编年体史书，后把这部史书命名为《竹书纪年》。

经过研究，人们发现《竹书纪年》记载的内容与传统正史记载多有不同之处。比如"（殷）祖乙胜即位，是为中宗"，与《史记·殷本纪》等以中宗为太戊不同，但却与甲骨文"中宗祖乙"的称谓完全吻合。再比如《竹书纪年》第七、八、九卷记载西周从公元前1050到公元前771年这二百八十年间的历史。自汉朝以来，考证"武王灭商"的确切年代的有四十三家之多，唯独《竹书纪年》一家所记最为真实可信，而其他推算都是错误的。

由此可见，《竹书纪年》的史料价值和可信度之高。

《竹书纪年》中的一些记载，完全与《史记》等正史相悖。其中关于尧舜禅让，《竹书纪年》这样记载："昔尧德衰，为舜所囚也。舜囚尧于平阳，取之帝位。舜放尧于平阳（放，流放之意）。舜囚尧，复偃塞丹朱，使不与父相见也。"这就是说，舜并不是靠禅让取得的首领之位，而是在尧年老势衰之后囚禁、流放了他，然后不让尧与他的儿子丹朱相见，最后夺取了尧的首领之位。

当然，不论舜靠什么办法取得了首领之位，他总之是当上了首领。舜当上首领以后，在政治上又进行了一番大的作为。

之前高阳氏颛顼帝有八个儿子，个个都非常有才能，世人都因为他们而得到了不少利处，因此把他们叫作"八恺"（恺是快乐、和乐之意）；高辛氏帝喾有八个儿子，也非常有才能，世人称他们为"八元"。这十六个家族，世代弘扬他们的美德，没有做出有损他们先祖名声的事情。但在尧当政的时期，却并没有起用他们。舜当政之后，任用了"八恺"，让他们主持地政，结果所有事情都办得井井有条；任用"八元"，让他们到四方宣扬五教，于是父义、母慈、兄友、弟恭、子孝，每一个家庭都很和睦，社会上呈现出一片祥和之态。

之前帝鸿氏黄帝有个不成器的儿子，掩盖他人的善行，隐瞒自己的罪恶，特别喜欢做坏事，天下人都称他为"混沌"；金天氏少昊有个不成器的儿子，不讲信义，喜欢讲邪恶的话，天下人把他称为"穷奇"；高阳氏颛顼有个不成器的儿子，不接受批评，不知道什么是有道理的话，天下人把他称为"梼杌"（音桃无，比喻顽固不化态度凶恶之人）。这三个家族，当时的人们都感到非常忧虑。到了尧的时代，尧也没有驱逐他们。还有炎帝后裔缙云氏有个不成器的儿子，贪图饮食，贪婪财物，天下人把他称为"饕餮"，非常厌恶他，把他与上面的三凶相提并论。

舜在四门接待宾客时，便放逐了这四个凶恶的家族，强迫他们迁徙到四境最偏远的地方，去抵御人面兽身的妖魔"螭魅"。于是四门畅通，天下百姓都说世间再也没有恶人了。

禹、皋陶、契、弃、伯夷、夔、龙、垂、益、彭祖等贤才，从尧的时代起，便被推举任用，但却没有明确的分工和职务。舜上任之后，于是任命禹为司空，以治理水土，光大尧的事业；任命弃担任后稷，主持农业，种植百谷；任命契做司徒，用来推行五常之教，感化百姓；任命皋陶担任"大理"，掌管监狱和刑罚；任命垂为"共工"，让他管理百工；任命益担任"虞官"，让他掌管山泽草木鸟兽，并让朱虎、熊罴等大臣做他的助手；任命伯夷为"秩宗"，也就是后来的太常，主持祭祀，教人们学习礼仪；让夔担任乐官，主管音乐，教导贵族子弟学习舞乐；任命龙为"纳言"，相当后来的侍中，负责传达命令、收集意见。

在对总共二十二名贤才进行明确的分工和任命之后，舜勉励他们要谨慎地行事，办好上天交付给他们的事业。

舜还规定每三年考核一次官员的政绩，由考察三次的结果决定一个官员是晋升或是贬职，这就确保了一定的客观公正，兼顾了一时表现和一贯表现。通过这样的整顿，无论远近，各项事业都呈现出欣欣向荣之态，政治显得非常清明，与中原长期处于敌对状态的三苗族，也在这个时候再一次被分化瓦解。

舜所任命的二十二位大臣，都较好地完成了他们的工作：皋陶做狱官，执法判案公平，在事实和公正的判决面前，百姓都心悦诚服；伯夷主持礼仪，不论是上层贵族还是下层百姓都能谦让有礼；垂管理百工，各类工匠都做出了成绩；益管理山泽，山泽都被开发了出来；弃管理农事，庄稼都长得非常茂盛；契主管教化，百姓都亲近和睦；龙主持接待宾客，远方诸侯和外族都来朝贡；十二州地方官员也尽力办事，因而全国各地没有谁敢逃避、违抗舜的命令。

  这些大臣之中，功劳最大的是禹。禹在平治水土的过程中，前后打通了九条山脉，治理了洪水泛滥的九个湖泽，疏通了堵塞的九条大河，重新划定了九州地界。九州的首领都按照职位高低前来进贡特产，没有不合规定的。国家的疆域达到了方圆五千里，一直通到辽远的边陲。南方到达交阯、北户（古国名，借指南方边远地区），西方到达西戎（当时对西方少数民族部落的通称）、析枝（今青海省黄河上游河曲地区）、渠廋（今甘肃酒泉到新疆鄯善一带）、氐（今甘肃、陕西、四川三省交界的甘肃陇南一带）、羌（今青藏高原），北方到山戎（今河北省北部）、北发（古地名，今内蒙古一带）、息慎（又叫肃慎，当时处于今东北的古老民族），东方到达长夷、鸟夷（今日本一带）。四海之内，都赞扬帝舜的功绩。

  于是禹创作了一首名为《九韶》的音乐，颂扬舜的功德。从此形成了惯例，天下开始颂扬现任帝王的功德，都是从虞舜开始的。

  舜在二十岁时因孝行而闻名天下，三十岁时被尧起用，五十岁时代行天子之政，五十八岁时尧去世，为尧服丧三年之后，于六十一岁正式接替尧登上帝位。

  舜在位三十三年后，因为儿子商均不才，于是便将帝位禅让给了禹。十七年后，舜到南方巡视，死于苍梧境内（今湖南省永州市，不是广西梧州市的苍梧县），葬于长江以南的苍梧山（又叫九嶷山，在永州市宁远县境内），这就是零陵。舜享寿一百岁。

  传说舜在这次巡视的时候，他的两个妻子娥皇、女英也一起去了。到达现今湖南岳阳洞庭湖的时候，因为天气炎热，娥皇、女英就留在洞庭湖中的洞庭山（今君山）消暑，而舜则继续南行。舜帝到达苍梧山之后，终因年老体衰而一病不起，并很快离世。舜的死讯传来，娥皇和女英非常悲伤地哭泣，眼泪哭干了，鲜血流了出来。她们的血泪洒在了洞庭湖君山的竹子上，竹竿上便呈现出点点泪斑，有紫色的，有雪白的，还有血红的，竹子上有的像印有指纹，传说是娥皇、女英在竹子上抹眼泪印上的，而那鲜红的血斑，便是娥皇、女英眼中流出的血泪染成的，这就是"湘妃竹"名称的由来。

其实三皇五帝事迹突出与否，不论是人名还是部落名都已经不再重要，只是或许应该有这样的记忆：

在那一个时期，有那么一些人，或者是有类似于他们的一些人，为远古人类的生存和发展付出了艰辛的努力，做出了杰出的贡献，他们永远值得人们去景仰、去怀念！

# 第三章 夏朝

## 第一节　大禹治水、奇书《山海经》

　　夏朝是华夏民族进入文明社会后我国历史上的第一个朝代。

　　按照现今主流观点，人类进入文明社会主要有三大标志，分别是：金属工具的出现、文字的发明、国家的形成。炎帝发明了耒、耜，黄帝铸造了铜鼎。经过考古发现，夏朝时期的文物中有一定数量的青铜和玉制的礼器，属于新石器时代晚期、青铜时代初期；仓颉发明并整理了文字；而夏朝的建立，将原始的部落联盟变成了世袭的奴隶制国家。这就标志着，在文明的大门边缘徘徊许久的华夏民族，终于因为有了国家形成这样一个硬性的指标，拿到了进入文明社会的通行证。而实际上，如果将三皇五帝时期具备国家性质的邦国联盟也计算在内，那么华夏民族早就进入文明社会了。

　　夏朝的实际创立者暨开国之君是禹。禹也叫夏禹，姓姒，名叫文命（也有种说法，说禹就是他的名字），字密，史称大禹、帝禹。

　　禹是颛顼帝的后裔，颛顼帝生了六个儿子，其中长子穷蝉是舜的祖先，次子鲧曾就是禹的祖先。鲧曾是什么意思呢？大禹的父亲叫鲧，那么鲧曾就是鲧的曾祖父的意思。史书上关于大禹的家族谱系如下：鲧曾生鲧祖（鲧的祖父），鲧祖生鲧父（鲧的父亲），鲧父生鲧，鲧生大禹。从这样的记载也可以看出，实际上在大禹的父亲鲧之前，他们的家族谱系就已经不可考了，或者说从鲧曾开始，他们家族就已经不是贵族了，因为他们没有明确的名字（即没有得到分封，没有氏）。所以正如《三皇五帝》一章中所讨论的那样，禹到底是不是颛顼帝的后裔，是要打一个问号的。不过，禹到底有没有贵族血统，是丝毫不妨碍历史的发展和前行的，禹创立了夏朝，他的后代为了替他制造一个显赫的身份而说他是颛顼的后裔，也是完全可以理解的。

禹的父亲鲧，被帝尧封于崇，为伯爵，世称"崇伯鲧"或"崇伯"，他的母亲是有莘氏部落的女子脩己。传说脩己看到一颗流星穿过金牛星座，又做梦吃了神珠薏米，从而感觉到有了身孕，胸膛裂开之后生下了禹。总之，禹的出生也是非常神奇的。

禹幼年的时候，正是帝尧当政的时期。其时中原洪水泛滥，造成水患灾害，百姓愁苦不堪。帝尧接受大臣四岳的建议，任命鲧去治水。鲧受命治理水患，但因为方法不得当，用的是障水法，也就是用土木堵塞的方法在岸边设置河堤屏障洪水，但洪水却越淹越高，前后历时九年，鲧也未能平息洪水灾祸。

鲧治水失败之后，尧接受舜的建议，将鲧流放到羽山并处死了他。

在神话传说中，鲧是天上的神仙，看到洪灾后下界帮助凡间的百姓。下界之前，鲧没有获得天帝的允许，还偷了天帝的一件宝物，这个宝贝的名称叫作"息壤"，是一种可以自己无限生长的神土。鲧偷这个宝物，就是想利用它来治理洪水。鲧到凡间以后，洪水往哪里流，他就在地上倒一点息壤，于是地上很快地长出一条堤坝，堵住洪水的去路。眼看治水就要成功了，天帝发现了鲧私自下凡并偷走神物的行为。天帝非常生气，于是派火神祝融下界，把鲧杀死在了羽山，然后把息壤收回了天上。鲧的治水行为自然是功亏一篑，很可惜地失败了。

这个神话传说也从一个侧面反映了鲧用堵截这种方法治水的情形和治水失败并被杀的最终结果。

舜建议流放鲧之后，又举荐禹来继续他父亲鲧治水的事业。尧逝世以后，帝舜问大臣四岳说："有谁能光大尧帝的事业，让他担任官职呢？"大臣们都说："伯禹当司空，可以光大尧帝的事业。"舜认为大臣们荐人得当，于是任命禹为司空。禹拜谢推辞，想要谦让给契、后稷和皋陶（音姚），但舜却认为他是最合适的人选，坚持任命了他。

禹为人聪敏机智、吃苦耐劳，不仅施政非常勤恳，而且为人谨慎庄重，所以长期以来，在大臣们之中积累了相当高的威信。他接受了帝舜的任命，然后与益、后稷一起到任，命令诸侯和百姓发动那些被罚服劳役的罪人一起治理九州的土地。一路上，禹穿山越岭，竖立木桩作为标志，测定高山大川的标高，为治理洪水做前期的准备。

禹为父亲鲧因为治水无功而被杀感到难过，所以他顾不得劳累，为治理洪水而殚精竭虑、冥思苦想。禹思来想去，吸取了父亲治水失败的教训，放弃了父亲鲧"堵"的治水方略，改为以"疏"为主，就是根据地形地势的高下，用沟渠疏导高地的川流积水，最终引洪水入海，使肥沃的平原能减少洪水灾害。

禹因为治水在外面足足奔波了十三年，几次从家门前路过，他都没有顾得上进去。禹节衣缩食，尽心地祭祀鬼神和祖先，而这在当时的大臣和百姓看来，是敬畏上天、爱惜万民的具体表现。禹住非常简陋的宫室，把节省下来的钱财和物资全部用于治理洪水。

当时洪水泛滥，治水是当务之急。为了赶时间，禹在陆地上行走的时候就乘车，在有水的地方赶路就乘船，在泥沼中行进就乘木橇，在山路上行走就穿上带铁齿的鞋，以防止下滑或踩空。他时常把准、绳和规、矩等测量工具带在身上，还装载着测四时、定方位的仪器，开发九州土地，疏通九条河道，修治九个大湖，测量九座大山。

我国古代，将"九"当作是最大的阳数。因为在个位数中，九是最大的。所以，古籍记载中关于"九"的数目，一般都不是具体的数量，而是形容非常多。大禹疏通九条河道、修治九个大湖、测量九座大山，其实是说大禹疏通、修治、测量的河道、湖泊、大山非常之多，而不是不多不少样样刚好有九个。可是这样的记载到了后来，读史和注解的人的却开始牵强附会，认为确实就是九个，于是九州的具体名称也确定了一下，九河是哪几条也确定了下来，九湖是哪几个、九山是哪几座也分别确定了下来，并一直流传至今。对于这样的现象，一定要能正确理解。

在治水的过程中，在洪水已经疏通导出的地方，禹让益给百姓分发稻种，让他们种植在低洼潮湿的土地上。而在那些灾害还没有治理好的地方，他就让后稷赈济吃粮困难的民众。当一些地区粮食不够吃时，就让有余粮的地区把粮食调剂给他们，想尽办法使各诸侯国百姓都不缺粮、断炊。禹一边行进，一边考察各地的物产情况，看什么地方出产稀有的特产，顺便确定该地应该向天子交纳什么样的贡赋；同时，他还考察了各地的山川地形，以便弄清诸侯向京城朝贡时交通是否便利。

禹治水并考察山川地形从当时的都城冀州开始，然后向四周辐射其他八州。

大禹治水时行踪遍布的九州，在以后各朝代的历史中都要反复出现，并且各州的地理环境如何，往往直接影响到该州或处于该州的诸侯国的政治、经济、文化等各个方面，形成著名的地缘关系。某一个国家或某一个诸侯，或许因为某一座山峰的阻挡而存活，或许因为某一条河流被偷渡而失国。比如战国时秦国能够统一六国，是因为秦国地处函谷关之内，地理位置非常险要，势强时可以攻打其他六国，而势弱时其他六国却不容易攻入；而韩国在东方六国中为什么第一个灭亡，就是因为在地理位置上与秦国十分靠近，并且无险可守；楚汉之争中刘邦灭魏，就是因为韩信从夏阳偷渡黄河……一个国家的兴衰成败，与所处的地理环境有着非常紧密的关联，因此在这里对地理信息略做介绍，并大致介绍与现今地理位置的对应情况，以便更深入地了解掌握历史事件背后的潜在因素。对地理不感兴趣的读者可以直接跳过，在后面碰到具体的州名、地名、水名和战争时再回头查阅。

大禹在冀州先完成了壶口的工程。壶口位于现今山西省临汾市吉县境内，因为黄河到那里之后，两岸石壁峭立，河面收束，狭小得就像一把茶壶的壶口，所以得了壶口这样一个名字。壶口瀑布在世界上非常有名。之后大禹开始治理梁山、岐山。梁山就是位于今陕西省渭南市韩城市的梁山，岐山就是后来周朝的发源地，在现今的陕西省宝鸡市岐山县。黄河中的水流到龙门山的时候，龙门山堵塞了河水的去路，把河面挤得十分狭窄，黄河中的水大量溢出河道，淹没了周边的田地农庄，造成了洪水灾害。大禹通过仔细观察地形，认为只有把龙门山凿开一点，才可以把河水疏导出去。于是他带人把龙门山凿开了一个八十步宽的大口子，河水得以顺利流出。凿开的这道口子后世称之为龙门，人们为了纪念大禹的功绩，又把龙门称为禹门。龙门位于现今山西省运城市河津市，每到春末夏初鱼类产卵季节，黄河中大量的鲤鱼从下游逆水洄溯上游，因为龙门特别高，所以鲤鱼游到龙门时被挡在那里，无法游过去。但因为鱼类在长期进化过程中养成的必须洄游到上游产卵的习性，所以它们就拼命地想要跳过龙门去。一时之间，千万条鲤鱼争先恐后地从落差较低的水位跳往较高的龙门，同时间只有少数几条能够成功，而绝大多数的仍然会掉下去。这种奇特的景观引发了人们丰富的想象，古时候的人不知道这种现象是鱼类产卵的天性所致，还以为这些鱼跳过龙门口之后就会变成龙，于是就创造出了"鲤鱼跳龙门"的传说。传说鲤鱼原来住在黄河下游的孟津，它们听说龙门的风光好，就都想去观光，但到了龙门之后，才发现游不上去。一条大红鲤鱼自告奋勇地跳过龙门，结果天上降下一团火，烧掉了它的尾巴，这条鲤鱼立即变成了一条龙。其他的鲤鱼受此鼓舞，于是纷纷鼓足劲儿想跳过龙门，可是除了极少数跳过去变成龙之外，大多数都掉了下来。黄河鲤鱼额头上那一块黑色的斑，据称就是跳龙门失败之后额头撞在岩石上留下的黑疤。后世多用"跳龙门"比喻中举、升官等飞黄腾达之事，尤其是出身贫寒之士，如果中了举人、状元，就会被称为"跳龙门"。唐朝大诗人李白有感于怀才不遇，还特地写下一首著名的诗《赠崔侍郎》："黄河三尺鲤，本在孟津居。点额不成龙，归来伴凡鱼。""点额"的意思就是指那些跳龙门的鲤鱼额头撞在石壁所留下的疤痕，后世于是以"点额"一词来比喻仕途失意或应试落第。之后，大禹又治理好了太原地区，也就是现今的山西太原及周边区域，一直到位于现今山西省长治市沁源县的太岳山（又名霍太山）之南。修治好黄河岸边的覃怀（后来称作河内，今河南省焦作市沁阳市）这个地方之后，又继续修治了衡水、漳水。衡水是漳水后一段的别称，而漳水就是漳河，由清漳河、浊漳河两条河交汇而成，流经今河北、河南两省边界，战国时魏国的西门豹曾在那里整治河伯娶媳妇的恶习，非常著名。冀州的土质色白而松软，非常肥沃，禹规定那里的赋税的等次属于上上，田地属于中中。当时，禹把九州的田地和贡赋的物产分为上上、上中、上下、中上、中中、中下、下上、下中、下下九个等次。所以冀州的赋税属于第一等，当然有些地方也杂有第二等，而田地属于第五等。大禹又疏通了恒水（今河北省保定市曲阳县北横河）、卫水（古水名，发源于今河北省石家庄市正定县），大陆泽（又叫巨鹿泽，今河北省邢台市大陆泽）也修治完毕。东北鸟夷部族（古鞨鞈国，处于现今东北的一个古老民族，周秦时称肃慎，以渔猎为业）由于天气寒冷，穿用兽皮衣服，所以他们的贡品是皮衣。禹规定冀州之地的进贡路线是绕道碣石山（今河北省秦皇岛市昌黎县，三国曹操于公元207年北征乌桓得胜回师途中，路过碣石山曾作名篇《观沧海》）向西，走黄河水路到达都城。冀州地势平坦，土地肥沃，古时被称为中原，号称天下第一大州，人口粮食都很广。三国时曹操打败袁绍之后占领冀州，收来户口簿一看，立即有了雄霸天下的底气，因为人多粮足。冀州的辖区主要包括现今山西省的大部分，河北省的西部、北部，含今北京、天津，还有辽宁省西部的一部分。

济水和黄河之间是兖州。古济水的河道现在基本上已经不存在了，因为它的大部分河道后来被黄河改道所夺，现代黄河下游的河道就是古济水的河道。现河南境内的济河，就是古代济水被黄河侵占河道后留下的上半段。古济水发源于现今的河南省济源市，济源市及山东省的济南、济宁、济阳都因此而得名。济水在古代的地位非常之高，因为当时与长江、黄河、淮河都是独流入海的河流，所以江、河、淮、济齐名，被称为"四渎"，古代的皇帝祭祀名山大川，就祭祀泰山、华山、衡山、恒山、嵩山五岳和四渎。古济水流经现在的河南、山东入渤海，与当时下游河道比现在还要再北一些的古黄河形成一个夹角，这个夹角和渤海之间的区域就是兖州，像一个三角形，包括现今山东省的西部、河南省的东北一小部和河北省的东南部，和现今山东省济宁市的兖州区并不对等。大禹疏通了这个地区的九条河，雷夏泽就在那里蓄积成了一个大湖，雷夏泽西北的雍水、沮水（都是古水名）也汇合后流入雷夏泽中。雷夏泽就是现今山东省菏泽市的雷泽湖，传说华胥氏曾在那里踩了一个大脚印而怀孕生下伏羲氏，后来的舜帝在那里捕鱼而人人谦让，在上古时期非常著名。大禹治理好这个地区之后，平地上的洪水全部退走，于是种了桑树，养了蚕，老百姓都从山上搬了下来，定居在平地上。兖州的土质色黑而肥沃，草长得非常茂盛，树木长得非常高大。大禹规定该州的田地属中下，即第六等；赋税属下下，即第九等。不过，由于兖州遭遇的洪水灾害非常严重，所以一直等到十三年后大禹治水完毕，兖州才和其他州同时开始进贡。这一地区进贡的物品主要是漆、蚕丝，还有绣有花纹的上好绸缎，上贡时用竹筐盛在里面。在上古时期，先民们已经发现漆树皮里的黏汁可以用来做装饰和保护器物的涂料，这种天然漆不同于现今的油漆，绿色环保，不仅可以用来装饰祭祀神灵祖先的器具，还可以涂在餐具表层，增加强度和使用寿命，在当时是非常昂贵的奢侈品，后来的舜帝据一些史料记载就是因为用漆器吃饭，从而被其他的诸侯认为是腐败，导致诸侯背叛而失去首领之位。兖州进贡时走水路，由古济水进入漯水（漯，音踏，古水名，发源于今山东省聊城市莘县北），然后进入黄河。

　　大海到泰山之间是青州。这里所说的大海就是现今的渤海、黄海，泰山就是东岳泰山。大禹把这个州的嵎夷（古地名，在今山东半岛）这个地方治理好之后，潍水和淄水也得到了疏通。潍水就是现今的山东潍河，楚汉之争中汉初三杰之一的韩信曾在那里斩杀西楚名将龙且，完成对西楚霸王项羽的战略包围。淄水就是今山东省淄博市境内的淄河。青州的土质色白而肥沃，海滨一带非常宽广，但田地却多是盐碱地。田地属上下，即第三等，赋税属中上，即第四等。进贡的物品是盐和细葛布，有时也进贡鱼、虾等海产品，还有泰山谷地生产的丝、麻、铅、松木、玉石等。当地有一支土著居民莱夷，是东夷人的一支，活动于现今山东省的中、东部，以放牧为生。西周时姜尚受封齐国之后，莱夷的首领莱侯趁姜尚还没有到达封国，曾去争夺齐国的都城营丘，结果被姜尚击退。春秋时孔子担任鲁国相国，与齐国会盟之时，齐国人曾打算让莱人劫持孔子，结果被孔子识破。后来，莱国被齐国所灭。大禹规定让莱国进贡畜牧产品，当然，还有那里非常著名的特产檿蚕丝，进贡时也用竹筐盛放。檿（音眼），指蚕吃了山桑叶所吐的丝，也就是柞蚕丝，这种蚕丝是制作琴弦的最佳材料，当时的贵族们拥有一架琴，就是身份的象征，所以，这种特产可说是必不可少。青州进贡时，也走水路，由汶水，就是发源于现今山东省淄博市沂源县境内的大汶河，转入济水。青州的辖区范围主要是东面到海，西面到泰山，南面到古济水，主要是现今山东省的东部地区，像个平行四边形。

　　大海、泰山到淮水之间是徐州。淮水就是现今的淮河，当时有独立的入海口，很少有洪水之灾，一千一百九十四年黄河决口改道，冲入淮河，以淮河的河道作为出海口，一直到一千八百五十五年，横跨了宋、元、明、清四朝，这在历史上被称为"黄河夺淮"。此后黄河大体上以山东大清河河道为入海口直到现今。淮河失去入海口之后，经常发生洪涝灾害。再之后，淮河下游淤塞，不能独立入海，改注入长江，大体保持现今的形状。大禹在这个地区治理好了淮水、沂水之后，蒙山和羽山一带也可以种植作物了。沂水就是发源于今山东省的沂河，被称为临沂的"母亲河"，古代为泗水支流。蒙山就是今山东省临沂市西北的蒙山，羽山就是大禹的父亲鲧被杀的那个羽山，位于今江苏省连云港市东海县。大野泽的水也得到了治理，东原（今山东省济宁市、泰安市东平县一带）的水也都退去。大野泽也叫巨野泽、蓼儿洼，历史上因大野河流汇入东北部的一片洼地形成湖泽而得名。这就是《水浒传》中大名鼎鼎的八百里梁山水泊。《水浒传》第一百二十回，宋公明神聚蓼儿洼，徽宗帝梦游梁山泊。蓼儿洼、梁山泊都是指这个地方。这个大湖泽后因黄河改道而逐渐干涸，现残存的一片水域就是济宁市梁山县北的东平湖。徐州的土质呈红色，有黏性而且肥沃，草木丛生繁茂。田地属上中，即第二等，赋税属中中，即第五等。进贡的物品是供天子筑坛祭天用的五色土，还有羽山山谷里一种名叫夏狄的野鸡和峄山的孤桐。野鸡身上所长的五色羽毛，可以用来装饰军事统帅指挥作战的旌旗，也是稀有的特产。峄山就是现今邹城市东南的峄山，那里生长着一种孤桐，是用来制造琴瑟的好材料，孤桐制成琴之后，声音极为清亮，所以"孤桐"后世就成为琴的代称；在泗水之滨，有用来制造乐器石磬的玉石。淮夷之地盛产的珍珠和鱼类都要进贡，还出产一种纤细洁净的黑白二色丝绸，当时帝王祭祀上天，需要用这种质地细腻的丝绸制作祭服，所以也要盛在竹筐里面上贡。徐州进贡时，走水路通过淮水、泗水（今山东省泗河），然后转入黄河。古徐州的辖区范围主要是现今淮河以北的江苏省、安徽省北部及泰山以南的山东省南部。如果记不住，把现今江苏省的徐州市当作古九州之一的徐州也说得过去，大体位置就在那一带。

　　淮河与大海之间是扬州。彭蠡泽（今江西省境内鄱阳湖的古称）汇成了湖泊，成了鸿雁南归时的栖息之地。三条江松江（今江苏省苏州市吴淞江）、娄江（今苏州市太仓市浏河）、东江（历史上已淤塞，今已不知故河道在江苏什么地方）引水入海，所以震泽（今江苏省境内太湖的古称）也获得了治理，竹林密布，水草繁茂，树木高大。这里的土质湿润，田地属下下，即第九等，赋税居下上，即第七等，有时可居第六等。进贡的物品是金、银、铜，瑶、琨等美玉、宝石，以及竹箭、象牙、犀牛皮、鸟羽、用来装饰军旗的牦牛尾，岛夷人（即后来的倭国，唐朝武则天时改名为日本）穿的用花草编结的服饰，以及用竹筐盛着的有贝形花纹的锦缎，不定期根据朝廷的旨意进贡包装好的橘子、柚子。这些贡品都经由大海、长江进入淮河、泗水。扬州包括现今淮河以南江苏省、安徽省南部、浙江省西北部和江西省北部的一些地区，如果记不住这么多，把今天的扬州市想象成古扬州，也没有错，因为现今的扬州就在古扬州的范围内。

　　荆山到衡山之南是荆州。这个荆山是指位于现今湖北省宜昌市远安县的荆山，不是黄帝铸鼎的河南荆山，衡山就是位于湖南省衡阳市的南岳衡山。荆州之地有长江、汉水流向大海。长江的九条支流经过治理，都有了固定的河道，沱水（指当时荆州的沱水，在今湖北省宜昌市枝江市东）、潜水（汉江支流，后因山谷筑堰灌田，改名堰沟河，源出陕西省汉中市城固县）也都已经疏导，并治理好了云、梦二泽。云、梦二泽后来合称为云梦泽，又叫云梦大泽。是位于现今湖北江汉平原上的古代湖泊群的总称，上古时期非常广大，后来随着泥沙淤积范围不断缩小，到清朝时除了形成比较大的洪湖之外，其他小一些的湖泊已经逐渐淤平。如今，云梦泽已经淤退为一些相互分离的湖泊。云梦泽因为汉高祖刘邦伪游云梦并在那里擒获军事天才韩信而闻名遐迩。荆州的土质湿润，田地属下中，即第八等，赋税居上下，即第三等。进贡的物品是鸟羽、牦牛尾、象牙、皮革，金、银、铜三种金属，以及椿木、柘（音这）木、桧木、柏木四种木料。椿木是良好的观赏树，春季满树紫叶，秋季满树红果，看上去非常美观；柘木又名黄金木，是名贵木料，与紫檀一样，制成的家具非常昂贵；桧木比较耐腐蚀，并且会散发香味，是造船的好材料，现今一些正规比赛用的乒乓球拍木板，也多用桧木制成；而柏木也是珍贵木料，用柏木造船，几百年都不会有损。因此，一些上好的棺木也用柏木，北京大堡台出土的古代王者墓葬内著名的"黄肠题凑"即为上千根柏木方整齐堆叠而成的围障，主要是用柏木的香气来耐腐。此外，荆州还要进贡可做粗磨石的砺石、可做细磨石的砥石（成语"砥砺奋进"因此而来）；还有一种可以做箭头的砮（音努）石和用来做颜料或入药的朱砂，特别是可做箭杆的细长竹子箘簬（音郡路）和楛（音户）木是汉水附近三个诸侯国进贡的最有名的特产；还有包裹着和装在匣子里的供祭祀时滤酒用的青茅（齐桓公时管仲讨伐楚国，其中一条罪名就是楚国没有进贡青茅）、用竹筐盛着的彩色布帛，以及串珠子用的丝带，不定期地根据朝廷的命令进贡九江（指前文所说的长江的九条支流，不是现今的江西九江）出产的大龟。荆州进贡时，经由长江、沱水、涔水、汉水，转行一段陆路再进入洛水，然后转入南河。洛水就是现今河南的洛河，古时称为雒水（名称变化原因《东汉》一章中讲），是黄河的重要支流。洛河与黄河交汇的地区被称为"河洛地区"，是华夏文明的重要发祥地。南河就是黄河的一段，古代把黄河自现今潼关以下由西向东流的一段称为南河。荆州的辖区范围包括现今湖北省北部和湖南省，以及江西省的西北部。

　　荆州和黄河之间是豫州。伊水（就是伊河，洛河的支流，在今河南省洛阳市栾川县）、洛水、瀍水（瀍，音缠，洛河的支流，源出洛阳市新安县东）、涧水（古水名，也出自今洛阳市新安县东）都已疏通注入黄河，黄河水冲入济水河道后大水溢出，聚积为一个湖泊，这个湖泊就叫荥播（也叫荥泽，今河南省荥阳市一带）。还疏浚了菏泽，修筑了明都湖的堤防。菏泽就是今山东省菏泽，因远古时代南有菏山、菏水、北有雷泽，故名菏泽。明都湖又叫孟渚泽，位于河南省商丘市、菏泽市单县之间，名列中国九大古泽之首。豫州的土质松软肥沃，地势低的土地则是肥沃坚实的黑土。田地属中上，即第四等，赋税居上中，即第二等，有时居第一等。进贡漆、丝、细葛布、麻，以及用竹筐盛着的细丝絮，不定期按朝廷的命令进贡制造玉磬用的石头，进贡时走水路，经洛水进入黄河。豫州的地界，包括现今河南省的大部分地区、陕西省东南一小部分、湖北北部一小部分和山东省西南角一小部分。三国时刘备到许都，曾被曹操举荐为豫州牧。古代提起中原，主要说的就是河南豫州，因此，河南省简称"豫"。豫州位于九州的中间，历史上曾长期作为我国的政治、经济、文化中心。

　　华山之南到黑水之间是梁州。华山就是西岳华山，位于现今陕西省华阴市。这一条黑水是指发源于现今四川省阿坝州松潘县岷山的黑水，与下文雍州的那一条黑水不同。岷山、嶓冢山（又名汉王山，位于今陕西省汉中市宁强县境内）附近的田地都可以耕种了，发源于该州的沱水（与荆州的沱水有别，即今长江的支流，四川的沱江）、涔水也已经疏通，蔡山（今四川省雅安市雨城区周公山，

第三章　夏朝　｜　065

后来相传因蜀汉丞相诸葛亮征讨西南夷时路过此地梦见周公，因此改名为周公山）、蒙山（也叫蒙顶山，今四川省雅安市名山区蒙山，不是山东省临沂市的蒙山）的道路已经修好，和夷地区（有四川省荥经县和湖北武当山一带两种说法）治水也取得了成效。梁州的土质是青黑色的，田地属下上，即第七等，赋税居下中，即第八等，有时也居第七等或第九等。贡品有名叫璆的美玉、铁、银、可以刻镂的硬铁、可以制作箭头的砮石、可以制磬的磬石，以及熊、罴、狐、狸四种兽皮和毛毡。贡品由西戎西倾山（也叫嵹台山，位于今甘肃、青海、四川三省交界地带的西倾山）经桓水（古水名，发源于西倾山）运出，再从潜水（发源于陕西省汉中市城固县南，汉水南岸小支流）船运，进入沔水（音免，汉水的上流），然后走一段山路进入渭水（即今陕西渭河，黄河的最大支流，发源于甘肃省定西市渭源县鸟鼠山），最后横渡黄河到达京城。梁州包括现今的陕西省南部和四川省、重庆市以及甘肃省南端和青海省西南端的一些地方，古时候属于边疆，南宋大诗人陆游诗《诉衷情》有"当年万里觅封侯，匹马戍梁州"的句子。

　　黑水与黄河西岸之间是雍州。这一条黑水是指发源于今祁连山，流经甘肃省张掖市、酒泉市的黑河，与上文梁州的那一条黑水不同。黑水从现今酒泉市金塔县鼎新镇以下到今内蒙古额济纳旗湖的这一段，称为弱水。在古代神话传说中，弱水常被用来指称险恶难渡的河流，传说就是一根鸟羽，在弱水之中也会立即沉下去。弱水也被用来指代爱河情海，常用"弱水三千，只取一瓢而饮"来形容对爱情非常专一。弱水经过治理已经向西流去，泾水也顺利地汇入了渭水。泾水就是发源于现今宁夏并流经陕西的泾河，是渭水的最大支流。而渭河又是黄河的最大支流，泾河和渭河在古城西安北郊交汇时，由于含沙量不同，呈现出一清一浊、清水浊水同流一河而互不相融的奇特景观，形成了一道非常明显的界限。后人就用泾河之水流入渭河时清浊不混来比喻界限清楚或是非分明，也用来比喻人品的清浊，比喻对待同一事物表现出来的两种截然不同的态度。成语"泾渭分明"，由此而来。在四大名著《西游记》第九回"袁守诚妙算无私曲，老龙王拙计犯天条"中，因为著名术士袁守诚能够算出泾河水族的位置，泾河龙王非常生气也非常恐惧，就去长安城找袁守诚算账，让他卜算下雨的时间点数。袁守诚算对之后，泾河龙王为了打赢和袁士诚的赌赛，私改了下雨的时辰点数，结果触犯天条被魏征一梦而斩，引发了唐太宗魂游地府的事情。此外，大禹还治理了漆水、沮水、沣水，使它们全部顺利汇入了渭水。漆水是指发源于今陕西省宝鸡市麟游县，至咸阳市武功县汇入渭河的漆水河。沮水也叫沮河，古代也用沮水代称石川河，流经陕西省渭南市富平县汇入渭水。沣水就是源出今西安市长安区的沣河，西周的丰、镐二京就建在沣河东、西两岸。打通了荆山（今陕西省富平县西南荆山）到岐山的道路，也修好了终南山、敦物山一直到鸟鼠山的道路。终南山就是今陕西的终南山，宋朝时道教著名的全真派就在那里兴起。唐朝时的卢藏用想要入朝做官，于是就隐居在离京城长安特别近的终南山，借此获得了非常大的名声，武则天闻讯后，于是立即将他征召入京，授予左拾遗职位，不久任命为礼部侍郎（相当于现今的副部长）。"终南捷径"一词由此而来，指追求名利的最近门路，也比喻达到目的的便捷途径。终南山有两条非常著名的要道：一条是子午道，是关中通往蜀地的要道；一条是武关道，是关中通往中原和楚地的要道。三国时蜀汉丞相诸葛亮在第一次北伐时，大将魏延曾提出从子午道偷袭长安，但诸葛亮却认为太过冒险而予以否决，从而在军事史上留下了一段至今未决的争议。唐朝时杨贵妃爱吃荔枝，唐玄宗于是命人从蜀南涪州（今重庆涪陵）取道子午谷飞马运来，杜牧名句"一骑红尘妃子笑，无人知是荔枝来"因此而来。秦朝末年，汉高祖刘邦就是由武关道进入长安，逼秦王子婴投降，秦朝灭亡。唐代大文学家韩愈因上《谏迎佛骨表》而触怒唐宪宗获罪，被贬为潮州刺史，路过武关道中的蓝关，写下了"云横秦岭家何在，雪拥蓝关马不前"的千古名句。敦物山又叫惇物山，就是今陕西省的太白山。鸟鼠山就是今甘肃省定西市渭源县西南的鸟鼠山，因传说鸟和鼠共同生活在一个洞里，互不侵害，鸟鼠山因此而得名。大禹治理好了雍州的高原和低谷，一直治理到都野泽一带。都野泽后来又叫休屠泽，就是现今甘肃武威市民勤县的青土湖。三危山周边地区都可以居住了，三苗族也大为顺服。雍州的土质色黄而且松软肥沃，田地属上上，即第一等，赋税居中下，即第六等。贡品是名叫璆、琳的美玉和名叫琅玕的像珠子一样的美石。进贡时从积石山（即现今从青海省东南部延伸到甘肃省南部边境的积石山，为昆仑山脉中支，也叫玛积雪山）下走水路，顺流到达龙门山间的西河，在渭水湾里会合。以织毛皮为生的民族居住在昆仑山和析枝、渠搜等地，那时西戎各国也全都归服了。昆仑山就是位于今中国西部，有着"中国第一神山""万山之祖"之称的昆仑山，古代神话传说中西王母就居住在那里。雍州包括现今的陕西省中部、北部，甘肃省东部、中部，青海省西部一小部，内蒙古西南一小部，宁夏回族自治区大部等。

大禹在原来道路的基础上，重新修通了九条山脉的道路：第一条从汧山（今陕西省宝鸡市陇县一带）和岐山开始一直开到荆山（富平县的荆山），越过黄河；第二条从壶口、雷首山（今山西省中条山西南端雷首山）一直开到太岳山；第三条从砥柱山（今河南省三门峡市陕县东北的三门峡黄河中间，"中流砥柱"因此而得名）、析城山（位于今山西省晋城市阳城县西南）一直开到王屋山（今河南省济源市境内，著名的故事愚公移山，愚公移的就是太行山和王屋山）；第四条从太行山（今山西省太行山，山东、山西的"山"，指的就是太行山）、常山（即北岳恒山，为避汉文帝刘恒、宋真宗赵恒的讳改名为常山）一直开到碣石山，到达大海；第五条从西倾山、朱圉山（今甘肃省天水市甘谷县朱圉山）、鸟鼠山一直开到太华山（即西岳华山）；第六条从熊耳山、外方山（外方山是秦岭东段规模较大的山脉之一，位于熊耳山东南，西南与河南伏牛山相接）、桐柏山（今河南、湖北两省交界处的桐柏山）一直开到负尾山（又名陪尾山，位于今湖北孝感市安陆市）；第七条从嶓冢山一直开到荆山（湖北远安县的荆山）；第八条从内方山（今湖北荆门市钟祥市西南的章山）一直开到大别山（今河南、湖北、安徽三省交界处的大别山，因景色极大地区别于其他山峰而得名）；第九条从岷山的南面开到衡山，越过九江（长江的九条支流），最后到达敷浅原山（又名博阳山，位于今江西省九江市）。

  禹疏导了九条大河：第一，把弱水疏导至合黎水（发源于今甘肃省河西走廊中部合黎山），使弱水下游的水注入流沙（今内蒙古额济纳旗嘎顺淖尔湖、苏泊淖尔湖）；第二，疏导了黑水，经过三危山，流入南海（泛指南方的海）；第三，疏导黄河，从积石山出发，到达龙门山，向南到华阴县（今陕西渭南市华阴县），然后东折经过砥柱山，继续向东到达盟津（今河南洛阳市孟津县，周武王曾在那里大会诸侯，举行著名的盟津之誓），再向东经过洛水入河口，直到大邳山（今河南鹤壁市浚县大伾山，又叫东山）。转而向北经过绛水（这一条绛水并不是现今的汾河二级支流、源出山西省运城市绛县并在临汾市侯马市南注入浍水的绛水，而是发源于今山西长治市屯留县，流经河北邢台市，当时与漳河、滹沱河并流入海的一条河流，也有人认为就是现今的浊漳河），到大陆泽（今河北邢台市大陆泽），再向北分为九条河，这九条河到下游又汇合为一条，叫作逆河（指黄河入海处的一段河流，以逆向迎受海潮而得名），最后流入大海；第四，从嶓冢山开始疏导漾水（即今漾家河，发源于陕西省汉中市南郑县，汉水的上游支流），向东流就是汉水，再向东流就是沧浪水（古水名，汉水支流，在今湖北省十堰市丹江口市一带。屈原的《渔父》中有"沧浪之水清兮，可以濯吾缨；沧浪之水浊兮，可以濯吾足"之句），经过三澨水（澨，音誓，水名，在今湖北省天门市南，流经湖北孝感市汉川市入汉水），流入大别山，向南注入长江，再向东与彭蠡泽之水会合，分为三条江向东进入震泽，继续向东就是北江（古水名，指今长江下游），流入大海；第五，从岷山开始疏导长江，向东分出支流就是沱水（四川沱江），再往东到达醴水（醴，音里，即今湖南省张家界市桑植县澧水），经过九江，到达东陵（古地域名，指今安徽省池州市贵池、青阳等地间以九华山为主体的沿江丘陵地带），向东斜行北流，与彭蠡泽之水会合，继续向东就是中江（古水名，指今鄱阳湖以东长江一段的别称），最后流入大海；第六，疏导沇水（指古济水的上游，今河南省焦作市温县以上为沇水，以下为济水），向东流就是济水，注入黄河，两水相遇，水溢出后成为荥泽，向东经过陶丘（古地名，今山东菏泽市定陶县西北，因舜在那里制作陶器而得名）北面，继续向东到达菏泽，向东北与汶水会合，再向东北流入大海；第七，从桐柏山开始疏导淮水，向东与泗水、沂水会合，再向东流入大海；第八，疏导渭水，从鸟鼠同穴山开始，往东与沣水会合，又向东与泾水会合，再往东经过漆水、沮水，流入黄河；第九，疏导洛水，从熊耳山开始，向东北与涧水、瀍水会合，又向东与伊水会合，再向东北流入黄河。

经过整整十三年的治理，禹治水终获成功，消除了中原洪水泛滥的灾害，九州归于一统，四境之内都可以居住了，全国各地的诸侯都可以来京城会盟和朝见了。禹建立了如此重大的功绩，因此普天之下的百姓都非常感激他，于是尊敬地把他称为"大禹"，也就是"伟大的禹"，这就是大禹这个名字的由来。

毋庸置疑的是，在那一个时期，世界上确实发生了一场很大的洪水。洪水灾害是如此惨烈，以致在世界各地的人们心中都留下了不可磨灭的印记，从而成为一种集体表象，伴随着神话传说一代一代地流传了下来。不仅仅我国的历史中有发洪水的记载，世界各地比如印第安区、地中海区、印度地区、东南亚地区等都有关于洪水的神话故事，著名的如诺亚方舟的故事。而与诺亚方舟等故事不同的是，我国的大禹治水，更多地体现了人类自身的智慧和力量，不再依靠神或是天帝的指示、帮助，并且不是被动地躲避，而是主动地治理，主动地去征服自然，这也从一个侧面反映，在同一时期，我国的生产力水平已经达到了一个相对更高的高度。从这一点上看来，禹，确实无愧于"大禹"这个称号！

在大禹治水的过程中，一部对后世影响很大的奇书也诞生了，这部奇书就是《山海经》。《山海经》全书现存十八篇，原共二十二篇约三万两千六百五十字。共有《山经》五篇、《海外经》四篇、《海内经》四篇、《大荒经》五篇。

内容主要是民间传说中的地理知识，包括山川、道里、民族、物产、药物、祭祀、巫医等，具有多方面的学术价值，其中的矿物记录，更是世界上最早的有关文献。

《山海经》中保存了包括夸父逐日、女娲补天、精卫填海、大禹治水等不少脍炙人口的远古神话传说和寓言故事，还有许多今人闻所未闻的上古时期神兽，这些神兽具有非常神奇的本领，看后真是令人耳目一新。

该书丰富的想象力、巨大的想象空间、丰富的神话思维和神话传说素材，对后世的浪漫主义文学创作传统的形成有着巨大而深远的影响。司马迁、屈原、老子、庄子等人应该都读过《山海经》，他们从中受益匪浅，写出了千古不朽的文章。另据推测：秦始皇、吕不韦及其门客也读过《山海经》，因为秦始皇对海外求仙笃信不疑，而《吕氏春秋》则记述有许多《山海经》的内容。屈原的《天问》中有大量与《山海经》相同的内容，他的其他文章也有与《山海经》相同的记述，等等。

现代许多学者认为，《山海经》成书并非一时，作者也并非一人，其中4卷为后人增补作品，而它最初的撰写人，则被认为有可能是大禹、伯益、夷坚，而最有可能的则是伯益。西汉的刘歆、东汉的王充及赵晔认为，大禹在带领伯益治水的过程中，海内山川可说是无所不至，所以他们就把一路的见闻记录了下来，并用夸张而荒诞的笔触，写成了这部荒诞不经的奇书《山海经》。

《山海经》在国内外影响很大，在国际汉学界很受重视。对于它的内容性质，古今学者有着不同的认识，司马迁直言其内容"余不敢言也"，也就是不敢定性真伪；而鲁迅认为"巫觋、方士之书"，认为是巫术和方士之书。现今大多数学者认为，《山海经》是一部早期有价值的地理著作。现今人们所看到的《山海经》，经过西汉刘向、刘歆父子的编校，得以流传至今。

## 第二节　大禹代舜

　　大禹治水成功以后，因为之前划分的九州只是一个大致的区划，并且经过了洪水的肆虐，界限已经不甚分明，给国家的行政管理带来了很大难度。大禹在治水的过程中，走遍了全国各地，对各地的地形、风俗、人情、物产等都做到了了如指掌，于是他根据山川地形的分布情况，将天下重新划分为九州。这次划分的九州在此后一直固定并沿用了下来，中国又叫九州、神州，与此有很大关系。在重新划分九州的同时，大禹又将九州的土地按肥沃程度划分为九个等次，赋税也划分为九个等次，并规定了各州进贡的物品种类，让各地的首领按要求按等次给朝廷进贡物产。

　　因为古九州的地名和方位在此后的许多历史事件中都要频繁提到，所以上节将九州的基本情况及与现今地理位置的对应情况简略地做了介绍，以方便读者理解掌握。

　　九州介绍完毕，细心的读者或许会发现一些问题，因为有好多的省份文中没有提到，比如说福建、广东、广西、云南、贵州、西藏、新疆、海南、吉林、黑龙江等。为什么这些地方当时没有被划入九州之内呢？因为那个时候主要是农耕文明，除了中原也就是现今的河南省周边比较发达，河南附近的地方次一级发达，其他的地方大抵属于欠发达或未开化地区，属于游牧文明或原始的荒蛮地带，不论是尧舜还是大禹，当时都还没有征服他们。中原人为此给他们全部起了一个别致的称号，就是所谓的东夷、西戎、南蛮、北狄。比如现在山东的部分地区，当时就被中原人称为东夷，但后来随着东夷部落渐渐与中原融合，成了同一个华夏，于是又把更边远的日本、朝鲜等地称为东夷。

此外，大禹还下令，把全国各地根据与天子国都的远近分作甸、侯、绥、要、荒"五服"。这五服，通俗地来讲，可以比作现今大城市的一环到五环来理解，每环相隔五百里。

甸服：一环以内，天子国都以外五百里的地区，这是为天子服田役、纳谷税的地区，也就是都城的主要粮食供应区。紧靠王城百里以内要交纳收割的整棵谷物，一百里以外到二百里以内要交纳禾穗，二百里以外到三百里以内要交纳谷粒，三百里以外到四百里以内要交纳粗米，四百里以外到五百里以内要交纳精米。

侯服：二环以内，甸服以外五百里的地区，侯就是为天子侦察顺逆和服侍王命的意思。侯服在距离都城五百至一千里之间，是各氏族诸侯部落的封地。靠近甸服一百里以内是卿大夫的采邑，六百里至八百里之内为男爵的小封国，八百里至一千里地为诸侯的封地。

绥服：三环以内，侯服以外五百里的地区，就是受天子安抚，推行教化的地区。这一地区距离都城一千至一千五百里。靠近侯服三百里以内视情况来推行礼乐法度、文章教化，之外二百里以内要振兴武功，保卫天子。

要服：四环以内，绥服以外五百里的地区，这一地区距离都城一千五百里至二千里，即受天子约束服从天子的地区。靠近绥服三百里以内要遵守教化，通过结盟交涉和平相处；之外二百里以内要遵守王法。

荒服：五环以内，要服以外五百里的地区，距离都城二千至二千五百里，也即为天子守卫远边的荒远地区，是为异族疆域。靠近要服三百里以内荒凉落后，通常居住的是少数民族，那里的人来去不受限制；再往外二百里以内可以随意居处，不受约束，通常情况下，犯有罪过的人将会被流放到那里。

在大禹治水的同时，南方的三苗部落趁机作乱。大禹治水成功之后，帝舜于是派他去讨伐三苗。经过艰苦的征战，大禹击败了三苗。

通过这些措施，东到大海，西至沙漠，从北方到南方，大禹使帝舜的声威教化达到了顶峰，四方荒远的边陲地带，都听说了帝舜的威名。

为了表彰大禹治水的功绩，帝舜赐给他一块代表水色的黑色圭玉，向天下宣告治水成功。从此以后，天下太平安定。担任司法官的皋陶非常敬佩大禹的德行，于是下令百姓们全部向大禹学习。如果不听从命令，就要用刑罚来惩处他们。帝舜和大禹的威德再一次得到了极大的宣扬。帝舜于是郑重地拜祭上天，向上天推荐大禹,让他做帝位的继承人。十七年之后,帝舜前往南方巡视,结果在南巡途中病死,按照惯例,大禹为他服丧三年。

正史上记载的帝舜的死因大抵如此,而据另一些史料记载,帝舜并不是因为南巡而病死途中的,实际上他也像他的前任帝尧那样,遭到了继任者的流放。帝舜到年老的时候,也开始昏聩,开始德衰,德衰的原因居然是腐败。那么舜的腐败行为到底有多严重呢?非常严重,当时大部分的人都用陶器吃饭,而他居然用木材做成碗,然后在碗的外层涂上漆,用那种碗吃饭。这样的腐败行为,比起现今人们所见的腐败行为来,真可以说是不值一提,可依照当时的社会生产力水平,从兖州、豫州等地进贡的漆,主要是用来制作漆器,以祭祀神灵和祖先的,而舜却用漆器来吃饭,真可以说是太腐败了,所以诸侯们都不服,有十多个诸侯国为此背叛。

大禹见此机会,于是趁机威逼帝舜禅位,并流放了舜。后来,舜在流放途中死在了苍梧。舜的两个妻子娥皇、女英为此非常悲伤,她们并不是无法接受帝舜的死,而是无法接受帝舜在年老之时遭到流放这样一个残酷的现实。战国时的韩非子说:"舜逼尧、禹逼舜、汤放桀、武王伐纣。此四王者,以臣弑其君也,而天下誉之。"(《韩非子·说疑》)所以,远古时期的"禅让制",似乎并不像后世所想象的那般温情脉脉,而是血淋淋的宫廷斗争。后来,魏文帝曹丕在威逼汉献帝"禅让"之后,曾意味深长地说了一句:"舜、禹之事,吾知之矣。"

在为帝舜服丧三年之后,大禹也向诸侯们声明要把帝位让给帝舜的儿子商均,然后自己躲避到了阳城(今河南省郑州市登封市),但天下诸侯都不去朝拜商均而跑来朝拜大禹。

大禹见诸侯们都拥护自己,于是登上天子之位,南面接受天下诸侯的朝拜,立国号为夏,姓姒氏。中国历史上的第一个朝代夏朝,就此正式建立,这一年据考证是公元前2070年。夏朝最初建都平阳(今山西省临汾市),后又迁往阳翟(今河南省许昌市禹州市)。

那么诸侯为什么不拥护商均而拥护大禹呢?答案是不言自明的。第一,其时的绝大多数部落首领,都普遍赞成联盟首领之间的禅让制,而不希望让"公天下"变成某一个人的"家天下",既然帝舜早就已经确立了大禹的继承人地位,那么大家就要认可这个事实,并维护这个事实(帝舜因腐败而被流放是诸侯们支持的);其次,大禹以其治水所取得的伟大功绩,赢得了天下绝大多数人的支持和拥护,这些人早就被他勤奋敬业的精神和品德所折服,在内心深处早就已经效忠并拥护他，期望他能成为新的首领；第三，大禹在治水的过程中，早就在身边有形无形地团结和培植了一大批亲信势力，治水成功以后，随着大禹的威望越来越高，他的势力也越来越大，导致慢慢地架空了帝舜。大禹的势力已经达到了让人如此畏惧的地步，就算是有人不同意，又怎么敢公开反对呢？基于以上三点原因，诸侯们都选择了拥护大禹，而不是相信他"谦虚"的辞让，跑去朝拜毫无根基、建树和威望的商均。

大禹登上天子之位后，也恭敬地拜祭上天，举荐他的得力助手皋陶做继承人，并让他管理国政。

皋陶传说为黄帝次子昌意的后裔，早期东夷部落的首领，因为担任掌管刑法的"士"，被奉为中国司法鼻祖，后世常把他作为狱官或狱神的代称。皋陶是与尧、舜、禹齐名的"上古四圣"之一。此时大禹确定皋陶为继承人，可是皋陶的年龄大了，还没有等到继位就死了，大禹于是把皋陶的后代封在英（今河南漯河市郾城区）、六（今安徽六安市北）两地，有的封在许地（河南许昌市），并且再一次庄重地祭祀上天，把皋陶的儿子伯益举荐为继承人，并把国政授给他。

同时，大禹分封了十一个姒姓部落，分别是姒姓有扈氏、有男氏、斟寻氏、彤城氏、褒氏、费氏、杞氏、缯氏、辛氏、冥氏、斟灌氏，加上大禹所在的姒姓夏后氏部落，共十二个氏族。分封的这十一个姒姓部落，与夏后氏中央王室在血缘上有宗法关系，在政治上有分封关系，在经济上有贡赋关系，共同构成了夏王朝的核心领土范围。同时，大禹将帝尧的儿子丹朱分封到唐地，把商均分封到虞地，让他们分别祭祀尧、舜二帝。

大禹重新更改了历法，新确定的历法命名为夏历。虽然此后许多朝代都更改过历法，但夏历的叫法，却一直沿用至今。辛亥革命之后，我国采用了国际上通用的公元纪年，但一些人认为，我国传统历法一直实行的是夏历正月，所以仍把传统的历法叫作夏历，又叫农历、阴历、旧历、古历等。夏历与黄帝历、颛顼历、殷历、周历、鲁历合称为古六历。夏历以每年的一月作为一年的岁首，称之为正月，一年为三百六十六天。

夏历是我国有典籍记载的最早的历法，当时已经能依据北斗星旋转斗柄所指的方向来确定每年十二个月的月份。保存在《大戴礼记》中的《夏小正》，是目前已知的有关夏历的重要文献，也是我国现存最早的具有丰富物候知识的科学文献之一。它按夏历十二个月的顺序，分别记述每个月中的星象、气象、物象和所应该从事的农事和政事，主要是有关生产的农耕、蚕桑、养马以及采集、渔猎等活动，在一定程度上反映了夏代农业生产发展水平，保存了中国最古的比较珍贵的科学知识。

为了进一步巩固王权，大禹沿颍水（发源于今河南省登封市嵩山的颍河）南下，在阳城东南、淮水中游的涂山（今安徽蚌埠市怀远县境），大会夏、夷诸部落、邦国的首领，以检讨自己的过失。这就是历史上著名的"涂山之会"，涂之之会被认为是夏王朝建立的标志性事件。

史载："禹会诸侯于涂山，执玉帛者万国。"参会的诸侯国虽然不一定就达到万个，但显然是非常多的。其时的众多部落首领，大都已经转化为世袭贵族，分别成为各个邦国的君长。这样一个大会，显然既是各路诸侯进一步尊奉大禹地位的大会，也是进一步明确自己身份地位的大会，因此显得极为重要。

到了正式大会的日子，大禹穿了法服，手执玄圭站在台上，四方诸侯朝着他国土的方向两面分列，一齐向大禹稽首为礼，大禹也在台上稽首答礼。

礼毕之后，大禹大声地向诸侯们说："我德薄能鲜，不足以服众，今天召集大家开这个大会，为的是希望大家明白、恳切地责备我、规诫我、劝喻我，使我知过，使我改过。我胼手胝足，平治水土，虽然略有微劳，但生平所最兢兢自戒的就是一个'骄'字。先帝也常以此来告诫我说：'汝惟不矜，天下莫与汝争能；汝惟不伐，天下莫与汝争功。'如果我有骄傲矜伐之处，请大家一定要当面告知，否则就是教我不仁啊！对大家的教诲，我将洗耳恭听。"

大禹这种谦虚而庄重的态度，博得了与会诸侯的一致好感，原本心里对大禹有意见的诸侯，此时见大禹态度如此，也全都表示恭敬信服，消除了心中的疑虑。

其后，大禹论功行赏，对有功者进行封赏，对有罪者进行惩罚，万邦诸侯都心悦诚服。涂山之会，大禹在最大限度上团结、凝聚了各路诸侯，增强了中央王室的权威和控制力。

涂山大会之后，为了表示敬意，各国诸侯常来阳城献金，也就是青铜。后来，九州所贡的青铜年年增多，大禹想起之前黄帝轩辕氏功成之后铸鼎，于是就决定将九州进献的青铜，铸造成九个大鼎，以代表九州。后九鼎铸成，就是冀州鼎、兖州鼎、青州鼎、徐州鼎、扬州鼎、荆州鼎、豫州鼎、梁州鼎、雍州鼎，代表每州的鼎上雕铸着该州的山川名物、奇禽异兽。九鼎之中，豫州鼎为中央大鼎，豫州即为中央枢纽。九鼎集中到夏王朝都城阳城，借以显示夏王大禹成了九州之主，天下从此一统。

从此以后，九鼎成了"天命"之所在，是王权至高无上、国家统一昌盛的象征。大禹把九鼎称为镇国之宝，各方诸侯来朝见时，都要向九鼎顶礼膜拜。从此之后，九鼎成为国家最重要的礼器。夏朝为商所灭后，九鼎被迁到商朝的都城亳邑。商朝为周所灭后，九鼎又被迁于周朝的镐京。后来周成王在洛邑营造新都，又将九鼎安置在洛邑，谓之定鼎。这就是所谓的"鼎在国在，鼎失国亡"。九鼎作为镇国之宝、传国之鼎仅传三代一千八百多年，公元前256年，秦国灭亡东周之后，秦昭王派将军嬴樛前往洛阳，将九鼎运回咸阳，结果在过泗水之时不慎落入泗水之中，从此再无下落。公元前219年，秦始皇东巡返回经过彭城泗水，派一千多人下水打捞，结果一无所获。从此，九鼎神秘失踪，至今不知所在，成为千古之谜。（当然，九鼎落入泗水及秦始皇泗水捞鼎之事存在很大疑问，秦朝一章中详细介绍。）九鼎作为镇国之宝、传国之鼎的象征意义，被秦始皇所制的玉玺所替代。

其时，三苗再次在东南方作乱。三苗是九黎部落的后裔，自黄帝时代九黎部落被炎、黄二部落联合击败之后，九黎部落沉寂了一段时间，再一次发展了起来。到尧、舜时期，趁着中原治理洪水，三苗屡次侵犯中原，但都被击败。大禹即位之后，为了一劳永逸地解决后患，决定对三苗进行一次大规模的征伐。大禹统领众多邦国君长，在出征之前，在祖庙举行了一次隆重的祭祀上天和祖先的仪式，大禹手执玄圭，作著名的誓词《禹誓》，讲明了三苗的罪行，并说自己是受上天、祖先的命令去讨伐他们的，希望将士们奋勇作战，歼灭敌人。宣誓完毕，大禹率领军队与三苗部落进行了一场历时七十天的大战，最终大败三苗。剩余的三苗部众逃往现今的丹江与汉水流域，并逐步被当地的土著氏族部落融合。从此，三苗衰落下去，失去了与中原抗衡的力量。相传，现今聚居在湖南、广西、广东及云南、四川、贵州等地的苗族，就是三苗后裔。通过征伐三苗，大禹统一了长江流域，进一步加强了他的王权。

大禹晚年，他的权威已经达到了极致。大禹在位四十五年（一说十年）的时候，他向东巡狩至会稽山（今浙江省绍兴市东南会稽山），在那里大会诸侯，计功封爵，因此把这个山改名为会稽山，"会稽"也就是会计的意思。在大会诸侯的过程中，古防风国（在今浙江省湖州市德清县）的首领防风氏迟到了，大禹于是下令处死了防风氏。防风氏所在的防风国是巨人族，传说他有三丈三尺高（约合今七米），大禹处死他之后，他的尸体竟然占据了一辆专车。

大禹当着所有氏族部落首领的面诛杀迟到的防风氏，其用意不言而喻，自然是要杀鸡儆猴，树立纲纪。当时，各个氏族部落首领都有相当大的独立性，相对于中央王室来说，可说是一盘散沙，不便控制。大禹斩杀防风氏，使各个部落的首领心惊胆战，从此对大禹唯命是从。也就是从这个时候起，大禹真正实现了号令天下，成了至高无上的"王"。

大禹在会稽山大会诸侯之后，因年老而病死，享寿约一百岁。大禹死后就葬在会稽（今浙江省绍兴市越城区禹陵乡禹陵村有大禹陵）。

## 第三节　姒启夺位

　　大禹临死之前,遗命将首领之位传给皋陶的儿子伯益,但这个安排,却给日后留下了隐患。伯益为大禹守孝三年完毕,也像当年的大禹一样,谦让着要把帝位让给前任的儿子,然后自己跑到嵩山(即登封市南的中岳嵩山)之南躲了起来。

　　按照惯例,受禅者必须做出这样的谦让,而诸侯们则必须上前规劝,这一套礼仪在一直流传了几千年之后,最终在后世形成一个专用名词,叫"劝进",就是劝说实际上已经掌握政权或者有意做皇帝的人做皇帝。这个时候的诸侯们,应该也要像之前一样,跑去朝拜伯益,然后请他出来当帝王,那么这就会显得顺理成章,水到渠成。但殊不知,这一次却出现了意外。

　　伯益将帝位让给禹的儿子启离开国都,谁知道诸侯们却没有跑去朝拜他,反而离开他去朝拜启,他们说:"这是我们的君主帝禹的儿子啊。"于是启在诸侯们的拥护下继承了天子之位,这就是夏后帝启。

　　那么启怎么会有如此高的威望,一跃而超越元老级的伯益得到诸侯的支持登上王位呢?

　　启的母亲是涂山氏之女(涂山就是大禹召开涂山之会的涂山),名叫女娇(或女娲,与传说中炼石补天的女娲不是同一人)。大禹和女娇结婚没几天,就被任命去治水。大禹顾不得夫妻之情,义无反顾地带着属下踏上了治水的路。他治水非常认真负责,曾经三过家门而不入。有一段时间,大禹治水的地方离家很近,已经有孕在身的女娇就跑去看望大禹,并提出要给他送饭。大禹和妻子约定说："如果你要给我送饭，那就在听到鼓声后过来。"前几天一切顺利，但后来有一天，大禹在跳往另一块大石头时一不小心碰响了鼓。女娇听到鼓声，于是前来送饭，结果到了之后，看见大禹化身为一头大熊，正在卖力地拱山。女娇见到化身为熊的大禹非常羞惭，转身就跑。大禹见状，回头便追，追到嵩山脚下时，无路可走的女娇变成了一块石头。大禹对着石头大喊道："还我的儿子。"石头裂开，大禹的儿子从里面崩了出来，因此而取名为"启"。

这个故事虽是传说，但却既描述了大禹治水的辛苦，也渲染了启出生的神奇。

大禹晚年，他的威势已经达到了巅峰，夏后氏的势力已经非常强大。如果皋陶不死，那么凭他的资历，还有可能与启有所抗衡，但伯益的威望显然无法与皋陶相比。并且，在舜、禹时期，传统的禅让制习俗已经渐渐被新的价值观念所替代。尧不满意他的儿子丹朱，实际上也有将帝位传给儿子的想法；舜不满意他的儿子商均，很显然也有将帝位传给儿子的意图，那么大禹怎么会没有这种想法呢？所以大禹虽然表面上下令将帝位传给了伯益，但却并没有停止对儿子启的暗中培植。这就使得启在大禹死后，有足够的力量同伯益争衡。

事实上，据有些史料记载，在伯益为大禹服丧三年期满之后，并不是伯益谦让着离开了都城，而是启立即发动了对伯益的攻击。伯益一度占了上风，囚禁了启，但启在一些大禹亲信势力的帮助下，很快逃了出去。相比于伯益，夏后氏根基更深，实力更强，于是启在拥护者的支持下，联合起来攻打伯益所在的部族，并最终击败伯益杀死了他，夺取了帝位。

启夺取帝位之后，历史上因此把他称为夏启，也叫姒启、帝启、夏后启、夏王启。

启从法定的继承人手中夺取帝位，改变了原始部落的禅让制，开创了中国历史上世袭的先河。历史上的"公天下"，终于变成了"家天下"。

世袭制代替了禅让制，这标志着漫长的原始社会被私有制社会所替代，从整个历史的发展进程来说，是一种进步。但是，一种旧制度的打破，一种新制度的建立，必然会招致一部分人的反对。其中有不少倾向于禅让传统的部族，对夏启杀死伯益夺位的举动表示不满，其中最有代表性的就是有扈氏（在今河南省郑州市以北新乡市原阳县一带）。

有扈氏部落是和夏后氏部落有着宗法血缘关系的同姓氏族，势力也非常强大。

夏启杀死伯益之后，举行了一场盛大的宴会。这场宴会既是一次祭神仪式，也是一次重要的会盟。因为夏启修建了祭祀上帝群神的台坛"钧台"，并在那里举行仪式，因此历史上把这个重要的历史事件称为"钧台之享"。在这场盛大的活动中，夏启在都城阳翟召集各地方国首领，在钧台举行了一场盛大的献祭神灵的活动，并与与会的各国进行了盟会。

但有扈氏部落的首领却拒绝出席这次会盟。夏启破坏禅让制的行为，让有扈氏感到十分愤怒，他们动员部族成员，起兵讨伐夏启。

有扈氏的实力仅次于夏后氏，他们的辖地距离夏启的都城并不远，所以有扈氏起兵，对夏启的压力非常之大。如此亲近的部族都敢于起兵，那就说明不服气夏启即位的人不在少数，如果不把有扈氏击败，那么夏启就有可能丧失刚刚到手的政权。

夏启决定起兵迎战，双方的军队在甘（今河南省郑州市西北古荥泽之外）这个地方相遇。为了击败有扈氏，在开战之前，夏启发表了一篇著名的战斗动员令，这就是《甘誓》。夏启召集六军将领，向他们做了严厉的警告："啊！六军的将士们，我要向你们宣布誓言：有扈氏违背天意，依仗武力轻视五行，上不敬天，下不敬地，因此上天要断绝他们的国运。现在我只有恭敬地奉行上天对他们的惩罚。战车左边的兵士如果不努力用箭射杀敌人，那你们就是不执行我的命令；战车右边的兵士如果不努力用矛刺杀敌人，那你们也是不执行我的命令；中间驾车的兵士如果不专心地驾驭马车，那你们也是不执行我的命令。执行我命令的人，我就在先祖的神位前赏赐你们；不服从我命令的人，一律处死在社堂前，并且株连他的妻子儿女，罚作祭坛上的牺牲。"

从这篇誓文可以看出，其时夏启作为国家的最高领袖，他的权威已经全然不同于尧、舜、禹时期，对出征的将士全是威胁和训诫，由此可见，夏启对军队已经有了绝对的发言权和控制权。

在做了严厉的战前动员之后，夏启率领军队与有扈氏展开大战。这场战争由于发生在"甘"这个地方，所以在历史上称之为"甘之战"。史料中记载"甘之战"的文字不多，但最终的结果非常明确，那就是夏启打败了有扈氏部落，将有扈氏部落的部众全部罚作了牧奴。

甘之战是中国历史上一次极为重要的战争，夏启的胜利，消除了华夏族内部的纷争，巩固了夏王朝的政权，为原始社会部落联盟制顺利过渡到奴隶制国家奠定了基础，对推动中国社会进入新的文明阶段有着非常重要的作用。有扈氏为了维护旧制度的公平而身死国灭，或许体现了一种忠诚、义气和责任，但却并没有得到历史的更高评价。不过，人们应该为夏启推动了社会发展进步而感到高兴，但也应该为有扈氏的勇气和行为感到敬佩！

夏启消灭强大的有扈氏部落，对四方的诸侯来说绝对是一个强大的震慑。诸侯们听说之后，立即表示服从，于是全部前来朝觐。甘之战为废除传统的部落禅让制，巩固夏启的王权，确立王位世袭扫清了障碍。甘之战后，中原地区的主流社会价值观无可逆转地从原始的禅让制转向了世袭制。从此，夏启天下"共主"的地位被确立，"家天下"的局面最终形成。中国的原始社会宣告结束，开始了奴隶社会。

夏启能够杀死伯益夺权，并率军击败强大的有扈氏，让天下万国来朝，说明他确实是一个很不简单的人物。在历史上，夏启是被公认的中国第一个帝王。

但"家天下"的世袭制一经确立，其弊端也立即显现了出来，因为所有有继承权的子嗣，都想争夺帝位。夏启晚年，他的儿子们为了争夺继承权，开始了骨肉相残。夏启最小的儿子妠武观，也想效法自己的父亲，试图用武力夺取帝位，阴谋败露之后，武观被放逐到西河（今山西省黄河和汾河之间）。但武观并不就此罢休，被放逐到西河四年之后，经过谋划聚力，在西河起兵叛乱。彭国（地理位置主要有江苏徐州和甘肃庆阳等几种说法）的首领彭伯寿奉命率领军队前去平叛，武观被击败。

武观发动的叛乱，几乎使夏王朝的统治土崩瓦解，可说是罪孽深重。因此一些周代的文献中将他与有扈氏、三苗并论，并斥他为"奸子"，将他和尧帝的儿子丹朱、舜帝的儿子商均、商汤的儿子太甲、周文王的儿子管叔祭叔相比，说："是五王者皆有元德也，而有奸子。"也就是说尧、舜、启、汤、周文王五人都是有圣德的王，但他们也有不成器的儿子。

平息武观叛乱后不久，征战一生的夏启病死，葬在安邑（今山西省运城市夏县西）附近。

## 第四节　太康失国、后羿代夏、少康复国、嫦娥奔月

夏启在位二十九年病死之后,他的儿子姒太康即位。

夏启在击败有扈氏之后,放弃都城阳翟,西迁到大夏（今山西省汾河浍水流域）,建都安邑。太康即位之后,又把都城建在斟寻（今河南省洛阳市偃师市二里头）。

太康跟他的祖辈和父辈不一样,从小在安逸富足的生活环境中长大,所以即位之后,只顾贪图享乐,沉湎于酒色之中,成天饮酒游猎,不理政事。有时候,他出外打猎,竟然一去就是好几个月,大臣和老百姓的意见都非常大。

当时,东夷族有穷氏（在今山东省德州市北）部落的首领名叫后羿,他看到夏朝内部矛盾重重,老百姓非常怨恨,于是趁着一次太康外出狩猎三个多月没有回来的时机,起兵攻占了夏朝的都城,并在洛水岸边布下重兵,阻止太康回国。再说太康,他打猎结束之后,带着猎物高高兴兴地往回走,谁知走到洛水岸边时,才发现对岸有重兵把守。太康不知道发生了什么事情,于是赶快派人去问,这才知道是后羿已经夺取了夏都,并且阻止他回朝。夏朝的各部落首领平时都对太康的荒唐行为很不满意,并且又惧怕后羿的势力,所以谁都不愿意也不敢出来帮助太康。太康追悔莫及,只好在阳夏（今河南省周口市太康县西,后太康县因此而得名）筑了一座土城住了下来。太康在位十九年被夺权,然后一直在阳夏住了十年,并最终死在那里。历史上把这件事情称为"太康失国"。

再说太康的五个弟弟,都城被后羿攻占之后,他们见兄长还不回来,于是就陪着母亲来到洛水河湾里苦苦等候,但始终没能等到太康的归来。五兄弟于是就

各作了一首歌来追念他们祖父大禹的功绩和品德，倾诉他们家族的悲惨遭遇。这首歌的名字叫《五子之歌》，收录在《尚书·夏书》之中，非常著名。歌词大意如下：

第一首：我们的祖先大禹曾经训导子孙说，老百姓只能亲近，不可以轻视，因为他们是国家的根本，只有根本稳固了，国家才能安宁。我看天下的愚夫愚妇，一个人都能胜过我。一个人出现了多次失误，难道还要等到人民的怨恨更加显明吗？应该能够预见灾祸于还没有成型之时。我治理天下的百姓，恐惧得就像用坏索子驾着六匹快马。做君主的，怎么能不恭敬不害怕呢？

第二首：禹王的教诲如此昭彰，可你在内迷恋女色，在外游猎玩乐，喜欢美酒音乐，并且修建高高的大殿又雕饰宫墙。这些事情只要有一件，就没有人不灭亡。

第三首：陶唐氏曾经有冀州那么广大的土地，现在因为失德乱道，败坏纲常，导致自己灭亡。

第四首：我们辉煌祖父大禹，身为万邦之君，制定了法度，规定了准则，并传给他的子孙，平均征收赋税，王室的府库丰殷。现在太康不遵祖训，荒废政事，使祖先创建的王朝被人颠覆，并危及我们的宗族。

第五首：唉！哪里可以回归？我的心情悲伤！万姓都仇视我们，我们将依靠谁？我的心情郁闷，我的颜面惭愧。不愿慎行祖德，即使改悔又岂可追回？

后羿掌握夏朝政权后，并没有立即当国王。一直等到太康死后，后羿又立太康的弟弟仲康为王。在势力强大的后羿面前，势弱的仲康自然而然就是一个傀儡。

仲康在位期间，掌管天文的羲氏与主管历法的和氏终日沉湎于饮酒作乐之中，结果玩忽职守，没能及时预告一次即将发生的日食。结果等这次日食现象发生时，人们都惊慌失措，乱作一团。根据《胤征》的记载，当时的乐官赶快敲响了鼓，主管钱币的官员急匆匆地赶往钱库去取钱，老百姓吓得四散奔走，其他官员慌慌张张跑来跑去安排仪式。据此推断，在夏朝以前，人们早就已经观测到了日食这种自然天象，虽然当时他们还不能用科学来解释这种自然天象，但他们却有一套土办法来应对日食，因为在他们的理解中，日食就是"天狗吃太阳"，预示着国家将有灾难发生，并与王朝的命运息息相关。在日食发生之前，主管天文和历法的官员必须提前预测到日食并以最快的速度上报朝廷，然后由帝王率领群臣，迅速举行一场庄重的仪式，一来敲鼓吓跑"天狗"，二来向上天献金，乞求将太阳重新放出，以维护王朝的统治。结果羲氏、和氏没有及时预报日食，导致日食发生后全国出现了恐慌。虽然大臣们在惊慌失措之中安排了一个仪式，但在所有人的心中，还是认为错过了"救日"的最佳时间。

但好在过不多久，日食就过去了。惊魂初定的仲康回过神来，赶快找羲、和二氏，这才发现发生了这么大的事情，这两个官员竟然连人影都不见。这种事情是关系国家生死存亡的大事，仲康虽然是傀儡，但还是能够做主的。于是他派胤侯率兵前往羲氏、和氏的封地去讨伐、抓捕他们。胤侯出发之前，作了一篇战斗动员令《胤征》。《胤征》之中，详细地描述了这次日食发生的经过，声明了羲、和二氏的罪状，认为他们触犯了先王的诛罚。要求出征的将士要同心协力，共同奉行上天的惩罚。

据考证，这次日食发生的时间是公元前1961年。这次日食记录，不仅是中国，也是世界上最早的日食记录。

仲康在当了七年的傀儡之后郁郁而终，他的儿子姒相继位。姒相即位之后，由于年龄太小，因此被后羿赶出夏都。姒相在一些忠于夏朝的老臣拥护下迁往商丘（今河南省商丘市），前去投靠同姓诸侯斟寻氏（今山东省潍坊市西南）、斟灌氏（今潍坊市寿光市）。姒相的力量虽然不强，但在他在位期间，仍然先后发动了对淮夷、风夷、黄夷等部落的征伐。姒相七年的时候，于夷前来朝见，臣服于夏国。

后羿赶走姒相之后，自己称王，这就是史书上所说的"后羿代夏"。

但是后羿并没有从太康那里汲取教训，他也犯了和太康同样的错误，仗着自己是神箭手，也是不修政事、不恤百姓，而是沉溺于田猎之中。最初，后羿手下也有好几个贤臣，他们分别是武罗、伯姻、熊髡、龙圉，但后羿却渐渐疏远了他们，而是非常信任家臣寒浞，并任命他为相，把政务交给他去处理。

寒浞本是伯明氏（今山东省潍坊市寒亭区一带）的儿子，他从小就因花言巧语挑拨离间而名声不好，以至于最后被父母驱逐。被赶出家门的寒浞无处可去，他见后羿夺取了夏国的政权，于是就前来投奔后羿，被后羿收留。寒浞知道自己名声不好，投到后羿门下之后，一方面小心谨慎地对待周边的人，另一方面又充分利用他的聪明才智取悦后羿，骗取后羿的信任。寒浞的诈伪成功地蒙蔽了后羿，并得到了后羿十足的器重和信任。从此后羿更加放心地出外游猎，而将政事全部交付给寒浞。

后羿的昏聩给了寒浞以可乘之机，他利用手中的权力大肆网罗亲信，独断朝纲，罢免后羿的贤臣武罗、伯姻、熊髡、尨圉等人，并收买了后羿的全部家众。通过这些手段，寒浞竟然获得了朝廷内外的一致赞誉，这样，朝政大权便牢牢地掌握在了寒浞的手里。后羿当政八年之时，寒浞联合后羿的家奴，在桃梧这个地方杀死了后羿，并烹煮了他，将他做成肉饼，加入了剧毒药物，命令后羿的儿子吃下去，允诺只要他吃了，就可以不杀他。吃也是死，不吃也是死，并且吃下父亲的肉，怎么能忍心，所以后羿的儿子拒绝了寒浞，寒浞于是把他杀死在穷门（指国门）。

寒浞杀死后羿之后，自立为王。他承袭了后羿有穷国的称号，继承了后羿的家产并娶了后羿的妻子，生了两个儿子奡（又叫浇，音傲）、豷（音戏）。寒奡长大以后，非常勇武，力气大得可以把泊在岸边的舟船推入水中，他善于水战，常常率领水军作战。寒浞想到被后羿赶走的夏帝相还在商丘，觉得只要姒相还活着，夏后氏就有复兴的可能，就会对他的统治形成威胁，于是他决定杀死姒相，消灭夏后氏。寒浞于是派寒奡率领军队，先后攻打姒相栖身的两个部落斟寻氏、斟灌氏并打败了他们，杀死了偏安一隅二十八年的姒相。至此，夏朝在名义上已经灭亡了，寒浞也完全地放心了，于是他分封自己的两个儿子，封寒奡到过邑（今山东省烟台市莱州市西北），封寒豷到戈邑（今河南省商丘市和新郑市之间）。

但上天似乎并不想这么快就灭绝夏后氏，因为姒相虽然死了，但他的妻子后缗却怀有一个遗腹子，为夏后氏留下了复仇的种子。在寒奡率领军队攻打姒相的时候，后缗悄悄地通过一个墙洞逃出了城，然后跑到了娘家有仍氏（今山东济宁市南）那里躲了起来，并顺利地生下了一个男孩，取名为少康。

少康在外祖父家里长大，成年后当了有仍国的牧正（主管畜牧的官）。不料消息泄露，被寒浞知道了。寒浞大惊失色，于是立即派儿子寒奡带人前往有仍国搜捕。少康闻讯之后，赶快逃往帝舜的后裔有虞氏（今河南商丘市虞城县西南）那里躲避。

在有虞国，国王虞思见少康聪明英武，于是任命他为庖正（掌管饮食之官），并把两个女儿嫁给他，把他招为女婿。虞思还把一座名叫伦邑（今商丘市虞城县东）的城池赏赐给他，并赐他良田十顷、士兵五百名。少康时刻不忘杀父之仇和亡国之耻，他刻苦修文习武，广交天下勇士，广纳良士贤臣，为复国积极地积蓄力量。

当初，夏朝的老臣伯靡在后羿驱逐姒相之后，侍奉后羿。寒浞杀死后羿之后，伯靡逃亡到了有鬲国（今山东省德州市平原县西北）。当妃相留下遗腹子的消息传到伯靡耳中时，对夏国的忠诚使伯靡顿生光复夏朝的使命感和责任感，于是他暗中联络残存的斟灌氏和斟寻氏族人，然后带领他们前往有虞国投奔少康。

少康对这些老臣和同姓族人的支持感到非常高兴，于是共同组成了一支复仇的军队。当然，当时寒浞的势力还是非常强大，他占据着原来夏朝的都城，拥有强大的军队，并且他的治国才能远胜太康和后羿，经过数十年的经营，得到了人民的拥护，并不是那么容易就能击败的。为了打败寒浞，少康充分运筹，甚至运用了诡诈手段。他派一个名叫汝艾的将领前往寒浇那里做间谍，成功取得了寒浇的信任，寒浞一方的情报，因此源源不断地被送到少康那里。汝艾由此成为中国历史上第一个间谍，而且也是世界上最早有记载的一位间谍。

少康复国的军事行动，至少准备了有二三十年。当机会趋于成熟之时，寒浞已经当了五十七年的王。

寒浞的前妻生有一个儿子，早死。儿媳名叫女歧，寡居。寒浇对这个寡嫂起了邪念，于是前往女歧的住所。女歧替寒浇缝了好几件衣裳，当天晚上，寒浇就留宿在女歧的房里。汝艾瞅准这个机会，趁夜派人刺杀寒浇，谁知道却错杀了女歧。寒浇发觉之后，起身就跑。汝艾于是放出凶猛的猎犬追逐寒浇，最终在猎犬的帮助下袭杀了力大无比无人可敌的寒浇。汝艾杀死寒浇之后，带着他的人头前去投奔少康。少康见寒浇被杀，于是率兵攻打过邑并顺利攻克。之后，少康又派他的儿子姒杼率兵去诱杀寒豷，也取得了成功，攻占了戈邑。

杀死寒浇和寒豷之后，少康开始集中力量讨伐寒浞。其时，当了整整六十年国王的寒浞，年纪已经很大了，他的左膀右臂已经被斩断，他自己已经没有精力带兵迎战，而斟寻城中那些夏朝的臣民也纷纷在民族大义中觉醒过来，开始倒戈并支持少康。少康的军队顺利攻破都城，夏朝老臣伯靡杀死了寒浞。寒浞的族人被斩尽杀绝，有穷氏部落于是灭亡。

少康自幼历尽苦难，他复国的经历也异常艰难曲折。有过这段艰苦经历的少康，非常明白天下来之不易，因此在复国之后，他积极作为，勤政爱民。在他的治理下，天下渐渐由乱入治，各地诸侯也再一次前来朝觐夏朝，夏王朝再度出现了安定兴盛的繁荣局面，史称"少康中兴"或"少康复国"。

一饮一啄，莫非前定。最初怎么得来，最终还将怎样失去。当初寒浞用极其残忍的手段对待后羿的族人，最终伯靡也用同样残忍的方式对待他，并遗祸他的子孙。所以说，有些事情是不能做的，即使迫不得已要做，也绝对不能做得太绝，因为事情做得越绝，失去的民心也就越多，支持的人就越来越少，报复也就来得越快。这倒并不是因果报应的问题，而实际上，所谓的因果报应，其实就是人的心理因素的某种外在反映，比如说第一次世界大战法国打败了德国，法国的福煦元帅在一节火车车厢里接受了德国人的投降，这个耻辱的种子就种到了德国人的心里。到了第二次世界大战，德国打败了法国，希特勒就又叫人将那节车厢从博物馆拖了出来，在那节车厢里接受了法国人的投降，其中意义不言而喻。这在表面上来看，似乎就是因果报应了，但其实不是，这正是一种奇妙的心理特征的外在表现。所谓以牙还牙、以其人之道还治其人之身，等等！复仇并不仅仅是在肉体上消灭仇家，更多的是在精神上摧残仇家，如果杀死仇人之前，不把他该死的原因说出来，那这个仇就算是没报。并且一刀杀了太便宜，必须要声明其罪状，让他领罪而死，这样的复仇才显得有意义！

需要说明的是，代夏的这个后羿，与传说中那个射日的后羿不是同一个人。射日的后羿生活在帝尧时期，这个后羿生活在夏朝初期，中间隔了好几百年。

嫦娥是后羿的妻子，这个没有异议，而且她就是这一个后羿的妻子，并不是那个传说中射日的后羿的妻子。为什么后来会把两个后羿混为一谈呢？这是古代儒学家们刻意而为的。因为即使后羿再英勇神武，他也还是无法抹去谋朝篡权这样一个事实，这是儒家史观需要极力避讳的事情。但后羿毕竟当了八年的国王（加上太康和仲康时期的实际掌权时间更长），而寒浞则更长，长达六十年，这样的事实是无法回避也无法更改的。尽管姒相被杀之前，有在位二十八年的经历，前八年与后羿重合，后二十年与寒浞前二十年重合，这段时间可以用姒相来替代。但姒相被杀之后，寒浞仍然当政长达四十年，这也无论如何也无法掩盖的。于是古代的儒学家们就处心积虑地在人名上做文章，要么混淆两个后羿使人们误以为只有一个射日的后羿，要么完全不提寒浞，为的就是将这些所谓"乱臣贼子"的形象尽量淡化。后羿当政八年，张冠李戴了一个射日的传说，而寒浞当政六十年，知道的人几乎没有几个，而嫦娥的身世和传说则极为错综复杂，使人完全搞不清楚她的丈夫究竟是哪一位，这就是其中的奥妙所在。

传说后羿从昆仑山西王母那里求来了长生不死之药，准备到了登基当君主的那天和妻子嫦娥一起吃，结果嫦娥却按捺不住好奇心偷偷地先吃了，一下子飞到了月亮上，回又回不来，只好住在广寒宫里，和一只白兔做伴。中唐著名诗人李商隐还以此为题专门写了一首悱恻缠绵的诗："云母屏风烛影深，长河渐落晓星沉。嫦娥应悔偷灵药，碧海青天夜夜心。"实际上嫦娥飞到月宫那是没影儿的事，只不过人们同情她的遭遇，在传说中为她安排了一个还算体面的去处罢了。不过嫦娥居住在广寒宫这事倒是真的，广寒宫不在月亮上，就在夏王朝的都城中，它就是后来娶了嫦娥的寒浞的家，寒浞之宫，简称寒宫，后来穿凿附会，就渐渐变成了广寒宫。流传数千年美好无比的传说，在残酷而无情的真相面前，是多么地令人惋惜和痛心啊，甚至令人有一种幻灭之感。

　　从太康失去君位到少康重新夺回君位，那中间差不多经过了一百年时间。因为后羿和寒浞都是夷族人，实际上这几次君位的更迭，基本上就是中原夏族和东夷族之间的战争。寒浞杀后羿，是夷族人之间的同室操戈，而少康灭了寒浞，这才是夏朝对夷族的真正胜利。但这一仗胜了，并不标志着永远打败了夷族，战争还远没有结束。夷族有不少像后羿那样的神射手，再加上他们的弓箭很厉害，夏朝在短时间内根本无法改变劣势。

## 第五节　孔甲养龙

少康在位二十一年病死,他的儿子妌杼即位。

杼又叫予,或作季杼、宁、仡,他精明强干,是夏代一个很有作为的帝王。如前文所述,他亲自参加父亲少康领导的复国战争,并建立了卓越的功勋。

妌杼初期的都城是原(今河南省济源市西北),后来迁都老丘(今河南省开封市东北)。妌杼在位期间,针对和夷族作战处于劣势的实际情况,发明了一种用兽皮做的可以遮挡弓箭的护身衣,称之为"甲",这就是战争中铠甲的雏形。甲虽然对于距离近力道强的弓箭起不了多大作用,但对于距离远力道弱的箭镞,还是有相当强的防护作用的。

此外,妌杼还命人制造了一种锋利的武器——矛。原始社会时期,人们在狩猎时,将木棒的一端削尖,用来刺杀野兽,到后来,又用锋利的石头、兽骨制成矛头,缠在木柄的前端,进一步增强了杀伤功能。但这样的武器在东夷族的弓箭和金属武器面前,仍然相形见绌。于是妌杼命人用青铜铸造了矛头,并安装在木柄上,从而极大地提高了武器的杀伤力。矛因此成为冷兵器时代大量装备和使用时间最长的武器之一。

凭着这两种强有力的防御型和新型进攻型武器,并仿照东夷族制造了石镞、骨镞的弓箭,妌杼在对东夷族的作战中取得了大胜,降服了东夷。此外,妌杼还征伐东海及三寿部落,降服了一个以九尾狐为图腾的部落,擒获了他们的首领。妌杼把夏朝的势力进一步向东扩展,使更多的古少数民族融入到了华夏民族中来,功绩也是非常大的。《鲁语》:"杼能帅禹者也,夏后氏报焉。""报"的意思是"报祭"，是指我国古代为了报答祖先恩德功劳而进行的祭祀。在夏王朝的十多个帝王之中，只有帝姒杼获此殊荣，他被夏朝人看成是能够继承大禹事业的一位贤王名王，在夏代历史上有着非常高的声望和地位。

姒杼在位十七年病死，他的儿子姒槐即位。姒槐又叫姒芬，姒芬发。由于之前姒杼征服了东夷，所以在他在位的第三年，东方的九夷（畎夷、于夷、方夷、黄夷、白夷、赤夷、玄夷、风夷、阳夷）都来朝觐，姒槐在位期间，可说是夏朝的辉煌时期。

姒槐在位四十四年而死，他的儿子姒芒继位。姒芒又叫姒荒，他即位之后，开创了一项延续数千年的"沉祭"仪式，也就是把祭物沉入水中企求水神的庇佑。因为古人认为水神住在水下，将祭品沉入水中，更容易被水神接受。姒芒除了将猪、牛、羊沉入河中，还把当年帝舜赐给大禹象征治水成功的那块玄圭也沉入了水中，以示虔诚。这一风俗从姒芒开始，一直延续了数千年。殷代甲骨卜辞中分别有"沉三羊""沉三牛""沉五牛""沉十牛"等祭河礼仪的记载。后世周穆王曾把玉璧递给河宗伯夭，伯夭接受玉璧后面向西将玉璧沉入黄河中，太祝也将牛、马、羊等牺牲沉入河中祭祀河神。春秋时期，晋平公发兵进攻齐国，将要渡过黄河时，其臣下用两对玉向神灵祷告，并把玉沉入黄河后才渡河。甲骨文中有"沉璧""沉妾"的记载，璧、妾就是作为牺牲的女子，将她们沉入河中祭神，实际上就是后世流行的"河伯娶媳妇"。直到近现代，居住在江河湖海畔的渔民或居民，仍有将祭品沉入海、江、河、湖之中祭祀海神、河神、湖神的传统。

姒芒举行"沉祭"仪式后，前往东海游猎，在海边捕获了一条很大的鱼。大臣们都向姒芒称贺，认为是海神所赐，可以永葆太平。

姒芒在位五十八年病死，其子姒泄继位。姒泄在位期间，畎夷、白夷、赤夷、玄夷、风夷、阳夷六个部落派使者前来朝谒，接受姒泄的封爵。这一事件标志着，东夷已经正式承认了夏朝的正统地位。

姒泄在位期间，发生了一件很重要的事情：商部族的第七任首领王亥经常载着货物、赶着牛羊到别的部落去做生意。王亥到有易氏部落（今河北省保定市易县易河一带，易河因战国末荆轲刺秦王而闻名天下）做生意的时候，有易氏的部落首领绵臣见财起意，于是杀了王亥，赶走了王亥的随行人员，夺走了他的财产。王亥的儿子上甲微非常悲愤，从河伯那里借兵讨伐有易氏，最终消灭了有易氏，杀了绵臣，为父亲王亥报了仇。王亥开创了华夏商业贸易的先河，因为他来自商部落，所以外部落的人在做贸易时就把他们称为"商人"。久而久之，"商人"一词就成了"买卖人"的代称，用于交换的物品就叫"商品"，将商人从事的职业叫作"商业"，并一直流传至今。

姒泄在位十六年病死，其子姒不降继位。姒不降在位的第六年，征伐了九苑这个部落。在位五十九年后，因为儿子孔甲性情乖僻，他担心儿子继承王位后治理不好国家，于是决定改变自姒启以来传位给儿子的制度，在活着的时候把帝位传给弟弟姒扃（音jiōng）。这种禅位，因为有别于尧、舜时期外姓之间的禅让，只在本家族内部进行，因此又称为"内禅"。内禅制度后传入东南亚等国。

姒扃在位十八年病死，传位于儿子姒廑（音仅）。姒廑又名胤甲，他即位后，把都城从老丘迁到西河（今河南省安阳市）。他在位的最后一年，传说出现了"天有妖孽，十日并出"的怪现象。其实就是当时天气非常炎热，百姓酷热难耐，而姒廑不注意解决民苦，却住进夏季别墅里，独立纳凉，因此被百姓讥讽为"廑"，意思是"短暂居住的居所"。这就是他名字的来历。姒廑在位时期，夏朝的国势渐渐衰落，但姒廑还算是一个守成之君，虽然没有做出什么特别出色的业绩，但也还不算行为荒唐，真正使夏朝走向衰落的是他的继任者孔甲。

姒廑在位八年，没有儿子，他临死之前，又把王位传给了姒不降的儿子姒孔甲。姒不降活着的时候，他就担心孔甲不是一个好君主，如今孔甲做了夏王，所作所为果不出当年的姒不降所料。

前文曾经提到过，夏朝由于流传下来的史料很少，所以夏朝大部分君主都没有详细的事迹。靠口耳相传下来的东西，如果所做的都是普通的好事，那就基本都会失传，但如果做的是影响比较恶劣的坏事，那就绝对会流传下来。所谓好事不出门，坏事行千里。由此可以推断，上述这些事迹不详的君主，要么是守成之君，没有什么大的建树，要么对待人民还算说得过去，不至于留下太大的坏名声。但此时即位的姒孔甲，却在史书上留下了很坏的名声。

孔甲是个胡作非为的昏庸之主，他在位期间，不修国政却肆意淫乱，沉湎于饮酒歌舞之中，并且喜好信奉鬼神。孔甲的行为使夏王朝的权威日益下降，百姓不再拥护他，诸侯们也开始背离，夏王朝国势日衰。

有一天，孔甲外出打猎的时候，遇到了一雄一雌两条龙，然后叫手下抓起来带进了宫。第二章《三皇五帝》中已有讨论，所谓的龙其实就是鳄鱼之类原始爬行类动物。孔甲得到了两条龙，但却找不到会喂养龙的人。帝舜时期有一个名叫董父的人，擅长养龙，所以他的身边有许多的龙，帝舜听了非常高兴，因此赐姓为豢龙氏。孔甲找不到豢龙氏的后代，但却找到了一个名叫刘累的人。刘累是陶唐氏帝尧的后裔，因为陶唐氏家族衰落，于是他就跟随豢龙氏学习了养龙技术（鳄鱼养殖技术）。刘累替孔甲养龙，孔甲见他的技艺十分精良，能把龙养得非常乖巧，于是就赐姓为御龙氏，并把豕韦氏后代的封地改封给他（今河南省滑县一带）。

刘累替孔甲养了一段时间的龙，结果那条雌龙却死了（鳄鱼怕低温，估计这条雌龙的死跟气温有关系）。刘累非常害怕，因为每隔一段时间孔甲就会让刘累把两条龙拉出去给他表演节目，如今死了一条，那怎么办？刘累深感难以交差，于是就把死了的龙做成肉酱给孔甲吃，结果孔甲吃了之后感觉味道非常鲜美，就又找刘累索要。刘累怕得不行，担心死龙之事败露，不敢再养下去，丢下那条雄龙逃到了尧山（大龙山）东麓，也就是今天的河南省鲁山县居住。刘累是世居河南的许多刘姓人的先祖，汉朝开国皇帝刘邦，据称就是刘累的后代。

《吕氏春秋》记载的一个故事很有意思：孔甲有一次曾在东阳黄山打猎，突然刮起了大风，天昏地暗。孔甲找不到回路，于是走进一个老百姓的家里暂避。这家人家正在生孩子。有个人说："国君到来，这可真是个好日子啊，这个孩子将来一定非常吉利。"可有个人却说："就怕这个孩子享受不了这个福分，将来一定会遭受祸患啊。"孔甲听了之后心里很不舒服，于是就把这个孩子带回了宫廷，他说："让他做我的儿子，谁敢让他遭祸？"谁知这个孩子长大成人后，一次帐幕掀动，屋顶的椽子裂开，斧子掉下来砍断了他的脚，于是只好做了个守门人。孔甲见状叹息说："哎呀！发生这种事情，大概是命中注定吧！"于是创作了一首名叫《破斧》的歌。据说这就是最早的东方音乐。

孔甲在位九年病死，他的儿子姒皋继位。

姒皋在位三年后死，他的儿子姒发继位。姒发在位期间，各方诸侯已经不来朝贺了，夏王朝进一步衰落。姒发在位七年而死，王位传给了他的儿子姒癸（又名履癸），这就是夏朝大名鼎鼎的亡国之君夏桀。

## 第六节　妹喜受宠、夏桀亡国

夏朝后期名声较大的两位君主，一位是孔甲，另一位就是夏桀。并且夏桀还荣登中国暴君排行榜榜首，与殷商的亡国之君殷纣并称。现代人列举中国十大暴君有他们俩，排行四大暴君也少不了他们俩，名声确实是传得太坏了。

夏桀即位之后，把都城从西河迁到斟寻。夏桀在位时期，夏朝已经越来越得不到老百姓的拥护。而夏桀还在那里大兴土木，修筑了富丽奢华的倾宫。因为楼宇修得非常高，人在楼上有倾危之感，或者说倾宫的建筑面积很大，占地足有一顷，所以叫"倾宫"。

夏桀还发明了辇，供他出行时乘坐，让人来拉。因为之前的车都是牲畜拉的，现在夏桀换成人力，诸侯和百姓对此又惊又怒，纷纷咒骂他，说他竟然乘人车，把百姓像牲畜那样看待，真是太残暴了。不过到了秦汉以后，辇却成了皇帝、皇后用车的专用名称，习以为常之后，人们再也不觉得残暴。

繁重的徭役让百姓不堪重负，诸侯也多不听号令。之前臣服夏朝的九夷之一畎夷叛乱，入居于邠、岐之地。夏桀在有仍部落召集诸侯会盟，有缗氏（今山东济宁市金乡县一带）部落的首领逃归，夏桀大怒，于是率兵消灭了有缗氏部落。

就这样，夏桀依仗武力，强行向各部落方国征收更多的赋税、物品，并索要美女，以满足他的私欲。各部落方国非常愤恨，不愿再听从夏桀的号令，一些方国和部落不再来朝见夏桀，也不再向夏朝进贡。

越来越多的部落不朝不贡，这对夏桀来看，是对他权威的极大蔑视。为了杀鸡儆猴，夏桀决定攻打不向他进贡的有施氏部落（今山东省临沂市蒙阴县一带）。

虽然一部分部落不听夏桀的号令了，但仍然有大部分部落不敢不听从夏桀的命令。当夏桀带着许多部落的大军攻打有施氏部落的时候，有施氏部落很快便败下阵来。为了避免整个部族被消灭，有施氏部落首领于是请其他的诸侯向夏桀求情。经过其他的诸侯斡旋，有施氏部落向夏桀献出了为数不少的美玉、马匹、牛羊等财产，还有他们部落最美丽的公主——妹喜（妹，音末，注意与"妹"区别）。

妹喜生得非常美丽，有诗称赞她说："有施妹喜，眉目清兮。妆霓彩衣，袅娜飞兮。晶莹雨露，人之怜兮。"真可以说是让人又爱又怜。夏桀得到这样一个美人，非常高兴，于是就答应了有施氏部落的求和，带着妹喜返回了都城。

夏桀对妹喜非常宠爱，常常把她抱在膝上，日夜不停地和她饮酒作乐，甚至在上朝的时候，都把她抱在怀里。再怎么纯真善良的姑娘，长期处在这样荒淫放荡的环境中，也会被宠坏、变质，变得淫邪堕落。

在富丽堂皇且可以为所欲为的宫廷中，妹喜渐渐产生了三大癖好：一是喜欢女扮男装，把自己打扮成武士模样，戴高冠佩长剑，极其英姿飒爽；二是喜欢听裂帛之声，也就是喜欢听别人撕绸缎。夏桀为了取悦她，就让宫人们撕扯上好的绸缎给她听。那个时候中国的丝绸业刚刚发展起来，绸缎都是稀有贵重的物品，撕扯上好的绸缎，真可以说是暴殄天物，罪孽深重；第三，妹喜喜欢看宫人们在规模大到可以划船的酒池里饮酒。夏桀为了满足她这个古怪的嗜好，于是就下令建造了规模宏大的酒池，然后从全国各地征集酒量好的酒徒，让他们在乐舞之中下池畅饮，结果他们中的一些人因为醉酒而淹死在酒池之中。妹喜看见，高兴得哈哈大笑。

因为妹喜这些邪僻的性格和爱好，使她荣膺中国古代四大妖姬之首，另外三名分别是殷纣妃苏妲己、周幽王妃褒姒，还有晋献公妃骊姬。

如果妹喜一直受宠，夏桀或许还不至于亡国。但遗憾的是，夏桀见到更为漂亮的女子，立即见异思迁，将妹喜抛弃。

夏桀在位第十四年的时候，命令扁侯率军攻打岷山氏部落，岷山氏部落为了免祸，也像之前的有施氏部落那样，献出了他们部落两个最美丽的公主。这两个公主一个叫琬、一个叫琰，比妹喜还要光彩照人、美丽漂亮。夏桀非常宠爱她们两个，虽然她们一直没有为夏桀生下孩子，但夏桀为了表示对她们的宠爱，还是命人将她们的名字刻在名叫苕、华的美玉上，其中苕玉上面刻的是"琬"字，华玉上面刻的是"琰"字。夏桀再次征发劳役，命人在倾宫中建造了瑶台，装饰得极其华丽，供琬、琰居住。

夏桀宠爱琬、琰二女之后，冷落并抛弃旧爱妹喜，把她安置到洛水一带。妹喜心里非常怨恨，决心不顾一切报复夏桀。其时商汤正在积极筹划消灭夏朝，商国的右相伊尹知道妹喜被抛弃，于是前来联络妹喜，妹喜在怨恨夏桀之余，将夏朝的许多情报提供给了商国。

伊尹以商部落使者的身份来到夏朝。夏朝宫廷之中，有人知道伊尹是个人才，就把他推荐给夏桀，希望夏桀能够重用伊尹。夏桀也非常重视伊尹，于是就召见了他。

见到夏桀之后，伊尹以尧、舜的仁政来劝说夏桀，希望夏桀能够体谅百姓疾苦，减轻人民负担，用心治理天下，但夏桀根本听不进去。伊尹见夏桀不愿听从他的劝告，知道夏桀不可能采纳他的施政主张，于是在完成使命之后，离开夏都。在使夏的过程中，伊尹通过妹喜，掌握了不少有关夏朝的情况。

伊尹临走之前，夏桀狂妄地对他说："百姓和我的关系，就像太阳和月亮的关系，月亮没有灭亡，太阳会灭亡吗？"把自己比作太阳，想要和太阳那样永生不灭。伊尹回到商部落之后，把这件事情告诉了商汤，商汤又命人将这句话告诉了夏朝的臣民，以试探夏朝百姓对夏桀的态度。夏朝的百姓非常愤怒，他们指着太阳诅咒夏桀说："你这个太阳什么时候灭亡，我们情愿和你一同灭亡！"以表达对夏桀的憎恨。

此后，商汤征伐夏朝的方国有洛国（今河南洛阳西南），有洛国被灭。又征伐荆国（今湖北西北部的方国），荆国也归降。

商汤的这些行为，引起了夏桀的警觉。夏桀派使者把商汤召到夏都，然后把他囚禁了起来，囚禁的地方叫夏台（今河南许昌市禹州市南），那是夏朝的监狱。大概囚禁了一年时间，夏桀又放松了警惕，把商汤放了。

夏桀囚禁商汤，引起了其他诸侯的极大恐慌。所以在商汤被释放之后，许多的诸侯都归顺了商汤。在其他诸侯的支持下，商汤先后消灭了忠于夏朝的几个部落方国，如葛国（今河南省商丘市宁陵县）、韦国（今河南省滑县）、顾国（在今河南省濮阳市范县）、昆吾国（早先在今山西省运城市夏县安邑，后迁今河南省许昌市一带）等。

商汤磨刀霍霍，可是夏桀却仍旧沉溺于酒色之中。忠于夏朝的一些大臣心急如焚，不停地向夏桀劝谏，但夏桀却一点也听不进去。

夏朝的太史令终古见夏桀执迷不悟，更加暴虐荒淫。于是就拿出先王的法典，哭泣着向夏桀进谏，但夏桀却无动于衷。终古看出夏桀已不可救药，知道夏朝马上就会灭亡，于是逃出夏朝宫廷，前去投奔商汤。商汤见夏朝的太史令前来，高兴地对诸侯们说："夏王无道，暴虐百姓，逼迫父兄，侮辱功臣，轻慢贤人，抛弃礼义，听信谗言。众人都怨恨他，他掌管法典的臣子都已经自行归顺了商国。"终古是中国历史上第一位留下名字的史官。

费国（今山东省济宁市鱼台县西南）的首领费昌，是黄帝的后裔。有一天费昌到黄河边上，看见两个太阳，东面一个，西面一个。东面的那个，正在冉冉升起，耀眼灿烂；而西边那个，却正在慢慢落下，光色暗淡。费昌非常奇怪，就问河神冯夷说："怎么会有两个太阳？"冯夷告诉他说："这两个太阳，一个是夏朝的太阳，一个是商朝的太阳。"费昌又问："哪一个是夏朝的，哪一个是商朝的？"冯夷说："西面渐落的是夏朝的，东面正升的是商朝的。"费昌知道夏朝将要灭亡了，于是带着他部落里的部众，归顺了商汤。

夏桀有个大夫叫关龙逄（音旁），一直忠于夏朝。他见夏桀每天在酒池之中寻欢作乐，而商汤却在厉兵秣马，知道再这样下去，夏朝非灭亡不可。关龙逄多次向夏桀进谏，但夏桀却一次也听不进去。最后一次，关龙逄恳切地向夏桀说："君王应该谦恭而讲求节义、节俭而又爱护贤才，天下才能安定，王朝才能稳固。如今大王奢侈挥霍，杀人无度，已经失去了天下百姓的拥护。大王如果不赶快改正错误，改变这种现状，上天早晚会降下灾祸，到那个时候，可就说什么都晚了。"夏桀大怒，下令将关龙逄抓起来关进监狱，并随即处死了他。关龙逄在历史上是与殷商的比干齐名的忠臣。

关龙逄被杀，朝中的大臣们再也不敢向夏桀进谏了。夏桀因此更加随心所欲、为所欲为，但也因此更加众叛亲离、不得人心。

自夏桀即位以来，相继发生了多种灾难。夏桀即位十年的时候，五星错行，有一天晚上，下了一场流星雨，之后伴随着地震，伊水和洛水干涸了。杀死关龙逄的那一年，发生了较大的山体滑坡事件。这在许多人看来，都是亡国的征兆。实际上，伊水和洛水因地震而断流，给夏王朝造成了致命的打击。

在这种内忧外患之下，夏桀仍然我行我素，一切照旧。

商汤见灭亡夏朝的时机已经成熟，于是在消灭夏朝的方国昆吾国之后，率兵攻打夏桀。夏桀无法抵挡，战败后逃至鸣条（一说今山西省运城市夏县之西，一说今河南省新乡市封丘东），在鸣条再次被击溃，最后被商汤流放到历山。

因为妺喜虽然被夏桀抛弃，但她名义上仍然是夏桀的妃子。所以按照礼法，妺喜被获准前去照顾夏桀。虽然曾经被冷落，曾经被遗弃，曾经联合他的敌人一齐算计过他，但在夏桀遭遇彻底的人生失败之后，她却再一次义无反顾地选择了前去陪伴他。妺喜似乎并无后世评论中的那样冷酷无情，她也是一个充满矛盾的悲剧人物。夏桀带着妺喜乘舟浮江，跑到了南巢之山（今安徽省合肥市巢湖市），并最终死在那里。夏桀后来对人说："我真后悔当初没有把汤杀掉，以至于落得今天这个下场。"据说夏桀和妺喜被流放到南巢之后，由于之前过惯了锦衣玉食的生活，所以什么活计也不会做，最后竟然活活地饿死在了那里。当然也有一种可能，他们在被流放之后，遭到了囚禁，失去了自由且得不到任何食物，最后被活活饿死了。

夏桀本名姒癸，也叫履癸，而"桀"是他的谥号。谥法云："贼人多杀曰桀。"因此他得到这样一个名字，跟他生前的暴行有很大的关系。

夏桀在位三十一年夏朝被灭，这一年是公元前1600年。

夏朝灭亡后，夏朝的其他贵族大部分留居中原，臣服于商，还有两支分别向南方、北方迁移。其中夏桀带往南巢的便是南支，而另一支则向北进入蒙古高原，统治当地的土著居民并与他们融合，有人认为这就是后来的匈奴。司马迁在《史记》中记载，匈奴最早的首领名叫淳维，是夏后氏的后裔。而《括地谱》则更详细地记载：夏桀战败被流放南巢之后，他的其中一个儿子獯粥带着夏朝的部分贵族，远远地避居北部荒野，随牲畜而迁移，也就是过起了游牧生活，中原人就把他们叫作匈奴。獯粥娶了夏桀的妻妾，这也形成了匈奴妻其后母的传统。周武王灭商之后，封大禹的后裔东楼公于杞地，以延续对大禹的祭祀。春秋末期，孔子崇尚夏礼，还特意去杞国访问考察。

夏朝名称的由来是因为大禹曾经受封为"夏伯"，而历史学家范文澜先生则说，夏启将都城西迁至大夏，因此就以"夏"作为国号。司马迁认为，夏朝是由姒姓夏后氏为首的十二个部落组成的一个大部落，因此建立夏朝后就以"夏后"为国号，简称为"夏"。还有一种说法，"夏"字是夏族图腾的象形字。

中国古代各朝代的国号大多与该朝创立者的封号有关，但也还有其他的原因。国号的来历比较常见的有以下几种：

一是国家创立者最初受封的地方或者是建都的地方。比如此时的夏朝，再比如商朝的祖先受封于商地（今河南商丘南），周朝的祖先始居于周原（今陕西岐山），秦朝的祖先为嬴姓，因养马有功被周王室封于秦地，于是以秦为国号；后升格为诸侯，仍以秦为国号；秦始皇灭六国之后，继续沿用该号。

二是国家创立者的封号和爵位，历史上这类朝代最多。比如汉高祖刘邦最初被项羽封为汉王，建立政权后就以"汉"为国号；再比如曹操曾经受封为魏公、魏王，曹丕代汉后就把国号定为"魏"。沿袭封号，缘于古人认为那个封号兴旺了他的家族和邦国，因此继续用为国号，国运也会绵长。

三是国家创立者的姓氏。比如春秋时期晋国被赵、魏、韩三家瓜分之后，新建立的三个国家就以他们的姓氏作为国号。再如南朝陈国创立者陈霸先，建国后就以其姓"陈"为国号。

四是国家的特产。这种国号多见于少数民族政权，比如契丹人所建的辽国。"辽"字在契丹语中是镔铁之意，辽太祖发迹地盛产镔铁，所以辽圣宗改国号为"辽"，象征国家像铁一样坚硬。

五是谶语。南朝齐的国号就是来自谶语，《南齐书·崔祖思传》记载："宋朝初议朝太祖（尚道成）为梁公，祖思启太祖曰：金刀利刃齐刘之，今宜称齐，实应之，从之。"于是就定国号为齐。

六是取一个吉利好听的名字，类似于日常生活中人们给孩子取名字。比如金朝建政后，金太祖认为："辽以镔铁为号，取其坚也，镔铁虽坚，终亦变坏，唯金不变坏。"为显示比"辽"更坚硬，于是便以"金"为国号。元朝的"元"字取易经"大哉乾元"句，有大、首之意，取是由蒙改为元。清朝的国号最初是"后金"，因汉人之前对金朝有抵触，再加上清朝的前朝是明朝，清又是五行属水，明属火，水克火，所以改"后金"为"清"。

总体来讲，各朝代的国号都体现着一种吉祥、平安、宏大之意，不仅好听，也要好看。而实际上，不论再怎么好听或者是好看的名字，如果统治者自己不为天下苍生着想勤勉自律、推行德政、体恤人民，而是骄奢淫逸、大兴土木、严刑峻法、赋敛深重，那就总难逃脱覆亡的命运，18个朝代的盛衰兴替已经明确无误地说明了这一点。

夏朝共传十四代（有些是兄弟相传，如太康与仲康），十七王（实际上加上后羿和寒浞两个异姓王，共十九个王），不过他们的王当时自称为"后"，公元前2070年建国，公元前1600年覆亡，历时四百七十一年。

我国传统文献中关于夏朝的记载较多，但由于成书时间都较晚，已知的史料之中，又没有发现公认的可以证明夏朝存在的直接证据，所以有些人怀疑，夏朝是否在历史上真实存在。但是，《史记·夏本纪》中记载的夏代世系与《殷本纪》中记载的商代世系一样明确，而商代帝王世系在安阳殷墟出土的甲骨卜辞中几乎得到了完全印证，因此，大多数学者认为：《史记·夏本纪》中所记的夏代世系也是可信的。河南偃师二里头遗址，就被中外许多历史学家认为是夏朝都城的遗迹，在那里出土了大型的宫殿、墓葬以及许多青铜器、玉器，但唯一遗憾的是，截止到目前，还没有发现夏朝的文字。

夏代帝王世系的印证，需要等到夏朝的文物，尤其是夏朝文字，比如类似于殷墟甲骨卜辞那样的同时期的文字记载等证物。随着考古工作的推进，这些长埋地下的证物，总有一天会重见天日，给期待已久的世人一个明确的答复。

夏朝是我国第一个在中原地区实行世袭制的朝代，是一个奴隶制王朝，但也可以说，是由原始的氏族公社向奴隶社会的一个过渡。这中间需要一个过程，不能说建立了一个新的朝代，统治区域内的所有民众就全部整齐划一地进入了奴隶制时代，那是不现实的，也是不可能的。根据马克思主义历史理论，我国的夏、商、周三代，都被定性为奴隶社会，但这个观点争议较多。大量事实证明，在其时的我国，氏族制度一直没有消失，一直在很长的时间内顽强地存在着。并且，相比于古希腊、古罗马等奴隶制国家，我国夏、商、周时期的奴隶在总人口中的占比是极小的，更多的是有家有室的平民，他们虽然社会地位低下，但在服劳役交租赋之外，拥有相当大的人身自由，真正的奴隶只是极少数用来做人祭的罪犯或战俘，这是西方奴隶制国家的奴隶所望尘莫及的。在我国的夏、商二代，在更广的范围内实行的，是一种氏族封建世袭制度，这种制度在西周时间，又演变为宗法封建世袭制度，这是文明进程的一种加速，或者说是一种跨级跳跃。这种现象在人类社会发展进程中，是普遍存在的（比如中华人民共和国成立后，西藏就直接从奴隶社会跨级跳跃到了社会主义社会）。但一些学者却据此认为，不应该把夏朝作为中国的第一个朝代来看待，而应该是其后的商朝，这种观点有待商榷。不能因为我国上古时期就推崇仁政排斥野蛮，国家建立后超前实现了一种更高级别的文明形态，就僵化地认为我国的奴隶制还没有开始。事实上，我国是在小范围内实行奴隶制的同时，就在更大范围内实行了封建制，这种有别于古希腊古罗马大范围内野蛮、血腥奴隶制的人文主义和民本主义，是最值得我们自豪的地方。另外，从原始氏族部落到国家形成，总得有一个标志、一个分水岭，而这个标志就是从大禹开始，世袭制代替了禅让制，氏族部落变成了国家。其后文化大盛的周朝，不仅承认商朝是一个正统朝代，也承认夏朝是一个正统朝代。

# 第四章 商朝

第四章

简介

## 第一节　伊尹负鼎、汤武革命

　　殷商的始祖叫契，子姓。《三皇五帝》一章中曾有提及，殷契是帝喾的次妃简狄吞燕卵而生的。有一天，简狄和两个女伴一起到河里去洗澡，看见一只玄鸟（燕子）飞过来，一只蛋掉了下来，简狄捡起那枚蛋吃了，之后怀孕生下了殷契。帝喾的祖父玄嚣（少昊）是早期东夷族的首领，以鸟为图腾。殷商的始祖契因其母亲吞玄鸟之卵而生，正是商部族把玄鸟作为图腾的一个佐证，因此《诗经·商颂》中有"天命玄鸟，降而生商"的句子。

　　契是帝尧的弟弟，生活在帝舜时期。大禹受命治水之时，契和周人的先祖后稷也接受舜的命令，帮助大禹治水。洪水治理好之后，契也立下了相当大的功绩。帝舜于是任命契为司徒，并对他说："百姓之间关系不和睦，父子、君臣、夫妇、长幼、朋友这五种人伦关系不协调，你担任司徒的官职，就要努力施行五伦教育，五教的精髓在于宽和，你要好好把握。"之后将他分封到了商地（今河南商丘南）。因为契为百姓立下大功，所以百姓都很拥护他，在他的带领下安居乐业。有了百姓的支持，契的家族渐渐地兴旺了起来。

　　契死之后，首领之位传给了他的儿子昭明，并依次下传给相土、昌若、曹圉、冥、王亥（又名王振）、上甲微、报乙、报丙、报丁、主壬（也作示壬）、主癸等首领，共下传了十三代，都是父子相传。主癸死后，他的儿子履继承首领之位。履就是成汤，又名天乙。

　　这个时候，商国的势力已经非常强大。而与此相对的则是夏朝的统治日渐衰微，再加上夏桀残暴，闹得天怒人怨，商汤于是开始积极地为灭夏做准备。商部落自契开始，前后已经迁了八次都城。商汤为了灭夏，于夏桀十五年把都城迁到了亳地，那是他的先祖帝喾建都的地方。为此，商汤专门作《帝诰》一篇，祭祀先王帝喾，以示自己跟从先王，来到了旧都。迁到亳地后，商汤开始积蓄粮草、招纳贤才、操练士卒。

为了探听夏朝的虚实，商汤接受右相伊尹的建议，派伊尹前往夏朝，以掌握夏朝的情况。

伊尹名挚，小名阿衡，"尹"不是名字，而是"右相"的意思。伊尹生于空桑（今洛阳伊川），因他的母亲居于伊水之上，所以就以"伊"为氏。

传说伊尹的母亲是居于伊水之上的采桑女，有一天晚上做梦，有个神人告诉她说：你看到舂米的臼内出水，就赶快往东走，千万记得不要回头看。第二天，伊尹的母亲果然发现臼内出水，于是赶快叫上邻居向东逃奔，回头看时，原来的城邑成了一片汪洋。因为她违背了神的忠告，所以化为一株空桑，她妊娠的婴儿，便留在空桑之中。有莘氏部落（今河南省商丘市民权县一带）的一个采桑女在前来采桑时，在空桑之中发现了婴儿，感觉非常神奇，于是就带回去献给了有莘氏首领，有莘氏首领于是把这个婴儿交给一个厨师抚养。因为这个婴儿生于伊水，所以就把他命名为伊。伊尹从小就聪明异常，非常好学，对三皇五帝和大禹等英明君主的施政之道多有研究。并且因为他长于厨师之家，耳濡目染，学到了一手高超的烹调技艺，成了一名出色的厨师。

伊尹虽然出身于厨师之家，但他却有非常大的志向和抱负。伊尹通过观察，发现商汤是个出色的首领，于是就想去辅佐商汤。但他当时的身份只是一个有莘氏部落的庖人子弟，根本没有机会见到商汤。

后来正赶上商汤向有莘氏部落提亲，于是伊尹自请为有莘氏的奴隶，带着锅和砧板作为媵（音映）臣陪嫁了过来。作为媵臣陪嫁，这是一种非常古老的风俗，实际上就是到两千多年后，这样的情形还是存在，比如唐朝的文成公主入藏，就带去了很多的文士和工匠，贴身的侍婢更是多不可计，这种风俗直到晚清都没有断绝。

到了商国之后，为了创造一个接近商汤的机会，伊尹于是在做菜上下功夫。他有时候烧的菜很鲜美，有时候却故意在菜里多放盐或是少放作料，商汤感觉非常奇怪，于是就召见了这名厨师。商汤与伊尹之间的对话对后世烹饪业的影响很大，伊尹也因此被尊为中华厨祖、中原菜系的创始人。伊尹的一些理论在今天看来仍有很大的价值意义，当然影响更大的还是蕴含在里面的治国思想。简单来说，伊尹的说法比后来老子那句"治大国若烹小鲜"的说法要详细得多，虽然没有达到那么凝练高妙的程度。也就是说烧菜的时候火旺了会怎么样，火小了会怎么样，盐多了味道会怎么样，盐少了味道会怎么样，等等，由此暗示治民的时候刑罚宽了怎么样，刑罚严了怎么样，政策急了怎么样，政策缓了怎么样，用烹调的滋味比喻为政的方法，以讽喻商汤。商汤是一个很有智慧的首领，一听就知道伊尹是个杰出的人才，于是立即向他请教国家大事，伊尹于是就和商汤说起了王道，商汤听了非常高兴，立即对伊尹委以重任，让他处理国政。这段故事，历史上叫作"伊尹负鼎"，后来特指辅佐帝王，担当治国之任。

关于伊尹和商汤的见面，也有另外一种说法。说是伊尹由于非常有才能而远近闻名，所以求贤若渴的商汤多次派人带着重礼前往有莘国聘请他。但有莘国王却并没有答应商汤的聘请。无奈之下，商汤只好娶有莘氏王的女儿为妃，让伊尹以媵臣的身份陪嫁了过来。伊尹来到商汤身边后，和商汤谈论远古帝王及九类君王的事情。商汤听了非常佩服伊尹的才能，于是就任以国政，让他管理国家大事。

《墨子》中记载了一个小故事，很能说明商汤对伊尹的重视程度和想要见到他的迫切心情：商汤将要去见伊尹，叫彭氏的儿子给自己驾车。彭氏的儿子在半道上问商汤说："国君您要到哪里去呢？"商汤回答说："我要去见伊尹。"彭氏的儿子说："伊尹不过是天下一个曾经做过奴隶的下贱之人。如果您想见他，只要下令召见并问他就可以了，这对伊尹来说，已经是非常大的恩遇了！"商汤说："这不是你所知道的。如果现在在这里有一种药，吃了它，耳朵会更加灵敏，眼睛会更加明亮，那么我一定会非常喜欢并努力吃这种药。现在伊尹对于我国，就好像良医好药啊，而你却不想让我去见伊尹，这是你不想让我好啊！"于是叫彭氏的儿子下去，不让他给自己驾车了。

除了伊尹之外，商汤麾下还有一位贤臣，名叫仲虺（音悔）。仲虺是薛国（今山东枣庄滕州市官桥镇）国君，他颇具才华和政治远见，看到夏桀骄奢暴虐、不修政事，夏朝江河日下、国势日衰，而商汤却勤勉仁慈、勤政爱民，商国蒸蒸日上、国力强盛，知道夏朝早晚会被商国取代，于是就转向了商汤。仲虺被商汤任命为左相，与伊尹共同辅佐商汤。

商汤把自己想要灭亡夏朝的想法跟伊尹讲了，伊尹建议商汤先不要轻举妄动，让他先到夏朝那边去看看情况再说。被夏桀抛弃的妹喜当时居住在洛水，她对夏桀非常怨恨。这些情况也被伊尹及时地掌握了。失宠的女人，在嫉妒心的驱使下，报复起负心汉来可说是极度疯狂而不顾一切。伊尹准确地掌握了妹喜的心理特征，并决定通过怨恨的妹喜，了解夏桀的弱点和夏朝的情况。

有一些传说称，妹喜和伊尹之前是恋人关系，在夏桀攻打有施氏之前，伊尹已经和妹喜有了婚约。妹喜因所在方国战败而被献给夏桀，使伊尹痛苦万分，所以他为了洗雪夺妻之恨，才一心辅佐商汤要消灭夏桀。而妹喜在夏桀身边，也充当了一个间谍的角色，为帮助自己的恋人战胜夏朝起到了很重要的作用。这是一个凄美绝伦的爱情故事，确实令人感动、令人慨叹。但因未见于正史记载，所以不一定是历史的真实。

伊尹在夏都见到夏桀之后，认为夏朝的政治非常黑暗丑恶，于是就返回商都。在洛水，伊尹向妹喜献上了贵重的礼物，请求和她结好。伊尹的举动对于久被冷落抛弃缺乏爱的滋润的妹喜来说，无异于久旱的禾苗遇到了甘霖的浇灌。一边是夏桀对她的无情伤害，一边是商国对她的大献殷勤，对于虚荣心很强且充满深闺之怨的一个女人来说，该做出何种选择，恐怕已经是非常明确的了。妹喜为了报复夏桀，决定和商国结盟，于是她和伊尹密谋，准备颠覆夏朝。

伊尹回到商都亳邑，从北门进城，遇到了商汤的两个贤臣汝鸠、汝房。伊尹非常感慨，一边是政治黑暗，一边是贤臣在朝，两相对比，给人一种极为复杂的感觉。于是他写下了《汝鸠》《汝房》两篇文章，以述说他离开夏桀重回商都时的心情。

史载，伊尹曾经在夏都和商国之间往返了五次，彻底摸清了夏朝的底细和虚实，所以在后来对夏的战争中，他能看准时机，一战而胜。这件事情从另一个侧面也可以反衬夏桀的昏聩，像伊尹这样的厉害人物，自己不能任用也就罢了，居然还放任其在敌我两国之间自由出入，毫无阻碍，连一点防间谍意识都没有，真可以说是警惕性弱到了极点。

根据伊尹了解掌握的情况，经过君臣商议，决定先剪除夏朝的羽翼，形成对夏朝都城的战略包围。

当时，商国国君是夏朝的方伯，也就是诸侯中的领袖，是一方之长，有"得专征伐"的大权，可以不经夏王批准而出兵征伐其他的诸侯。商汤想要消灭夏桀，就必须先要削弱夏朝的辅助力量。虽然当时的夏桀残暴无道，各方国普遍不满，但还是有为数不少的诸侯国是忠于夏朝的。为了积极为灭夏创造条件，商汤决定攻伐商都附近忠于夏朝的那些方国。

夏朝的方国葛国（今河南省商丘市宁陵县北），与商都亳地相邻。商汤有什么动静，葛国一定是最先知道的，并且，葛国忠于夏朝。为了争取更多的诸侯反对夏桀，商汤决定拉拢葛国。国之大事，在祀与戎。但葛国的首领葛伯却从不把视为国之大事的祭祀天地鬼神之事当回事。商汤于是就问他为什么不搞祭祀，葛伯找借口说没有祭祀用的牛羊。于是商汤就派人给他送去了一批，但是葛伯却把这些牛羊杀着吃了，还是不搞祭祀。商汤得知葛伯还是没有举行祭祀，再一次派使者前去问葛伯为什么不举行祭祀，这一次，葛伯又说，他们的田里种不出粮食来，没有酒饭做贡品，所以举行不了祭祀。商汤于是就派商国的人前往葛国去帮助种庄稼。葛伯实际上是个并不关心黎民百姓且对上天缺乏敬畏之心的糊涂混账首领，对于商国的帮助，他毫无感激之心，商国的人前去帮助他们耕作，可他却连基本的饭食都不为他们提供，因为他治下的人民都是缺衣少食。当商国边境的百姓为帮助葛国耕作的同胞送去酒饭之时，葛伯竟然派人抢走了这些酒饭。在一次抢夺的过程中，商国的一个孩子因为反抗，竟然被葛伯的人杀死。商汤见葛伯实在是不成器，知道争取过来也没有用，于是以葛伯不祭祖神、冤杀儿童为名，发兵征讨葛国。

商汤说明他征伐葛国的理由并动员他的将士们说："予有言：人视水见形，视民知治不。"我早就说过了：人只要从水里照一照，就知道自己长什么样子，看一看人民的生活状况，就知道把国家治理得怎么样。葛国的百姓生活如此艰难，所以我要带领大家去讨伐葛伯。

伊尹大声称赞商汤所说的话并进一步激励将士说："英明啊！如果能够听从这些话，道德就会进步。国君治理国家就要爱护人民，认真做事的人都会被任用。你们都努力吧！"

商汤的军队出现在葛国境内，葛伯非常吃惊，慌忙带领军队前去迎战。商汤对葛伯说："你不能敬重天命，我要重重地惩罚你，没有赦免。"这就是《汤征》。葛国的百姓早就对葛伯心怀不满，充满怨恨，并且对仁慈的商汤有所耳闻，所以根本不愿拥护支持葛伯。葛伯一战而被商汤所杀，葛国的百姓全都归顺了商国。

商汤消灭葛国，各诸侯国不仅没有反对，反而对商汤的行为表示拥护。

商汤有一次外出，看到有一个猎人在四面张网打猎，网挂好后跪在地上祈祷说："请老天保佑，四面八方的鸟兽都撞到我的网里来，让我一网打尽吧。"商汤就上前制止他说："你这不是想把飞禽走兽都灭绝吗？"于是让他取掉了三面的网，只留下一面，并教他祈祷说："想左飞的左飞，想右跑的右跑，实在不听话的，就撞到我的网里来。"天下的诸侯听说了，都称赞说商汤的仁德已经达到了极致，已经能惠及飞禽走兽了。这就是典故"网开三面"的来历。联系当时的政治环境，从某种程度上说，商汤主张网开三面，或许也是一个颇具寓意的政治隐语：各位诸侯，我已经网开三面，我只对付夏桀，希望你们不要插手。如果你们不听我的忠告，非要往这面网上撞，那就别怪我不客气了。

当时有个有洛氏部落，是忠于夏朝的一个方国。有洛氏的首领和夏桀一样，也是横征暴敛，大兴土木，征发劳役修筑宏大的宫殿和广阔的园林池塘，部落内的百姓日夜不停地劳作，得不到休息，大部分农业生产被耽误，许多人饥寒交迫，无家可归。部落民众的怨气，可说是大到了极点。商汤见状，于是在夏桀在位的第二十一年，发动了对有洛氏部落的征伐。有洛氏不得人心，缺乏百姓的拥护，最终被商国所灭。

商汤消灭有洛氏之后，又发动了对荆国的征伐，荆国也归顺了。

夏桀见商汤不停地征伐忠于夏朝的方国，以扩大商国的势力，知道商汤野心不小，于是派使臣前往商国，召商汤入朝。

其时，商汤灭夏时机还不成熟，忠于夏朝的诸侯国还有很多，商汤如果不去，那么夏桀兴师问罪，商汤没有必胜的把握，而且会显得做贼心虚。权衡再三，商汤决定前往夏都。谁知他跟随使者来到夏都之后，立即被夏桀囚禁在夏台。

伊尹、仲虺等人见商汤被囚，于是想尽一切办法到夏都活动，向夏桀献上了大量的珍宝、玩物和美女，并贿赂夏桀身边的佞臣赵梁，请他帮忙说好话。夏桀本来就贪财好色，收到商国送来的财物和美女，心里非常高兴。再加上他信任的赵梁替商汤美言，于是就放松了对商汤的戒备之心。大概过了一年时间，夏桀觉得已经足以使商汤受到教训了，于是就下令释放了商汤。

商汤被囚，在诸侯之中引起了巨大的恐慌。许多诸侯觉得，夏桀连商汤这样勤政爱民的贤王都要拘禁，那其他那些国困民弊的首领，还不知道会受到怎样的惩罚呢？想起之前夏桀伐有施国、有缗国、岷山国的情景，诸侯们全都不寒而栗。所以在商汤被释之后，诸侯们纷纷投奔商国，表示愿意协助商汤消灭夏桀。同一天的时间，就有五六百名诸侯前去向商汤效忠。

商汤见越来越多的诸侯拥护支持自己，于是进一步加快了灭亡夏朝的步伐。经过三年的积极筹备，商汤率兵消灭了夏朝的方国温国（今河南焦作市温县）。

温国被灭，引起了忠于夏朝的昆吾国的恐慌，昆吾国国君夏伯料定商汤早晚会来攻打自己，于是先下手为强，起兵攻打商国。

昆吾国的起兵给了商汤以借口，商汤对外宣称昆吾国作乱，然后召集诸侯在亳地会盟。在盟会之上，商汤告命天下，声称奉了上天旨意，要征伐四方。历史上因此把这次会盟称为"景亳之命"。景亳，是亳都的别称。之后，商汤行使他作为夏朝方伯得专征伐的权力，迎击昆吾国，昆吾国很快被击败。

昆吾国虽然兵败，但这个方国在忠于夏朝的几个方国之中，是势力最为强大的一个，商汤于是先放过昆吾，征伐夏朝的其他几个方国韦国、顾国，并兼并了韦国和顾国。之后，商汤手持斧钺亲自率军征伐昆吾，杀死了国君夏伯，吞并了昆吾国。史称："商汤十一征而天下无敌。"又说："汤有七名而九征。"是说商汤有七个名字，一生中曾九次带兵出征。这七个名子是：履、汤、成汤、武汤、商汤、武王、天乙。九征是指商汤领兵征讨的九个诸侯，分别是：葛国、有洛国、荆国、温国、韦国、顾国、昆吾国，包括后面的夏朝和三朡（音宗）。

自此，商汤已经完全消灭了周边忠于夏朝的小国，形成了对夏朝都城的战略包围。攻克夏都，似乎已是指日可待之事。但伊尹建议商汤不要贸然出兵攻夏，最好还是先试探一下再说。于是商汤按照伊尹的建议，停止了对夏桀的进贡。

夏桀大怒，命人召集九夷之兵，准备向商汤兴师问罪。东方的九夷自夏王姒槐时期臣服于夏朝以来，除了其中之一的畎夷在夏桀即位的第三年发动叛乱之外，其余的部落一直维持着和夏朝的宗藩关系。只是由于夏朝末期几任君主权威下降，加上夏桀胡作非为，九夷与夏朝的关系，实际上已经出现了裂痕。但此时夏桀调兵，九夷部落还是听从了夏桀的命令，筹备兵马粮草，准备向东进发。

消息传来，商汤非常吃惊，幸好听从了伊尹的劝说没有发动对夏的战争，否则，九夷的兵马前来，商国陷于夏朝和九夷的两面夹击之中，可真是分身乏术。

商汤见夏桀还可以调动九夷的兵马，知道攻夏的时机还不成熟，于是赶快派人带着重礼向夏桀请罪，并迅速补进了贡品，声称由于相关官员失职，未能及时进贡请夏王恕罪。夏桀收到商国的贡品，又见商使携带重礼，言辞十分卑下，于是转怒为喜，下令退了九夷之师。

第二年，到了进贡的时间，商国又没有给夏朝进贡。夏桀非常生气，觉得商国不讲信用，在戏弄他，决定给商汤一个教训，于是再次下令征调九夷之兵，准备攻打商国。但这一次，意外发生了，九夷部落拒绝接受调遣，不仅拒绝接受调遣，而且带头叛离夏朝。军事是国家的大事，是慎之又慎的事情，又不是开玩笑，想调就调，想退就退，作为天下共主，怎么能如此轻率呢？九夷部落的首领们早就对夏桀颇有微词，之前只是囿于祖上的传统友谊而没有发作，对夏桀的横征暴敛也是一忍再忍，如今见夏桀反复无常，知道夏桀不会长久，所以纷纷脱离夏朝的统治。

此时的夏朝，不仅在政治上，在军事上也陷入了孤立无援的境地。

此时，伊尹也从洛水见妹喜回来，带来了好消息。妹喜告诉伊尹：夏桀做了一个梦，梦见西边出了一个太阳，东边出了一个太阳，两个太阳一起争斗，最终西边的那个太阳打胜了，东边的那个太阳打输了。西边的太阳，象征着商朝，东边的太阳，象征着夏朝。夏桀为此非常沮丧。妹喜还把夏朝的许多军事机密告诉了伊尹，什么地方驻有重军，什么地方防守薄弱，等等，让伊尹他们进攻夏朝防守最薄弱的地方。

"两日相斗"和"九夷之师不起"的消息传到商都，商汤知道伐夏的时机已经成熟，于是立即召集各路诸侯会盟，部署对夏朝的军事行动，并在景亳举行誓师大会，宣告正式伐夏。

商汤手持战斧做了慷慨激昂的战前动员讲话："你们大家过来，全都听我说。不是我个人敢兴兵作乱，而是因为夏桀犯下了很多的罪行。我也听你们大家说过，夏后氏有非常严重的罪行。我敬畏上天，不敢不匡正。现在夏桀有罪，上天命令我去消灭他。我听说你们有的人心怀抱怨不想去打这个仗，有的人问为什么要抛下田里的农活不干而去攻打夏桀，还有的人问夏桀有罪又能把他怎么样。现在让我来告诉你们，夏桀耗尽了夏国的民力，掠夺了夏国的财富。夏国的百姓都消极怠惰，怨恨不和，他们对夏桀痛恨至极，咒骂夏桀说：'你这个太阳什么时候灭亡，我们都愿和你同归于尽。'夏王的德行已经败坏到如此地步，如今我一定要前去讨伐他。你们跟随我前去征讨夏桀，我将重重地赏赐你们。你们不要不相信，我绝对不会自食其言。如果你们不听从我的誓言，那我就重重地惩罚你们，不但要杀死你们，还要惩罚你们的妻子儿女，没有赦免。"

令师记下了商汤的誓词，之后传令全军，这就是《汤誓》。商汤据此自我评价说："我很勇武。"于是商汤又号称武王。

之后，商汤和伊尹、仲虺精选七十辆战车和六千步兵，联合其他诸侯国兵马，绕道至夏以西突袭夏都。夏桀猝不及防，怎么也不会想到东方的商军会出现在夏都的西面，他哪里知道这都是妹喜告诉伊尹的。仓促之下，夏桀命令夏都的军队迎战。

双方的军队在原有娀国（今山西省运城市永济市）的原野中相遇，商汤联军斗志昂扬，但夏桀的军队却士气低落。夏军大败，夏桀带着残兵败将逃奔至鸣条，在鸣条拒守。商汤率兵在后紧追，在鸣条赶上了夏军。

在鸣条，当时赶上大雷雨天气，商军士气不减，英勇作战，夏军毫无斗志，再次被击败。夏桀见大势已去，只好带着数百名亲兵向东逃往夏朝的一个方国三朡国（今山东省菏泽市定陶县北）。三朡国见夏桀兵败前来，于是悉起举国之兵，保护夏桀。

商汤的军队也随后赶来，在郕（今山东省济宁市汶上县北）这个地方与三朡的军队展开大战。三朡只是一个小方国，兵力不强，自然不是商汤联军的对手，被商军打得大败，丧师失地，国中的宝器尽数被商军所获。商汤的大臣义伯、仲伯作《典宝》之文，以纪念缴获三朡国的宝玉一事。

夏桀在焦门被商军抓获，商汤将他流放到南巢。

夏军与商军之间的这场战争后世称之为"鸣条之战"，这场战争是夏朝为维护中原统治权、商国为争夺中原统治权而进行的一场决战，这场战争的结果导致了夏王朝的灭亡，获胜的商汤建立了中国历史上的第二个世袭制王朝商朝。

由于商汤以武力灭夏，打破了当时人们认识中天帝（神）在上，而上天任命的国王永定的说法。是一场"天命"的变革，简称"革命"，因而历史上把商汤灭夏建商称为："商汤革命"。《周易》中有"汤武革命，顺乎天而应乎人"的句子。这也是中国历史上第一次用武力改朝换代。

流放夏桀之后，商汤率军回师，占领夏都斟寻，夏都中没有逃走的那些贵族大臣全都表示臣服商汤，商汤在安抚夏朝臣民之后，在夏都举行了祭天的仪式，向夏朝的臣民表示他是按上天的命令来诛伐有罪的夏桀，正式宣告了夏朝的灭亡。

商汤想要迁移夏朝的神社，但在动迁的时候，才发觉没有之前想的那么容易。

当时，夏朝的神社里供奉着两位神祇，分别是稷神烈山氏柱、社神后土。稷神也就是谷神，社神就是土地神。烈山氏柱是神农氏的后裔，他在生前担任夏朝的稷正，也就是主管农业的官，非常有政绩，所以在他死后，夏人把他奉为稷神供了起来。而后土的原名叫句龙，是共工的儿子，因为他有平定九土的功劳，所以人们把他奉为"后土"，也就是社神。社神和稷神，在我国古代以农立国的时期，一个主管土地，一个主管五谷，那可是非常重要并且显赫的神。国家的国君为了祈求国家太平、五谷丰登，每年都要祭祀稷神和社神，慢慢地，"社稷"也就成了国家的象征和代名词，并一直沿用至今。另外，中国历来祭祀时有"皇天后土"的说法，其中皇天代表了对上天的敬畏，而后土则代表了对土地的敬畏。祭天的同时就要祭地，可见社神在人们心目中的地位之高。

因为周国的先祖弃也曾在帝舜时担任后稷这一官职，在种植方面多有功绩，并且周国在商汤灭夏的过程中对商国多有帮助，所以为了团结周国，商汤就提议，将夏朝供奉的烈山氏柱移出神社，而将稷神改奉为周的先祖后稷。但对于社神句龙，却找不到一个更合适的人选来替代他。按理说大禹有治水之功，让大禹代替句龙是一个非常不错的选择，但如果把大禹换成社神，那么商汤灭了夏朝，却又把夏朝的实际创立者请进了神社，这对商朝来说是非常不利的。所以商汤只好作罢，并命人作《夏社》一文，对不能迁移夏朝神社的原因进行了说明。

商汤回到亳都，命令伊尹向天下通报灭夏的情况，各地的诸侯听说之后，全都表示臣服商朝。史载有三千诸侯拥护商汤，商汤于是登上了天子之位。

还是商汤在班师路过泰卷（位于今定陶县境内）这个地方时，就让仲虺作了一篇诰文，宣布废除了夏朝的王命。此时回到亳都，商汤针对各诸侯发布了《汤诰》："三月，商王亲自到达东郊。向各诸侯国君宣告：'你们对民众不能没有功劳，你们要勤于国事。不然，我就要重重地惩罚你们，你们不要怨恨我。'又说：'古代夏禹、皋陶长期在外劳苦，他们对民众有功劳，民众才能安居乐业。东边治理了长江，北边疏通了济水，西边开通了黄河，南边疏浚了淮河，四条大河已经修好了，万民才有了住的地方。后稷传下播种的技术，农民种植各种谷物。三位首领都有功于百姓，所以他们的后代都建立了国家。从前蚩尤和他的大夫作乱于百姓，所以上帝不保佑他，他终于因罪大恶极而被消灭。先王的训诫是不可不努力实现的。'又说：'你们如果暴虐无道，我就允不许你做诸侯王，你们可不要埋怨我。'"商汤用这些话来告诫诸侯。之后，伊尹写下了《咸有一德》，说君臣都有一德，商汤的司空咎单写下了《明居》一文，申明了百姓居住的法令。

此外，商汤还更改了历法和服饰的样式、颜色，以示新朝新气象。规定白天开朝会，崇尚白色。而按照其后西汉董仲舒三统之说，之前的夏朝为黑统，尚黑；此时的商朝为白统，尚白；其后的周朝是赤统，尚赤（红）。另据东周时"三正"之说，之前的夏历以建寅之月（阴历正月）为一年的第一个月，此时的殷商以建丑之月（夏历十二月）为岁首，其后的周朝以冬至所在的建子之月（夏历十一月）为岁首。

商汤灭夏之后，接连六年都是大旱，百姓几乎没有收成，商汤亲自到国都旁的桑树林中祈祷，方才天降大雨，解除旱情。

为了宣扬灭夏立商的功绩，商汤命伊尹创作了《大濩》乐舞（濩，音霍），以褒扬那些开国的功臣。其后的商王们把该乐作为祭祀祖先的乐舞。《大濩》乐舞是著名的古代六大乐舞之一。灭夏后的第十年，商汤命人把夏朝的传国之宝九鼎迁到了商的都城。

## 第二节　伊尹放太甲、盘庚迁殷、武丁借梦用傅说、女英雄妇好

商汤在灭夏十二年后去世，享寿约一百岁。嫡长子太丁由于早死，于是太丁的弟弟外丙、中壬先后被立为商王。中壬死后，伊尹又立太丁的儿子太甲为王，太甲也是商汤的嫡长孙。

太甲继位之初，由四朝元老伊尹辅政。由于太甲过于年轻，缺乏执政经验，于是伊尹连写《伊训》《肆命》《徂后》等几篇文章，教导太甲遵照先王商汤的法度，努力做一位贤明的君主。在伊尹的督促下，太甲在继位的前两年，其行为还算是中规中矩，但到了第三年，太甲就开始放纵起自己来了。他昏乱不明、不修私德、暴虐百姓，也不遵守商汤制定的法令，导致朝政混乱。伊尹于是将太甲流放到商汤墓地附近的桐宫（今河南洛阳偃师市西南），让他在那里反省，而自己摄行国政，使诸侯能够正常朝贡。这件事情在历史上被称为"伊尹放太甲"。

太甲在桐宫住了三年，悔过自责，回心向善，于是伊尹又把他迎回亳都，还政于他。重新当政的太甲成熟了许多，他谨修私德，推行仁政，勤于国事，于是诸侯们都归顺了商朝，老百姓也获得了安宁。伊尹对他的行为表示赞赏，连续写了《太甲训》三篇文章，以示对他的鼓励和赞扬。后世尊称太甲为太宗。太甲作为早期的商王，也算得上较有作为，其后的商王对他非常尊敬，对他的祭祀也非常隆重。

伊尹死于太甲的儿子沃丁即位之后，沃丁以安葬天子的礼节和规格把他安葬在了商汤的陵寝旁，以表彰他对商朝建立所做出的巨大功勋。司空咎单为了用伊

尹的事迹教育后人，写下了《沃丁》一文，以纪念伊尹的功绩。伊尹被后世尊为一代名相、贤相。

以上关于伊尹和太甲之事，见于《史记》等正史。商汤死后，伊尹凭借如日中天的势力，放逐了商汤年幼的长孙太甲，把他关在桐宫，然后自立为国君。太甲被囚禁在桐宫之后，刚开始十分消沉。但他很快从心灰意冷中振作起来，商汤子孙的那种勇武之气和自强气概在他的血液中徘徊激荡，他萌生了逃回国都杀死伊尹夺回王位的念头，并积极地开始做准备。他有意识地麻痹伊尹派来监视他的人，并暗中积蓄复仇的力量，经过两年多时间的准备，终于成功争取到朝中忠于商汤的一部分贵族的支持，瓦解了伊尹的一部分势力，然后悄悄潜出桐宫，出其不意地潜回商都，杀死了伊尹，夺回了王位。杀死伊尹的那天，大雾整整迷茫了三天三夜。重登王位的太甲并没有对伊尹家族赶尽杀绝，而是念在他建立商朝的巨大功勋的分上，赦免了他的孙子，并让他的两个儿子伊陟和伊奋继承了他的田产宅第。

太甲在位二十三年病死，他的儿子沃丁即位。沃丁即位后任用老臣咎单为相。咎单遵从商汤的法制和伊尹的政策，国家太平安定，没有产生大的变故。沃丁在位十九年病死之后，他的弟弟太庚、太庚的儿子小甲、小甲的弟弟雍己先后继承王位。雍己在位之时，商朝逐渐开始衰落，边远的一些诸侯已经不来朝觐了。雍己死后，他的弟弟太戊继承王位。

太戊即位之后，任命伊尹的儿子伊陟为相，让伊陟和贤臣巫咸共掌国政。传说太戊即位之初，亳都有怪异的桑树和楮树共生在朝堂上，一夜之间长成两手合抱那么粗。对于这样的怪象，太戊非常恐惧，于是就问伊陟怎么办。伊陟说："我听说，妖魔是不能战胜有德之人的，君王的政令大概是有什么缺失吧？君王如果善政修德、以德治民，应该是会免除祸患的。"太戊没有别的办法可想，于是照着伊陟的话去做，过不多久，怪异的桑树果然枯死了。

伊陟在巫咸面前赞扬太戊修德之事，巫咸在政务上也取得了成绩，于是写下了《咸艾》《太戊》两篇文章。太戊在太庙称赞伊陟，说不把他当臣下看待，伊陟谦让地写下了《原命》一文，声称是遵照商汤的法度才取得的成绩。太戊勤政修德，治国抚民，在伊陟、巫咸的辅佐下，原本开始衰落的商朝再度兴盛起来，各地诸侯又开始前来朝觐，人们认为太戊有中兴之功，因而把他尊为"中宗"。

太戊即位的第二十六年，西戎来朝。太戊于是命令大臣王孟为使，前往西戎访问。《山海经》中，有太戊命令王孟前往西王母国寻找长生不老之药的记载。

传说王孟在去西王母国的途中断粮，只能吃野果、穿树皮，住在荒山野岭中。因为王孟终生未娶，天帝可怜他没有后代，于是在他熟睡时从背肋间造出了两个儿子（这与《圣经·创世纪》中上帝用亚当的肋骨创造夏娃颇有异曲同工之处）。他的两个儿子也用这种办法繁衍后代，而且都是男子，渐渐地那个地方的男子越来越多，因此后人把那里称为丈夫国。王孟采药的传说未必是真，但通过这个传说也可以佐证，在太戊时期，商朝已经与西边的少数民族有了友好的往来。

太戊在位时间长达七十五年，是商朝君主之中在位时间最长的一位。太戊死后，他的儿子仲丁继位。

仲丁在位时将都城迁到嚣（今河南省荥阳市东北），当时，位于今山东半岛东夷族的一支蓝夷（因种植蓝靛染蓝衣料习惯穿蓝衣而得名）进攻商朝，仲丁出兵击败蓝夷。仲丁死后，他的弟弟外壬继位。

外壬在位期间，商朝再度开始衰落，邳人（今江苏省徐州市睢宁县一带）、姺人（今山东省菏泽市曹县一带）发生叛乱。外壬死后，他的弟弟河亶甲继位。河亶甲在位期间，商朝更加衰落，于是又把都城迁到相（今河南省安阳市内黄县境内）。其时，商朝的方国彭国帮助商朝，由首领彭伯率兵击败了邳人，使得邳人重新归顺商朝，同时河亶甲再次出兵攻打蓝夷，击败了蓝夷部落。姺人和班方（今山西省长治市屯留县一带）结盟，河亶甲委派彭伯、韦伯攻打班方，班方臣服，姺人被孤立，也再度臣服于商朝。河亶甲对商朝的稳定贡献较大，为其后祖乙复兴打下了基础。河亶甲死后，其子祖乙继位。

需要说明的一点是，夏朝通常把周边的部落邦国称为"某某氏"，而商朝，则通常把周边的部落邦国称为"某某方"。如上面的"班方"和后面的"鬼方""朔方""土方""羌方"等。哪个"方"对应哪个"氏"，或者有没有对应关系，已经没办法考证清楚了。夏朝是不是商朝青铜器铭文上记载的某个"方"，也已无从得知，所以这也成为夏朝历史尚无文字支撑的一个重要因素。

祖乙在位期间，又将都城迁到耿（今山西省运城市河津市），结果都城因遭遇水患而毁坏，又将都城迁到庇（今山东省菏泽市郓城县北）。祖乙在位期间，把忠于商朝的彭伯、韦伯任命为方伯，又重用贤臣巫贤辅政（巫咸的儿子），使社会经济得到了恢复和发展，让商朝国势再度复兴。与《史记》记载不同的是，《竹书纪年》及殷墟甲骨文都将祖乙记载为使商朝中兴的"中宗"。

祖乙死后，他的儿子祖辛、祖辛的弟弟沃甲、祖辛之子祖丁、沃甲之子南庚先后继承王位。南庚在位期间，商朝国运再度衰落，又将国都由庇迁至奄（今山东省济宁市曲阜市）。南庚死后，祖丁之子阳甲继位。阳甲在位期间，曾西征丹山戎（今山西省中部一带的少数民族）。阳甲时期，商朝继续衰落。

商朝自仲丁开始，废除嫡长子继位制，结果造成商王的诸兄弟、儿子们之间为争夺君位而激烈争斗，再加上屡次迁都，贵族生活腐化，洪水等灾害无人治理，百姓不堪其苦，纷纷抱怨，整个国家动荡不安，造成接连九世的混乱。这一动乱从仲丁开始到阳甲共九个王，因此历史上称之为"九世之乱"。"九世之乱"使商朝统治力量遭到严重削弱，无力再统治四方的诸侯、方国。越来越多的诸侯不再前来朝见纳贡。西北方的少数民族如土方（活动在今山西、陕西到内蒙古以北地区的古老游牧民族）、鬼方（活动于今陕西省西北部、山西北部和内蒙古西部的古代游牧族）、羌方（又称羊方，活动在今陕西、甘肃一带）等趁机发展势力，威胁着商朝的统治。"九世之乱"延续近百年时间，直到商王盘庚时才结束。

阳甲在位时间不长即病死，他的弟弟盘庚即位。

盘庚即位之后，"九世之乱"的影响还没有消除。为了避免自然灾害，缓和阶段矛盾，争取百姓支持，复兴成汤大业，盘庚也做出了迁都的决定，准备把都城迁到商汤的故地亳。命令一出，自然是不仅贵族们反对，老百姓也反对。百姓们反对是因为迁来迁去不仅得不到任何好处，而且许多的生产资料也在历次迁徙中丧失，越迁生活越艰难。而贵族们反对，则是他们懒散惯了，根本不想动。

为了说服老百姓，盘庚发布政令说老百姓迁都以后可以分得新的土地，因为他们的土地已被贵族们兼并得所剩无几，迁都的政策对他们有好处，于是老百姓们答应了。但贵族们仍然不想迁，不但不迁，还相互串通准备抵制盘庚迁都。由于得到了民众的支持，盘庚不再底气不足，于是对那些贵族大臣发表了迁都演说："我的先祖商汤和你们的先祖紧密无间，齐心协力，共同平定了天下，开创了商朝的不朽基业，并定下了法令和规矩，没有人不敢不遵从。可是到了今天，你们身上竟然没有了你们先祖的丝毫骨气和毅力，只知道贪图享受，不知道进取奋斗，而且还敢违抗我的命令，这样下去怎么行呢？"先祖的光辉和后代的腐化形成了鲜明强烈的对比，这使那些贵族感觉到惭愧，于是他们不敢再表示反对，全部同意迁都。于是盘庚在自己即位的第十四年（公元前1300年），率领百姓渡河南下，把都城从奄迁到了亳的北蒙（今河南省安阳市小屯村），改称殷，因此，商朝此后又被称为殷朝、殷商。由于殷这个地方地平土广，没有水患，易于居住和耕作，再加上盘庚很有作为，时时训诫大臣并发布推行一系列有利于百姓的政令，轻徭薄役减轻人民负担，政局很快稳定了下来，农业生产也得到了发展，各地诸侯也开始前来朝贡了，商朝又重新走向了兴盛。盘庚因此被尊为世祖。

这是商代非常著名的"盘庚迁殷"事件。非常之人，必行非常之事，建非常之功。盘庚之前，也有好几位商王进行了迁都，但却越迁越乱，没有取得预期的效果。人是有惰性的，长时间不动必然会变得懒惰，联想到平民百姓的生活，搬个家都感觉麻烦，可想而知迁都有多么困难。而盘庚与他的几位前任迁都的不同之处就是他迁都之后颁布了有效的政令并迅速进行了实施。每一个人所做的每一件大事，后面都必须有相应的有效措施来跟进支撑，若只是迁都而不做其他的事情，那么盘庚的迁都行为也会像之前的那几位商王一样，在历史上留下一个非常庸碌的影子。

盘庚在位二十八年病死，他的弟弟小辛继位。小辛即位后，商朝再度衰败。商民思念盘庚的功绩，于是写下《盘庚》三篇。小辛病死于任上，他的弟弟小乙、小乙的儿子武丁先后继位。

武丁即位之后，想要复兴商朝，但却并没有发现能够辅佐他的得力贤才，于是他在即位后的前三年里，执政从来不发表任何意见，将一切政务全部交给冢宰去处理，而他则在一旁暗中观察国家的风气和大臣们的办事能力水平，但是朝中的那些大臣都让他非常失望。

失望倒并不是说那些大臣连一个有才能的也没有，而是他们所具备的才能都不足以担当治国的大任。有一天晚上，武丁做了一个梦，梦见他得到了一个非常贤能的人，名叫说（音悦）。第二天上朝时，武丁仔细地把所有的官员都看了一遍，结果那些官员面相都不像他梦中见到的那个人，于是武丁让画工把他梦到的人的相貌画了下来，然后拿着画像到处去寻找，结果找到最后，果然在一个叫傅险（今山西运城芮城县境）的地方找到了一个人，相貌很像，名字也相同。这个人被带到了武丁那里，武丁看了看之后说确实就是。和这个人谈论国政，发现他果然非常有才能，于是武丁就任命说为相国，让他治理国家。殷商因此大治，国家马上强盛了起来。因为说是在傅险这个地方找到的，所以就以傅为姓，称之为傅说。

孟子名篇《生于忧患，死于安乐》有"舜发于畎亩之中，傅说举于版筑之间"句，其中举于版筑之间的傅说，就是这个傅说，非常著名，是中国不拘一格降人才的最早范例，可以追比伊尹。

不过，这件事情着实令人生疑，需要深入探究一下。武丁不是个愚笨的人，梦中梦到一个人就让去找，而且还真就找到了，找来之后只问几句话就任命为相国，让他治理国家，这显得非常轻率，与他的政治智慧显然不成正比。

其实武丁在即位之前，就被他的父亲下派到民间去体察民情，体验生活，而武丁也确实不负父亲所望，隐姓埋名混迹于普通百姓之中，了解到了百姓的疾苦和稼穑的艰难。很可能就在那个时候，他就接触过傅说这个人，没有接触过至少也听说过，甚至有可能与傅说非常熟。但是那个时候，权力都被贵族所垄断，国君想要起用一个身份不够高贵的贤才，那种阻力是非常大的，而且即使起用了也未必能服众。而武丁很好地利用了那个时候人们迷信鬼神的弱点，用一个梦解决了所有的问题。武丁说他做梦梦到上天给他降下一个圣人，这个人就是傅说，贵族们听了之后谁都不敢表示异议，乖乖地服从命令，这是一个非常高明的妙招。两百多年后，周文王姬昌也做了这样一件事，做梦梦到了飞熊，然后让大臣们解梦，之后在渭水边找到了直钩垂钓的姜子牙。古代的圣王们也不容易，想要起用一个有才能的人还得借助"上天"的"神旨"来实现，不过也没办法，那个时候社会的整体思想状况就是那样，迷信鬼神并依赖鬼神，这也怪不得当国君的人啊。

有一次，武丁祭祀先祖商汤。第二天，有一只野鸡飞来落在鼎耳上鸣叫，武丁以为先祖有什么不好的昭示，因此感到非常害怕。他的儿子祖己非常贤德，说："要先宽解君王的心，然后才能处理好国家政事。"于是开导武丁说："上天监视下民，赞美他们符合道义的行为。上天赐给人的寿命有长有短，不是上天使人夭折，而是有些人自己断绝自己的生命。有的人违背道德，有不顺从天意的罪过，上天已经发出命令纠正他们不好的行为。您说：'怎么办呢？'啊！君王给民众办事而被百姓敬重，没有哪个不是上天的后代，祭祀有常规，不要让近亲中的祭品过于丰厚。"于是武丁勤理政事推行德政，天下百姓都欢喜欣悦，商朝又再度兴盛起来。祖己赞赏武丁是以野鸡鸣叫这件事情为契机开始推行德政的，于是尊武丁为高宗，还写下了《高宗肜日》和《高宗之训》两篇文章。

武丁在位时期，任用傅说、甘盘、祖己等贤能之人辅政自己，励精图治，治国抚民，使商朝政治、经济、军事等得到较好的发展。

当时，朔方（今内蒙古河套地区一带）、土方、鬼方、羌方等少数民族部落经常侵扰商朝边地和属国，威胁商朝西北边的安全。

有一次，土方入侵商朝北部附属小国沚（今山西省吕梁市石楼县），沚君无力抵御，只好派人向商王武丁求救，五日之内，急报数次，情况十分危急。武丁于是派兵迎击，将土方打得大败。

鬼方是比土方更偏北的一个游牧民族，是后来强大的匈奴人先祖的一支。武丁时期，商朝与鬼方的战争非常激烈，最后以商朝战胜了鬼方而告终。不过，武丁并没有彻底击溃鬼方，只是暂时将鬼方驱逐出了商朝的势力范围而已。因为鬼方后来经过发展，最终形成了强大的匈奴。

羌方是商朝西部的一个部落，主要活动在现今陕西西部及甘肃一带，地广人众，十分强大，其中最重要的两个部落是北羌和马羌，他们与商朝的关系也极不稳定，有时战，有时和。商朝对羌方的战争，曾经一次就出动一万三千人，并在战争中俘获了大批羌人做奴隶。

值得一提的是，我国历史上有据可查的第一位女性军事统帅、女政治家妇好，就出现在商王武丁时期。妇好是武丁的妻子，她曾经多次受命征战沙场，攻克了周边许多方国，为商王朝开疆拓土立下汗马功劳。攻打羌方时一次性出动的一千三百多名士卒，就是由妇好统率的。妇好还经常受命主持祭祀天地、祭祀先祖等各种祭祀活动，在朝中有非常高的威望。妇好虽然只是武丁六十多位妻子中的一位，但却非常受武丁的宠爱和尊敬。遗憾的是，妇好在三十多岁时就去世了，武丁悲痛之余，为她独自建造了巨大的墓穴，举行了隆重的葬礼，赐谥为"辛"，商朝的后人们都尊称她为"母辛""后母辛"。1976年，妇好的完整墓葬在河南安阳殷墟被发现，通过出土的甲骨文献，人们才初步了解到这位三千多年前的女英雄的有关事迹。

武丁在位期间，还消灭了曾为商朝立下大功的大彭国（又叫彭国）。彭国由黄帝的七世孙彭祖所建，在夏朝是势力比较强大的一个诸侯国。武观在西河叛乱时，夏启曾委托彭伯寿率军平定叛乱。夏王少康时期，另封彭国支族于豕韦，另立豕韦国。商朝前期，彭国和豕韦国的势力依然很强大，彭国和豕韦国曾帮助商王朝平定邳人、姺人的叛乱，并击败了班方。

彭国和豕韦国不断膨胀的势力让商王朝越来越担忧，武丁在征服鬼方之后，又开始废除不服从王室的诸侯属国，成为商王朝心腹之患的彭国和豕韦国自然而然成了打击的目标，于是武丁出兵，先后消灭了彭国和豕韦国。彭国从建立到被灭，享国八百多年，这成为后世一些神话传说中其首任首领彭祖活了八百多岁的理论依据。

彭国被灭之后，其遗民大部分以彭为姓，这就是彭姓的来源。而豕韦国被灭之后，其后代也以国名为姓，这就是韦姓的来源。

武丁在位五十九年病死，其子祖庚即位。

武丁生前，想把王位传给长子祖己。祖己是一名孝子，颇有孝名，被称为"孝己"。他每晚要起床五次，看父母是否睡得安好，因此深得武丁的宠爱。但是由于祖己的生母早逝，继母不喜欢他，所以就虐待祖己，并寻找一切机会在武丁面前诽谤他，说他的坏话。武丁为了保护祖己，想到自己年轻时曾经去民间体察民情，为自己执政积累了非常好的经验，于是就借机把祖己流放到了民间，想让他像当年的自己那样磨砺锻炼。但祖己没有领会武丁的一片苦心，以为父亲在继母毁谗之下疏远自己，所以郁郁寡欢，英年早逝。民间传说孝己是在野外饿死的，所以天下人都非常同情他的遭遇。

祖己死后，武丁不怎么看好没有什么才能的祖庚，想把王位传给三子祖甲。但祖甲认为武丁的做法有违礼制，如果强行废立，那么就很有可能使"九世之乱"重新上演，于是他离开王都，躲到了民间，王位于是由祖庚继承。

祖庚对弟弟祖甲的谦让非常感动，于是即位之后，于是将祖甲确定为继承人。祖庚病死于任上，祖甲继承王位。

祖甲在位期间，曾经征伐西戎，使西戎臣服于商朝。由于祖甲和武丁一样，年轻时也有一段民间生活的经历，所以等他即位之后，非常体谅百姓的疾苦，能够保护并施惠于黎民百姓，存亡恤孤，尊重老人。但祖甲到了晚年，生活荒淫且用刑频繁，对待百姓异常暴虐，殷商再一次走向了衰败。

祖甲死后，其子廪辛、廪辛之弟庚丁、庚丁之子武乙先后继承王位。

武乙即位之后，把商朝的都城从殷迁到黄河以北。过了十多年，又将都城从黄河之北迁到沫（音妹，即朝歌，今河南省鹤壁市淇县）。他在位期间，曾将岐邑之地赐给周部族的首领古公亶父。古公亶父死后，其子季历前来朝见武乙，武乙又赐给他土地三十里、玉十对、马十匹。

武乙是个昏聩而残暴的君主。他命人制作了一个人偶，称它为"天神"。他与"天神"赌博，命令旁人做评判。"天神"输了，武乙就想法侮辱它。武乙又制作了一个皮袋，袋子里面装满血液，然后高高挂起，朝天射之，称作"射天"。后来，武乙到黄河、渭水之间打猎时，天上忽然打起了暴雷，武乙被雷震而死（这个记载后世有争议，具体原因见后文）。

武乙在位三十多年而死，其子太丁（又叫文丁）继位。文丁在位期间，周部落的首领季历征伐西戎立下大功，文丁先是重赏季历，但不久就将季历囚禁而杀死。文丁死后，其子帝乙继位。

　　帝乙在位之时，商朝已经越来越衰弱。位于现今我国西北部的少数民族部落昆夷攻打商朝，帝乙派遣将军南仲率军向西抵御昆夷的进攻，并修筑了朔方城。

　　帝乙的长子名叫微子启（汉代因避讳汉景帝刘启，改为微子开）。由于微子启出生时他的母亲地位卑贱，所以微子启未被立为嗣子。而帝乙的小儿子帝辛出生时，他的母亲已成正室，所以帝辛被确定为继承人。帝乙在位二十六年而死，帝辛即位，这就是历史上大名鼎鼎的殷纣王。

## 第三节 妲己惑商、姬昌遭囚、商灭周兴、重读殷纣

殷纣王在中国真可以说是家喻户晓、妇孺皆知，如此大的知名度，主要归功于明人许仲琳的《封神演义》，以及根据《封神演义》改编的一系列电影电视剧的影响。客观地说，殷纣天资聪颖，口才出众，动作敏捷迅速，是一个文武全才。殷纣神勇无比，能徒手与猛兽格斗而不落下风，文才出众，能当堂与群臣辩论而掩饰自己的过失。只要一有机会，他就向臣下夸耀自己的才能，并通过发布政令，向天下百姓吹嘘自己的名声，以为别人都比不上自己。因为有这样出众的才智和帝王至高无上的权力，所以造成了殷纣刚愎自用、独断专行、自以为是、自负自大的性格。并且，和其他许多的帝王一样，殷纣也有两样毛病，一是喜欢饮酒，二是喜好美色，而且程度非常严重。

殷纣命令一个名叫涓的乐师（师涓）创作了新的淫荡的曲子、鄙俗的舞蹈、颓废淫靡的音乐，多方搜集狗马和珍奇玩好，以充塞宫廷。又扩建园林和楼台，派人捕捉大量的野兽和飞鸟养在里面。他在沙丘举行盛大的宴会，表演各种乐舞，以酒为池，悬肉为林，让男女侍从赤身裸体在其中追逐嬉戏，通宵畅饮狂欢，每次参加豪饮者多达三千人。为了有足够的钱财保障这种奢侈淫靡的生活，于是他加重了百姓的赋税，致使诸侯离心离德，百姓怨声四起。

提起殷纣，人们不由自主地就会想到苏妲己，而提起苏妲己，人们不由自主地就会想到"狐狸精"三个字。

殷纣即位后不久，商朝军队攻打有苏氏部落（今河北省邢台市沙河市一带，当时属冀州之地），有苏氏部落无法抵挡强大的商朝军队的进攻，为了避免被灭

国，于是也像夏朝时的有施氏部落和岷山部落一样，献出了马匹、牛羊等大量的财物和部落里的美女。而有苏氏部落最出众的美女苏妲己，就在这样的情况下被献给了殷纣。

在一些文艺作品中，苏妲己被传说是冀州侯苏护的女儿。因为商纣祭祀女娲时看到女娲貌美异常，出于爱慕吟了一首轻薄的诗，并刻在了女娲庙中。女娲下凡显灵后见状大怒，于是派九尾狐下凡附体在苏妲己身上，教唆殷纣杀害忠良败坏朝纲从而断送殷商的江山。

实际上，苏妲己所在的有苏氏部落，是一个以九尾狐为图腾的部落，所以在《封神演义》之中，就附会为苏妲己是狐狸精所变，她具有令人无法抗拒的迷惑本领和摄人心魄的妖媚之术。"狐狸精"一词，也因此而成为善于运用各种手段勾引、迷惑男人的"风骚""淫荡""无耻"女人的代名词。

苏妲己确实是世所罕见的漂亮女子，她的美丽万方及妖媚动人，使殷纣一见到她就沉迷其中不能自拔，朝政也因此荒废，诸侯离心，百姓不附。殷纣对苏妲己十分宠爱，言听计从，对苏妲己喜欢的，不惜一切做到，对苏妲己不喜欢的，千方百计去除，对苏妲己所欣赏的人，马上让他显贵，对苏妲己所憎恶的人，立即将其诛杀。殷纣对苏妲己的宠爱，就达到了这种地步。

苏妲己在殷纣的百依百顺和娇惯纵容之下，理所当然地变得暴戾恣睢，性格越来越残忍狠毒。传说妲己为了帮助殷纣残酷迫害那些反对他们纵情享乐的大臣，怂恿殷纣发明了炮烙之刑。

关于炮烙之刑，史书上的记载大体一致，就是将一根大铜柱子放在火炭上烧红，然后让被判有罪之人在上面行走，罪犯在烧红的铜柱上无法立足，自然而然就会掉进火里被活活烧死。

传说妲己还发明了令人闻之色变的蛊盆。蛊，音柴，读去声，这是个会意字，万虫，光看字面，就能让人不寒而栗。蛊盆里全是毒蛇、毒蝎子之类的毒虫，扔进去顷刻之间会被毒死吞食，所以着实令人毛骨悚然、恐惧万分。

传说有一年冬天，在露台上观景的苏妲己看到远处一个农夫赤着脚在冰上行走，感觉到非常奇怪，认为自己穿着棉鞋坐在火炉边都感觉到寒冷，而那个农夫不穿鞋在冰上走，是不是有特异功能，于是命人砍下他的小腿，想看看他的骨髓是不是比别的人更饱满。还传说她看到路上走着一个孕妇，于是命人剖开孕妇的肚子，想看看胎儿是什么形状，其行为的残暴，已经远远超出了人们的想象。

史书上关于苏妲己的这些记载，并不一定完全真实。苏妲己被定性为妖后，与殷纣有很大的关系。殷纣如果不是亡国之君，苏妲己的名声应该比西汉的赵飞燕要好得多，因为她至少没有杀死国君儿子的那些恶行。而随着殷纣的国灭身死，和他身边有关的一切人和事，都被他的政敌刻意地抹黑了，苏妲己自然也不可能幸免。如今几千年过去，苏妲己的名字仍然为了解这一段历史的人们所频繁提起，人们艳羡于她的妖艳和狐媚，却又恐惧于她的狠毒和残酷，她的名字与"狐狸精"三个字，已经深深地植根于中国人的潜意识里，恐怕再过几万年，甚至几十万年，人们提起她来，仍然会发出这样的感慨。

殷纣任命西伯姬昌、九侯、鄂侯为三公。

九侯有个漂亮的女儿，被纣王纳为妃子。九侯的女儿恪守妇道礼仪，不喜淫乱，纣王非常愤怒，就把她杀了，同时将九侯剁成了肉酱。鄂侯见九侯惨死，于是上前据理力争，殷纣恼羞成怒，于是一并处死了鄂侯，并将他做成了肉干。

或许据此可以理解，苏妲己为什么要刻意讨好并献媚于殷纣。因为稍有小事不遂纣王的意，那就会性命难保，不仅自己掉脑袋，家人也会跟着遭殃，细细想来，这实在是一件令人极端恐惧的事情。

纣王体格比较威猛，又喜欢淫乱，按照现代生理学的观点来分析，应该是属于性欲比较旺盛且性情异常暴躁型的人。想想看，一个手操生杀予夺大权可以为所欲为的人在雄性荷尔蒙的燃烧之下急切地想要求欢，结果却被冷冰冰地拒绝，败兴之余不恼羞成怒残杀无辜的可能性是极小的。而鄂侯之死就完全是方式方法的问题，像殷纣这样自以为是且性格暴躁的帝王，大臣们低声下气地劝谏都会招来杀身之祸，更何况是面红耳赤地强辩。殷纣自诩辩才天下第一，没有人能及得上他，结果被鄂侯说得理屈词穷、哑口无言，最终气急败坏，大开杀戒。

西伯侯姬昌听说九侯被剁成了肉酱，鄂侯被做成了肉干，不禁摇头叹息。物伤其类，兔死狐悲，他们三个人同时在朝中担任重要职务，前面两个人死了，说不定哪天就会轮到他自己。结果西伯这个人之常情的举动，让崇侯虎告了密。

殷纣凡是对心怀抱怨或是反对他的人，那都是要施之以炮烙之刑的，但姬昌的这个行为，既算不上抱怨，也不能说是出言反对他，殷纣不好治罪，于是就把他囚禁了起来，囚禁的地方叫羑里（今河南安阳市汤阴县一带）。

姬昌的嫡长子伯邑考在殷都朝歌当人质，负责给纣王驾车，相当于现今的司机。伯邑考姓姬，名考，"伯"是他的排行，"邑"一说是为了表明其世子身份，一说是担任"邑"这个官职，因此称之为伯邑考。

伯邑考不是像一些小说中描写的那样，是主动跑去营救父亲的，那个时候，诸侯为了取信于国君，基本上都得将儿子尤其是嫡长子送到国都当人质，或者是将女儿送去当妃子。纣王囚禁姬昌之后，不由分说就处死了伯邑考，并把他做成了肉汤。

在一些文艺作品中，伯邑考被杀的原因有了另外的版本：说是伯邑考不仅琴弹得好，人也长得比较英俊，苏妲己见到他之后，不禁怦然心动。相比于年老、荒淫、颓废的殷纣，伯邑考不仅年轻英俊，而且浑身上下洋溢着一种健康、阳光、向上的迷人气息。任何人的本性都是向上向善的，哪怕是久经风月的情场老手，见到自己心仪的异性，也会禁不住心旌摇荡。久居深宫且荒淫堕落的苏妲己见到伯邑考，她内心深处向往美好姻缘、美好生活的本性一下子被唤醒了，像伯邑考这样的青年才俊，才是许许多多妙龄少女心中的理想佳偶。出于对伯邑考的爱慕，苏妲己决定利用自己的魅力和地位来诱惑他。她向殷纣提出，要伯邑考教她弹琴，殷纣未加思索满口答应，而伯邑考却是君命难违无法拒绝。有了这样一个独处的机会，苏妲己就向伯邑考提出，要坐在他的怀里学琴，想借此威逼勾引伯邑考，谁知品行端正的伯邑考听了，不仅严词拒绝，还将苏妲己狠狠训斥一番。苏妲己万没有想到伯邑考会如此鄙视轻贱自己，禁不住恼羞成怒，拂袖而去。苏妲己恼恨之下，在殷纣面前哭诉说被伯邑考调戏，纣王一听立即勃然大怒，于是下令把伯邑考剁成了肉酱。这是一个令人惊悚万状的艳遇逸闻，读来真是让人寒毛倒竖，不过这都是小说家言，不可尽信。

殷纣杀死伯邑考之后，命人将做成的肉汤赐给西伯姬昌吃，并且扬言说："如果姬昌是圣人，他就不会吃他儿子做成的肉汤。"结果姬昌什么都没说就吃了下去。殷纣听说姬昌吃了肉汤，不无得意地在大臣们面前贬低姬昌说："谁说姬昌是圣人，吃了自己儿子的肉羹都不知道。"

既然人们把一些人称为圣人，那就证明他们绝非一般人。他们必定经历过人世间最为痛苦的事情，并且把这种痛苦默默地承受了下来，努力做到不露声色，不让这种痛苦成为阻碍他们迈向既定目标和方向的障碍，那种坚强的心理承受能力和意志力，远非寻常人所能比拟。这要换了一般人，恐怕早就精神崩溃了，还谈何韬光养晦。把至亲做成肉汤让至亲吃，这样的事情在殷纣之前就曾经发生过，夏朝的寒浞杀了后羿之后，把后羿做成肉汤让后羿的儿子吃，结果后羿的儿子在悲伤之下没有吃，最后被寒浞杀掉。姬昌应该对发生在500多年前的这件事情有所耳闻，儿子已经死了，不吃肉汤儿子不能复生，自己还有可能也被杀死，那就只有强忍悲痛吃下去，把这些愤怒和悲伤转化为将来复仇的力量。否则，儿子的死亡就显得毫无价值可言，不仅自己，整个家族的人也会跟着白白送掉性命，那么空负着一个圣人的虚头衔，还有什么意义呢？所以说，伯邑考的父亲是圣人，后羿的儿子是凡夫。

实际上，纣王囚禁姬昌，也并不仅仅因为是姬昌私下发出了叹息，而是因为当时的姬昌就在暗中不断地扩张势力，积极地为灭商做准备。一些忠于殷商的大臣见状，于是纷纷提醒殷纣。有崇国（今陕西省西安市户县）国君崇侯虎对殷纣说："西伯不断地积累善行、美德，诸侯都前去投奔他，这对您将会非常不利！"殷纣觉得崇侯虎所说很有道理，于是就下令把西伯囚禁了起来。

因为纣王囚禁西伯久不放归，所以西伯的臣子们立即开始四处活动，闳夭、南宫适、散宜生等人，想尽办法找来有莘氏的美女、骊戎出产的名贵骏马、有熊国出产的三十六匹好马，还有许多的珍奇异宝，通过殷纣的宠臣费仲献给了纣王。纣王收到这些礼物十分高兴，对周国的大臣们说："光是有莘氏的美女就足以释放西伯了，何必要送这么多呢？"于是打消了对西伯的猜疑，然后赦免了他。同时赐给西伯弓箭斧钺，让他有权征伐邻近的诸侯。西伯上殿谢恩之时，殷纣告诉他说："说你坏话的人是崇侯虎啊！"

姬昌没有表达任何的好恶，不动声色地回了周国。回国之后，他向殷纣献出了洛水以西的大片土地，请求废除炮烙之刑。纣王非常高兴，当即就答应了。纣王的这一举动，无形之中又给西伯赚取了更多的好名声。

殷纣与八百多年后的项羽非常相像，性格残暴但却缺乏城府。殷纣卖了崇侯虎，项羽卖了曹无伤。西伯得到征伐大权之后，过不多久就灭了崇侯虎，刘邦从鸿门宴逃归之后，做的第一件事情就是诛杀曹无伤。夏桀放了囚禁的商汤被商汤攻灭，临死前叹息着说后悔没有杀死商汤，不知殷纣死时有没有发出过同样的感慨。不过换一个角度来考虑，这件事情也让殷纣非常为难，之前杀了名声不怎么显著的九侯和鄂侯，天下都有那么多人反对抱怨，现在如果杀了声望较高的西伯，那还不尽失天下百姓之心。所有拥护姬昌的人就会趁机造势说：殷纣连这样仁慈的圣人都杀，简直可以说是残暴昏聩到了极点，诸侯们背叛的速度，或许还会加快。殷纣在如此大的压力面前，最终侥幸心理占了上风，于是放虎归山，最终为自己留下了覆灭的祸根。

因为西伯回西岐，九侯和鄂侯又被殷纣杀了，所以朝中能够执政的贤人基本上就没有了。于是殷纣任命费仲当政。但是费仲这个人的长处并不是处理国家政务，而是贪污受贿溜须拍马，这些性格因素决定了他不会像鄂侯那样说出忠言逆耳的话被殷纣杀掉，而贪污受贿则决定了他其实是有功于周朝的建立的，要不是他收下闳夭等人的贿赂之后劝纣王释放姬昌，谁知道姬昌是不是最终会死在殷纣的监狱里。文学作品中说西伯被囚实际上就是费仲惹的祸，费仲有一天闲来无事就找西伯算卦，问自己将来怎么个死法。结果姬昌推演了周易之后很诚实地告诉他："你将来是被冻死的（小说中后来费仲随军出征西岐，果然被姜子牙作法天降大雪冻死在山上）。"费仲听了非常生气，觉得西伯是在变着法儿咒自己，于是就故意给西伯下套，说外面的人都传说商朝马上就要灭亡了，你给算算，商朝的国祚还有多少年？结果西伯卜卦之后，又很老实地告诉他说，也就剩那么几年了。费仲等到这句话之后，转过身就告到了殷纣那里，西伯立即被囚了起来。不过这都是小说家言，不可信。实际上据传周易就是西伯在囚禁期间在伏羲八卦的基础上推演成六十四卦的，囚禁之前还是没成型不完善的，况且通过周易就能预言费仲会被冻死，这是极端不符合科学常理的。不过姬昌完善了周易，这似乎是一个事实。坚强的人不但不会在磨难中消沉，并且会在磨难中奋起，做出一番令人惊叹的成就。所以说，苦难是一所最好的大学，也是一所最好的研究所。

由于人们很讨厌费仲，所以殷纣又让恶来当政。恶来这个人，喜欢搬弄是非，说别人坏话诽谤别人，诸侯们为了避祸，更加疏远殷纣。

西伯回国之后，暗中修德行善，诸侯大都背叛殷纣而去归附西伯。周国的力量越来越强大，而与此相对的是，殷商的势力渐渐被削弱，殷纣也失去了权威。王子比干规劝殷纣，殷纣听不进去。丞相商容是个有才德的贤人，百姓非常爱戴他，但殷纣却免除了他的职务。

西伯讨伐商的属国饥国（又名黎国、耆国，今山西省长治市西南）并灭亡了它，殷商的贤臣祖伊听到这件事情非常怨恨周国，他非常担心殷商被周国所灭，于是就跑到殷纣那里对他说："上天恐怕要结束我们殷朝的命运了，从贤人的观察和大龟的占卜来看，都没有好兆头。不是先王不帮助我们这些后人，只是大王荒淫暴虐因而自绝于上天，所以上天抛弃了我们。你使百姓不得安宁，没有饭吃，你不考虑和了解上天的旨意，你不遵循天地之间的常法。如今我们的民众没有谁不想让你灭亡的，他们说：'上天为什么还不降下威力，更换国君的天命为什么还不到来？'现在大王将怎么办呢？"殷纣说："我生为国君，不是有天命在身吗？"祖伊见状，只好离开了。他说："纣已经不可规劝了。"

西伯病死后，周武王向东征伐到达盟津（今河南洛阳市孟津县），这时背叛殷朝与周军会合的诸侯有八百个之多。诸侯们都说："现在可以讨伐殷纣了。"

周武王说："你们不知道天命。"于是又带兵回去了。

殷纣一则自恃有天命在身，二则其实对周武王非常轻视。大多数情况下，年纪大的总是看不起年纪小的，心想当年连你的老子都没把我怎么样，何况你这个黄口小儿！三国时的刘备也犯了同样的错误，结果惨败在陆逊手上！但历史偏偏跟殷纣开了个玩笑，虎父无犬子，西伯的儿子周武王也不是个善茬，在某种意义上说，他比他的父亲还要厉害。

殷纣越来越淫乱，没有丝毫的节制。微子多次劝诫他，但殷纣都置若罔闻，于是微子就与太师、少师商量，然后离开了商纣。比干说："做臣下的，不能不以死劝谏。"于是极力劝谏殷纣。殷纣发怒说："我听说圣人的心有七窍，我看看你的心到底有几窍。"于是命人剖开比干的胸膛，取出他的心脏来观看。箕子见状非常恐惧，于是就假装疯癫成为奴隶，殷纣自然是不信，把他囚禁了起来。殷朝的太师、少师于是带着祭器和乐器逃奔到了周国。

周武王见殷商的太师和少师带着祭器和乐器来归，知道殷纣已是众叛亲离，于是就率领诸侯讨伐殷纣。殷纣见周国来攻，于是把商都的奴隶武装起来迎战周军，结果奴隶在阵前倒戈，商军大败。殷纣见大势已去，于是返身回宫登上鹿台，身上挂满奇珍异宝，自焚而死。

周武王带周军攻入商都，砍下已死的殷纣的脑袋，悬挂在大白旗上，并杀死了妲己。他下令释放了箕子，命令南宫适把积聚在鹿台的钱财分发给百姓，打开钜桥（殷纣用于存储粮食的仓库）的粮仓赈济贫民，又命闳夭加土增高了比干的坟墓，表彰了商容居住的里巷。然后迁出了殷商的九鼎宝器向众人展示，以宣示周朝顺应天命取代殷商开始统治天下万民。之后派人祭奠阵亡将士，下令班师回国。

周武王取代商纣做了天子，成为天下共主。夏朝、商朝的帝王本来称帝，但后世认为他们的德行不及之前的五帝，所以贬低了他们的称号，把他们称为王。殷朝的后代因为被分封，所以成为从属于周朝的诸侯。

以上关于殷纣和妲己的事迹，都来自《史记》等正史的记载。

而实际上，在真实的历史中，殷纣并没有正统史书描写的这般残暴可恶。殷纣本名受德，即位后称帝辛。按照现今发现的甲骨文和史书的资料来看，商王朝帝王的名字，一般都是以天干来命名的。商王朝的人在称呼国君时，就是在名字前面加一个"帝"字，比如帝武丁、帝文丁、帝乙等。

帝辛之所以变成了殷纣，都是因为他的政敌周人将他刻意丑化的结果。

第四章　商朝　｜ 129

"纣"不是名字，而是一个谥号。谥法云："残义损善谓之纣"，这是一个十足的恶谥，周人将帝辛谥为"纣"，显然是对已死政敌的妖魔化。但因为"殷纣"这个名字相比于帝辛，已为更多的人所知晓，所以后文之中，仍旧用"殷纣"来称呼他，不包含任何故意褒贬的用意。

殷纣在中国历史上建立了一桩非常大的功绩，就是他废除了屠杀残害奴隶俘虏的殡葬制。商朝中后期，奴隶制已经进入鼎盛时期。殷纣之前的商王，对奴隶的处理都是非常残酷血腥的，无论是祭祀天地，还是祭祀祖先，都要屠杀为数不少的奴隶，奴隶主死了之后，也要用奴隶来殡葬。更为可怖的是，据一些文献记载，在祭祀之后，献祭的奴隶会像牛、羊那些祭品一样，被参加祭祀的贵族吃掉。

殷纣以大无畏的勇气，革除先王旧弊，废除了这一极不人道的制度，不再任意献祭、殉葬奴隶或是战俘，而是让他们参加农业生产，或是让他们补充兵源。并且，殷纣革除了一些陈规陋习，不再频繁地祭祀鬼神。因为这些举措，殷纣被他的反对派扣上了不敬上天、慢待鬼神、抛弃先祖宗庙、不事上帝鬼神等的帽子。

殷纣在位期间，重视农桑，因此社会生产力得到了较好的发展，商朝的国力非常强盛。于是他带兵开疆拓土，带兵攻打东夷部落，使商朝的疆域和势力扩张到了现今长江中下游地区和淮河流域，特别是讨伐徐夷的胜利，把国土扩张到了今天的山东、安徽、江苏、浙江、福建等沿海地带，并把中原先进的文化和生产技术传播到了东南沿海地区，为推动社会发展进步和古华夏民族融合做出了突出贡献。

当然，在开疆拓土征伐东夷的过程中，性格刚强且神勇冠绝的殷纣也开始居功自傲，他斥巨资修建鹿台，并常常聚众宴饮。当时的商朝，建国已经五百多年，国力十分强盛，粮食谷物充足，在满足日常的食物供应之外，还有相当大的剩余。而剩余的这一部分，便被用来酿酒。当时商朝全国上下，不仅贵族喜欢饮酒，民间百姓也喜欢饮酒。而与此相对的是，地处西方的周国则显得贫瘠异常，粮食勉强够吃，所以西伯姬昌下令国内禁止酿酒。那么殷商贵族几至醉死的长夜之饮，自然被艰苦朴素、勤俭节约的周人视为穷奢极欲、醉生梦死。而殷商贵族的这些行为，自然也就成了周人攻击殷纣的最好借口。

另外，在当时的商王朝内部，也是危机四伏。殷纣的反对派们，势力也异常强大。殷纣同父同母的哥哥微子启，因为没有得到帝位，所以对殷纣充满怨恨。微子启在出生之时，他们的母亲还是妃而不是后，所以微子启就是庶子。而到了殷纣出生之时，他们的母亲已被立为后，所以殷纣就成了嫡子。本来按照之前"兄终弟及"的传承方式，微子启是最有希望继承帝位的，但因为帝祖甲时将继位方式更改为嫡子继承制，所以长子微子启没能即位，而年龄小的殷纣反而继承了王位，这让微子启非常愤恨。微子启没有能力与强势的殷纣抗争，只好与箕子、胶鬲等人出卖自己国家的利益，与周人结盟，共同颠覆殷商政权。所以，殷纣打压微子启、箕子、比干等人，并不是头脑昏聩，而是明确认识他们行为之后的明智之举。只是殷纣碍于手足之情，没有对他们痛下杀手，谁知为自己留下了后患。

同时，商朝内部的许多贵族大臣也对殷纣充满怨恨，因为后期的商王让他们失去了政治权力。商朝前期及中期，神权非常强大，而帝王的王权则受到限制。

中国最早的治国思想，也就是政治思想，或者说是国家的意识形态，目前可以追溯到商朝（因为夏朝的许多史料亡轶了），就是以祖先崇拜为特征的宗教世界观，这是一种神权思想。朝中决定什么大事，往往由祖先或神为代表的"天帝"说了算，而国王的王权受到压制，使一些国王不敢随心所欲。之前不少聪明的国王发现了这个现象，但也不敢拂逆"神"的意志，只能巧妙地加以利用。比如商王武丁要起用平民傅说，就必须依靠一个编造的梦境才可以实现。到了后期，自帝武乙开始，武乙开始着力打压神权、强化王权。这样一来，朝中那些以祭祀鬼神为生的贵族大臣自然就会失宠。因此，朝中的大臣及巫师们非常痛恨他，史书上有关武乙因雷击身亡的记载，后世一些学者就认为是痛恨他的巫师们刻意编造出来贬低他的。武乙在神权政治向王权政治转变的过程中起了重要作用，他其后的三任商王文丁、帝乙、殷纣，从王权政治中尝到了不受约束的权力的滋味，自然也是极力打压神权，进一步强化王权。这样导致的结果就是国家大事国君说了算，而不是"神"说了算。那么那些经常拿"上天"来恐吓殷纣的大臣，比如祖伊等，自然而然不再有政治地位。为了维护他们的权力，他们动用一切舆论力量来诋毁殷纣，说殷纣不敬祖先、不敬上天、慢待鬼神，等等。这些贪恋神权的贵族不可任用，为了不致怠政，殷纣只好任用外来的人才飞廉、恶来、费仲等，而这几个人，无一例外都被殷商贵族及后来的周人诋毁抹黑。

就在殷纣派遣精锐部队与东夷作战的同时，微子启和大夫甲、内史向挚先后逃奔到周国，将朝歌空虚的消息传递给了一直对殷商虎视眈眈的周人，并引导周人乘虚而入，攻打殷纣。殷纣猝不及防，兵败自焚而死。这一年是公元前1046

年，殷纣在位共三十年。

殷纣死后，周武王宣告殷商灭亡，自己在诸侯的拥戴下做了天下共主。从此时起，对殷纣这个亡国之君的诋毁和抹黑行动全面开始。

首先抹黑殷纣的自然是周人。周武王在起兵攻打乃至灭亡殷商的过程中，自然而然要造足舆论、做足文章，让普天之下的人民都认为殷纣十恶不赦，周朝取代商朝不过是奉行上天的旨意，是顺天应人之举，是在替天行道，这样一来，才可以最大限度地争取民心，建立统一战线夺取政权并巩固自己的统治。此后的历朝历代，在取代前朝之后，都无一例外程度不同地对前朝亡国之君进行了丑化乃至妖魔化，其根本原因就在于此。

接下来抹黑殷纣的自然是殷商内部的微子启等人。微子启没有得到王位，比干、箕子失去了得到王位的任何机会，那些贵族大臣在神权遭到重创之下失去了政治权力，自然而然要联合起来丑化殷纣，微子启等人要借此掩盖他们的卖国行为并证明他们通敌的正确性，贵族大臣们要借此宣扬殷纣远贤臣亲小人的昏庸无道。有了这样的肆意丑化，殷纣自然而然背上了"醢九侯""脯鄂侯""剖比干""囚箕子"等种种残暴的恶名，千载难洗。无辜的苏妲己也因此受到牵连，躺着中枪，成了遗臭万年、妇孺皆知的"狐狸精"。飞廉、恶来、费仲等人，则更是覆巢之下，安有完卵！

再接下来抹黑殷纣的人，则是战国诸子和历代史家。春秋战国时期，诸子百家争鸣，由于极其繁荣且自由的学术环境，所以诸子们为了证明自己的观点，往往夸大其词、想当然耳。反正殷纣和夏桀已经成了反面典型，所以往他们身上泼再多的脏水，也没有人会制止反对。为了证明仁义重要，就列举殷纣造炮烙之刑、剖孕妇之腹、斩涉冰农夫之足等残暴之举；为了证明尚贤、用贤的重要，就列举殷纣疏远微子、囚禁箕子、剖挖比干而重用费仲、恶来等远贤亲小之举，等等。

周人灭亡商朝之后，为了彰显自我并鞭挞仇敌，于是开始编修前朝历史。他们给殷商的亡国之君加了一个"纣"的谥号，并把他记载成了一个罪大恶极的暴君。由于周朝享国约八百年，所以周人官方所修的历史得到了较大范围的传播，成了后人公认的信史。之后随着时间的推移，殷纣身上所背的恶名越来越多，罪行越来越重。周人自以为已将殷纣彻底抹黑，但令他们没有想到的是，记载着许多殷商历史的文物流传了下来，比如甲骨，比如青铜器，它们在出土之后，用无可辩驳的原始文字，还原了那段历史。至此许多人发现，对于商末周初的同一段历史，殷商和周朝各执一词，截然不同。究竟孰是孰非，在历史学家和学者们仔细地研究和对比之后，渐渐探寻到了它的真实面貌。

孔子的大弟子子贡首先对殷纣的这些罪状提出质疑，为殷纣鸣不平。他说："纣之不善，不如是之甚也。是以君子恶居下流，天下之恶皆归焉。"殷纣的无道，并不像人们所说的那样严重。所以君子厌恶处于不利的位置，因为天下所有曾经见过和能够想象得到的罪恶都会被推到身上来。所以凡是夏桀有的罪恶，殷纣都有，夏桀没有的罪恶，殷纣也有。殷纣身上不仅背负了他原有的罪恶，也背负了周人为他编造的罪恶，更背负了夏桀所有的罪恶，所以殷纣的罪行罄竹难书。成王败寇，失败者是极其可悲的，不仅肉体被永久消灭，而且精神上被长期摧残，名誉上被彻底搞臭。如果他们不是亡国之君，他们的史官或许还会秉公地记录他们的一生，有正面的，当然也有反面的，或许正面的还会更多一些。可是他们一旦成了亡国之君，他们的功勋就会被政敌一笔抹杀，甚至极尽歪曲丑化之能事，要不然，政敌发动战争的正义性就无法显现出来。夏桀在这个问题上吃了亏，殷纣也同样难逃这个命运。

明末清初大知识分子顾炎武在亲身经历了亡国之痛之后认识到：一个国家的灭亡，不是哪一个人的原因，而是各种势力综合作用的结果。殷纣和明朝的末代之君崇祯一样，他们都比自己的前任要勤政，也更为英明，但却偏偏做了亡国之君。所以说，国家灭亡他们不是罪魁祸首，而他们只是非常不幸地适逢其会！

现代的郭沫若也为殷纣遭此不公正待遇感到不平，撰文写诗为殷纣鸣冤叫屈，呼吁为他平反。郭沫若甚至认为：殷纣征服东夷并传播中原文化这件事情对我们中华民族的贡献，比周武王灭亡殷商的功绩要伟大得多。现代著名历史学家顾颉刚写下《纣恶七十事发生的次第》一文，将古籍中记载的殷纣的"恶行"全都搜集起来，并逐一说明出处。殷纣的罪恶在周人的《尚书》中只有六件，到战国时期的书中，增加了二十七件；到西汉的书中，增加了二十三件；到东汉时，再增加一件；到东晋时，又增加了十三件。经过这样的千年积毁，于是殷纣就变成了亘古未有的昏君暴君。顾颉刚经过考证，一一指出了殷纣的这些罪行产生的时代与根据，说明了殷纣身上的这些罪恶大都出于后世的杜撰或者附会，并不是历史的真实。这为人们全面客观评价殷纣这个历史人物，提供了一种崭新的方法和思路。这大概，也就是现今之人常说的"弱的时候坏人最多"的上古例证吧。

毛泽东也评价殷纣说："把纣王、秦始皇、曹操看作坏人是错误的，其实纣王是个很有本事、能文能武的人。他经营东南，把东夷和中原的统一巩固起来，在历史上是有功的。纣王伐徐州之夷，打了胜仗，但损失很大，俘虏太多，消化不了，周武王乘虚进攻，大批俘虏倒戈，结果商朝亡了国。""纣王是很有才干的，后头那些坏话都是周朝人讲的，就是不要听。他这个国家为什么分裂？就是因为这三个反对派，而微子最坏，是个汉奸……给纣王翻案就讲这个道理。纣王那个时候很有名声，商朝的老百姓很拥护他。纣王自杀了，他不投降。"

这就是历史上真实的殷纣，他开拓了国家的疆土，传播了先进的文化和技术，促进了民族的交流与融合，却被政敌钻了空子给了致命一击，最终身死国灭，实在是太悲壮了。

殷纣自杀，商朝宣告灭亡。

殷商灭亡之后，殷纣的叔父箕子不愿臣服于周朝，于是带着商朝的礼仪和制度，率领五千余商朝遗民向东迁移，在今天的朝鲜半岛北部，联合当地的扶余土著居民建立了"箕氏侯国"，定都在今朝鲜平壤一带。箕子所建立的朝鲜国，历史上称之为箕氏朝鲜。朝鲜人时常以"箕圣"来称呼箕子，而称自己的国家叫"箕圣国"。时至今日，朝鲜民众喜爱白色的传统，就来源于商代尚白的风俗。

箕子在朝鲜建立政权之后，周武王没有力量前去征伐他，于是做个顺水人情，把朝鲜封给了箕子。箕子接受了周朝的分封，前来觐见周武王。周武王向箕子询问殷商灭亡的原因，箕子不说话，因为他不愿意讲自己祖国的坏话。周武王自觉自己失言，于是向他请教该怎样治理国家，于是箕子把夏禹传下的《洪范九畴》讲给他听。周武王听了之后，非常敬佩。周武王把箕子封为朝鲜侯，不把他当臣下看待。西汉初期，箕氏朝鲜被燕王卢绾的部将卫满所灭。

商朝国名来自于他们始祖契的封地商，建都亳（今河南商丘市），又因为盘庚迁都到殷，因此也称殷、殷商。从殷契到商汤经过了十四代，从商汤到殷纣共十七代三十一王（其中，商汤的儿子太丁虽然早死没有继位，但也被列入国君世系受到祭祀），公元前1600年到公元前1046年，享国五百五十五年。

商朝处于青铜时代，是我国奴隶制社会的鼎盛时期。商朝时期的甲骨文和金文是目前发现的我国最早成系统的文字符号。在出土的甲骨卜辞中，总共发现有四千六百多字，而学者认识的却只有一千多字。

按照甲骨卜辞的记载，商代的人们已经会用一、二、三、四、五、六、七、八、九、十、百、千、万这十三个单字记十万以内的任何自然数。不过现今能够证实的当时最大的数字是三万。甲骨卜辞中还有奇数、偶数和倍数的概念。光学知识也最迟在商代就得到了应用，商代出土的微凸面镜，能够在较小的镜面上照出整个人面。

现今人们日常生活中不可或缺的十进制，最迟在商代就已经开始运用了。为什么采取十进位制，古希腊哲学家亚里士多德推测跟大多数人生来有十根手指有关。

十进制是中国人民的一项杰出创造，在世界数学史上有非常重大的意义。著名的英国科学史学家李约瑟教授对十进制记数法给予了很高的评价。他说："如果没有这种十进制，就几乎不可能出现我们现在这个统一化的世界了。""总的说来，商代的数字系统比同一时代的古巴比伦和古埃及更为先进更为科学。"

殷商时期人们的服饰采用上下两段的形制，即上面是衣，下面是裳（古代指遮蔽下体的衣裙），后世把服装称之为"衣裳"，即来源于此。中国古代华夏族上衣下裳，束发右衽的装束特征，就是在商代形成的。

殷商的甲骨文中频繁出现"羌"这个字，意为奴隶。商朝的奴隶劳动创造了光辉灿烂的古代文化，在手工业制造、青铜器的冶炼和制造方面都取得了卓越的成就，周朝封建文化的一部分，就是在这个基础上继承并发展起来的。

向奴隶致敬，向劳动者致敬，是他们用血泪和汗水推动了社会向前发展，他们之中的不少人，就是现今许多人的先祖。他们令人钦佩，更令人怀念。

# 第五章 西周

## 第一节　周国崛起、武王伐纣

　　周的始祖后稷，名弃。他的母亲是有邰（音台）氏的女子，名叫姜原，是帝喾的元妃。姜原有一天到野外去，看见一个巨人的脚印，心里感到一阵莫名的欢喜，就想在上面踩一脚，结果踩了之后，腹中就开始动了起来，像是怀孕了。怀胎十月之后，姜原如期生下了一个男婴。因为这个男婴来历不明，所以姜原认为不吉利，于是就把他丢弃在小巷里。说来也奇怪，这个孩子被丢在小巷里之后，过来过去的马牛都躲开他不去踩踏。姜原又准备把他移放到树林里，结果当时树林里人多不方便，于是就把他丢弃在水渠的冰上。天上的飞鸟见状飞下来，一部分用翅膀垫在他的身下防止他冻伤，另一些用鸟羽覆盖在他上面为他取暖。姜原见了之后，觉得这个孩子非常神奇，于是打消了丢掉他的念头，仍旧把他抱回去抚养。因为最初想把他丢弃，所以给他取名为"弃"。

　　弃在很小的时候就有成人的志向。他做游戏的时候，喜欢栽麻种豆，他种的麻和豆类长势都非常好。等到他成年之后，便喜欢上了种植，他通过观察土地的特性，在适宜种植谷物的土地里种植庄稼，周边的百姓都纷纷仿效他。

　　帝尧发现弃非常贤能，于是就任用弃为农师，天下百姓都因此得到了他的恩惠。到了帝舜时期，帝舜对他说："弃，百姓们都还吃不饱肚子，你去播种百谷吧。"于是把弃封于邰（今陕西省咸阳市武功县西南），号称后稷，别姓为姬氏。因为后稷在百姓中有较高的威望，所以他的家族在唐尧、虞舜、夏禹几代之间慢慢兴旺了起来。因为后稷出色的功绩，周朝建立后，周人根据早年部落内部的口耳相传，创作了《生民》（收录于《诗经》）这首描写周部族起源、发展和立国的历史叙事诗，记述了有关他的种种传说以及神异，歌颂了他农业种植方面的功德和特殊才能。

后稷死后，他的儿子不窋（音窟，同窟）继位。不窋末年，正是夏朝太康之时，国家政治衰败，政事不修，农业自然也就荒废了。不窋失去了农官的职位，于是带领族人迁徙到西方戎狄之地。不窋死后，他的儿子鞠继位。鞠死后，他的儿子公刘继位。

公刘虽然生活在戎狄之地，但他却并没有懈怠，而是继承和发扬了后稷的事业，致力于农业耕作，并按照土地的肥沃贫瘠程度来进行耕种。他的部族很快扎稳脚跟，并兴旺发达起来。公刘率人从漆水、沮水渡过渭水，从南山（今终南山）伐取木材，开荒地、修田园、造农具、兴畜牧，部族里的人生活越来越富足，出门在外行商的，也有了盘缠和干粮，定居耕作的，也有了一定的积蓄，部族里的人民都仰赖他的恩德。周边的百姓非常仰慕他的名声，于是很多人拖家带口，前来投靠他。他们的部族越来越壮大，周人的兴盛，也就从这里开始了。所以后世的周人专门创作诗歌来赞美他的贤德。《诗经·大雅·公刘》这一史诗，叙述了公刘带领周民初步定居并发展农业的史实。

公刘去世之后，他的儿子庆节继位，在豳（音宾，在今陕西省咸阳市彬县旬邑县西南一带）地正式建立了周国。

庆节去世，其子皇仆继位。皇仆死后，其子差弗即位。差弗死后，其子毁隃即位。毁隃死后，其子公非即位。公非死，其子高圉即位。高圉死，其子亚圉即位。亚圉死，其子公叔祖类即位。公叔祖类死，其子古公亶父即位。

古公亶父是一个上承后稷、公刘，下继周文王、周武王的关键人物。他复修后稷、公刘的事业，实行仁政，懂得保存实力，避免无谓的牺牲，是个非常有智慧的首领，深得百姓的信赖和拥戴。当时的薰育之戎（我国古代北方的一个民族，即后来匈奴的一支）部落想要进攻周族，夺取他们的财产。古公亶父不希望引发战争，于是就把周国的财物分给他们一些。但是薰育之戎部落得寸进尺，又想来抢掠周国的土地和百姓。周国的百姓都很愤怒，纷纷表示愿与薰育之戎打一仗。但是古公亶父却不同意，他认为民众拥立一个首领，目的是想跟着他过安定幸福的生活，而不是跟着他遭受磨难。而一旦跟薰育之戎交战，就必定会有为数不少的人伤亡。杀了人家的父亲和儿子再当人家的首领，这样的事情他不忍心做。于是带着他的家属离开豳地，渡过漆、沮二水，翻过梁山，在岐山脚下的周原（今陕西宝鸡市岐山县东北）停了下来。周原位于渭河流域，土地宽阔而肥沃，于是他们就在此处定居。而他原来国内的百姓，也纷纷扶老携幼，跟着他来到了这个地方。周边其他部族的百姓听说之后，都认为古公亶父很仁义，是个好首领，也多来归附他。

古公亶父于是抛弃了戎狄的习俗，命人修建宫室和民房，设置了司徒、司马、司空、司士、司寇五种官职，任命官员管理百姓，迁徙后的周族立即稳定了下来，周的势力得到了进一步的发展。

古公亶父选择不与薰育之戎交战，他的仁爱之心固然是一方面，而另一方面，则显得更为重要，那就是保存有生力量，避免元气大伤。其时周族的根据地还不怎么稳定，也不怎么强固。一旦与戎狄开战，打胜了固然可喜，但就会与戎狄结下深仇，从此周族将会在戎狄的侵扰下永无宁日，生产发展将会受到严重影响。而如果打了败仗，周国的青壮年男子就会尽皆战死或被掳走，那么周族就会数十年甚至上百年难以恢复元气，甚至灭族的危险都有。所以说，如果古公亶父目光短浅逞一时血气之勇选择与戎狄交战，那就绝对没有后来灭商兴周的大功绩。

因为古公亶父这些出色的成就，所以后人创作诗歌来赞美他、歌颂他。《诗经·闷宫》说："后稷之孙，实维大王。居岐之阳，实始翦商。"周武王灭商之后，认为周朝的"王气"始于古公亶父，于是追尊他为太王（大王）。

古公亶父的妻子名叫太姜，生子三人，长子叫太伯，次子叫虞仲（仲雍），三子叫季历。季历娶商朝贵族女子太任为妻，生子姬昌。太姜和太任都是非常贤惠的妇女，她们把子女都教育得很好。

姬昌出生的时候，出现了很神奇的圣瑞，一只红色的鸟衔着一封丹书落在他们家门口，丹书上写着敬授天命的话。这就是所谓"赤雀衔丹书"的记载，也是"三统"周朝尚赤的理论依据。古公亶父因此非常喜欢姬昌，常常当着儿子们的面说："都说我们的家族里会出现一个兴旺周族的人，难道这个人就是姬昌吗？"说得次数多了，太伯和虞仲自然就明白了，父亲是想把首领的位子传给姬昌呀。

为了使自己的这个愿望能够实现，古公亶父决定让太伯、虞仲、季历三人依次当首领，最终把王位传给孙子姬昌，但太伯和虞仲不愿做过渡式的首领，于是相约一起出逃。

他们跑到当时还是荒蛮之地的荆楚，遵从当地的习俗断发文身，与当地的土著居民一起生活，以实际行动表示不再返回周国，以避让季历。由于他们二人也具有卓越的才干，所以在荆蛮之地得到当地人的拥戴，于是太伯就先当了首领，太伯死后首领之位又传给了虞仲。他们所在的那个部落后来也渐渐发展成了一个诸侯国，号称句吴，这就是后来春秋时期的吴国。吴越之地的百姓都尊吴太伯为他们的先祖，吴王阖闾、夫差等都是他们的子孙。

古公亶父去世，季历顺利即位，这就是公季。公季遵循古公亶父留下的治国之道，兴修水利，发展生产，施行仁义，训练军队，周国越来越强盛，许多诸侯都归顺了他。

季历即位后第三年，就开始大举征伐周边的戎狄等小国。他先是征伐程国（今陕西省咸阳市东），灭了程国；过了六年之后，季历再次率军攻打义渠（今甘肃省庆阳市宁县一带），消灭义渠并擒获了他们的国君后班师。又四年之后，季历前去朝见商王武乙，武乙为了笼络势力日益扩张的周国，赐给季历三十里土地、玉十对、马十匹。次年，季历率军攻打西落鬼戎。西落鬼戎是当时西北方强悍的游牧部族鬼方的一支（位于现今陕西省北部内蒙古河套地区一带），经常侵扰商朝并攻打周国，掠夺人畜财物。季历所率的周师大败西落鬼戎，俘获了戎人二十个首领，既保卫了周国，也确保了商朝西部的安宁。商王文丁即位的第二年，季历举兵攻伐位于今山西吕梁汾阳市一带的燕京之戎，结果燕京之戎非常强大，周军惨遭败绩。又过了两年，季历伐余无之戎，大获全胜。商王文丁为了表彰季历的战功，于是任命季历为殷王朝的"牧师"，即商朝西部的诸侯之长。又过了三年，季历攻伐始呼之戎，大胜；再四年，季历率周军攻伐翳徒之戎，再次大胜，擒获翳徒之戎的三个大夫，前来向商王文丁献捷。以上三个戎族都在今山西省中南部一带，季历先后击败这些戎狄部落，势力得到了极度的扩张。

商王文丁嘉奖季历取得的军功，赐给他圭瓒（古代的一种玉制酒器，形状如勺，以圭为柄，用于祭祀）、秬鬯（古代用黑色的黍米和郁金香草酿造的酒，用于祭祀神灵及赏赐有功的诸侯），任命他为"方伯"，号为"周西伯"。文丁虽然嘉奖了季历，但周国的极度扩张和季历的勃勃野心也引起了他深深的猜忌和不安，周国已对商王朝形成了事实上的严重威胁，文丁于是下令把季历囚禁了起来，囚禁了一段时间之后，以莫须有的罪名杀死了季历。

从现有史料中记载的周族的谱系来看，从周人始祖后稷开始到季历，总共传承了后稷、不窋、鞠、公刘、庆节、皇仆、差弗、毁隃、公非、高圉、亚圉、公叔祖类、古公亶父、季历十四代。后稷和帝尧是同时期的人，活动时间为公元前25世纪，等到季历，时间已到公元前13世纪，十四代人延续了一千两百多年，那就是说，每个人至少要在位八十多年九十年时间才可以填满这些时间空白，而这是根本不可能的。就算是刚生下来就即位，临死前再生个儿子让继位，也是不可能的，因为不会人人都如此高寿。之所以发生这样的问题，《三皇五帝》一章中已经进行过论述和辨析，那就是周人的先祖，绝对不止这么几个，传承了也不止十四代，中间有许多代许多王，因为事迹不突出，他们的名字湮没了，没有流传下来，所以历史也就没有记载。

季历死后，姬昌继承了王位。因为父亲被商王囚杀，因此姬昌对商王朝充满了仇恨。他发誓要为父亲报仇雪恨。但因为当时商朝的势力还非常强大，凭周国当时的力量还不足以打败商朝，所以姬昌选择了隐忍并逐步增强实力。姬昌继续像他的祖先后稷、公刘那样重视农业生产，遵循他祖父古公亶父、父亲季历用过的法令，尊老爱幼，礼贤下士，每天接待士人忙得连中午都顾不上吃饭，因此大批的才俊之士都前去归附他。孤竹国（今河北省秦皇岛市卢龙县一带）的两个王子伯夷、叔齐听说西伯姬昌敬养老人，于是结伴一齐前往周国去投奔他，全然不顾路途东西相隔，非常遥远。太颠、散宜生、闳夭、鬻熊（楚国先祖），以及商纣的大夫辛甲都前来投奔了周国。

姬昌扩张实力并招纳贤士，自然而然引起了商王纣的注意，经崇侯虎建议，商纣把姬昌囚禁了起来。但在周国的臣子们频繁活动并献上厚礼之后，殷纣一时心软，释放了姬昌。

姬昌劫后余生，回国之后，更加坚定了灭商的决心，暗暗地推行德政，许多诸侯都叛变商朝而暗中归附了周国，他们遇到一些难以解决的纷争，也愿意来找西伯姬昌评断，姬昌的威望因此越来越高。

曾经有虞、芮两个方国的人，因为耕地的边界问题发生矛盾，很长时间解决不了，于是相互商议说："西伯姬昌是个仁义的人，我们一起去问问他，他说怎么办，我们就怎么办。"虞国位于今山西省运城市平陆县一带，芮国位于今山西省运城市芮城县，在地理上相邻相近。虞、芮两国的国君一齐前往周国。农耕时代的土地对于百姓来说，比身家性命还要重要，因为一切吃、住所用都要从土地里产出，还要作为遗产传给子孙。这些现象直到三千多年后的今天，还仍然在相当大的范围内存在，所以古人发生这样的纠纷，也实属正常。可是虞、芮两国国君刚刚进入周国的地界，就被眼前的景象惊呆了。因为他们看到周国的百姓都非常礼让，耕田的农夫都在互让田界，民风淳朴和善，对长者都很尊敬。虞、芮两国的国君非常惭愧，相互说："我们所争的，正是周人所耻于去做的，还去见西伯干什么呢，去了也只是自取其辱罢了。"于是各自回国，互相谦让而去。诸侯听说之后，都说："西伯大概是受命于天的君主吧。"从而使西伯的仁声更加遍布四方。

在姬昌生命的最后几年里，他加快了征伐的速度，在伐犬戎（当时生活在今陕西西部及甘肃一带的少数民族，又叫猃狁）之后，伐密须（今甘肃平凉市灵台县，即后来周共王所灭的密国辖境）、伐耆国、伐邘国（今河南焦作沁阳市）、伐崇侯虎，陆续消灭了商的好几个属国，形成了对殷商的钳制和包围。但天不假年，就在他准备进一步发动攻势的时候，他也不得不面对和普通人一样需要面对的问题——衰老和死亡。天道有常，不为尧存，不为桀亡，确实如此啊。

西伯姬昌的治理和攻伐扩大了周国的疆域，也稳定强盛了周国的经济政治，为他的儿子姬发后来灭商打下了坚实的基础。

公元前1056年，姬昌逝世（也有记载称姬昌被殷纣杀死祭神）。对于西伯姬昌，后世大部分的赞美基本上都是苍白的，也是微不足道的，因为他不靠严刑峻法就使他治下的百姓过上了幸福自由的生活，并且开创了中国历史上一个伟大而光辉灿烂的时代，使周朝前后享国达八百年。他创制了周礼，被后世的儒家所推崇，孔子更是称赞他为"三代之英"（夏、商、周三朝的英明君主）。

西伯姬昌死后，姬发继承王位，这就是周武王。周武王尊姜尚为师尚父（师者老师，尚父不难理解，跟后来项羽尊范增为亚父相似，意为值得尊敬的父辈），令其执掌军队，又任命弟弟周公姬旦为相，召公、毕公为辅，像父亲姬昌那样治理国家。

姬发即位第二年的时候（一说是过了九年），他到西伯姬昌的墓地毕地祭祀父亲，之后向东到盟津（古黄河渡口，今河南洛阳孟津县东）检阅军队。他把姬昌的牌位放到车上，自居中军（中军是大军，是主力部队，统帅一般都居中军）。姬发自称为太子姬发，他说他是奉了父亲姬昌的遗命来讨伐商纣，自己并不敢独断专行。他召集高级官员司马、司徒、司空，以及那些接受符节的官吏，发表战前动员令说："全体肃静，你们都认真地听着，我本来是一个无名小辈，因为我的先祖都是比较圣明的人，我非常幸运地继承了他们的功德，就不能不发扬光大。为此，我制定了严明的奖惩法令，以确保我们取得胜利，建立不朽的功业。"之后，姬发传令发兵。因为此时姬发在军中，实际上他就是最高军事统帅，而执掌军队的姜尚此时则相当于军事副统帅。姬发发兵的将令传出，姜尚再次对高级将领们发出了严厉的军令："将士们听令，现在整理船只，带领你们的士兵渡河，谁要是延误战机，在规定的时间内渡不过去，就要按军法处决。"于是周军立即开始渡河。

渡到一半的时候，突然有一条白鱼跳到了姬发所在的船中，姬发俯身把鱼捡起来，供奉了起来。渡过黄河的时候，又有一团像火一样的东西降下来，落在了姬发的屋顶上，慢慢地变成了一只红色的乌鸦，大声鸣叫着飞走了。当时，姬发并没有邀请其他诸侯，但是，自发前来盟津会盟的诸侯却有八百多个。这些首领都劝姬发说："现在我们完全可以攻打殷纣了。"但是姬发想了想却拒绝了："你们还不了解天命，不能发兵。"于是传令撤兵。

姬发退兵回国之后，继续密切关注商都朝歌的动静。对于姬发与八百诸侯在盟津会盟的举动，殷纣并没有表现出过分强烈的反应，因为他的军队大部分都在东夷，后防相当空虚。他虽然对周国极为不满，但却自顾不暇。如果强行从东夷撤军，那么东夷势力反弹，数十年的努力将会毁于一旦，结果并不比遭到周国进攻更好，那么殷纣只有抱着一种侥幸心理，希望在他长期形成的威压之下，威势尚浅的姬发不敢对商朝发起真正的攻击。

然而潜伏在商都内部的刺探已经将朝歌空虚的消息准确无误地传递了出去，他的反对派微子等人，已经与周人结成了同盟。商王朝的一些大臣见状也开始动摇，萌生二心。处在内忧外患之中的殷纣，不由自主地变得暴躁和焦虑，他频繁地训斥他的大臣，并运用一些残酷的刑罚惩罚他们，希望能勉强维系这一台即将分崩离析的空心帝国机器，等来东夷平定、主力部队凯旋的那一天。但他的政敌、反对派以及那些游移动摇的大臣，并没有给他这个平稳过渡的时间。周国君臣步步紧逼厉兵秣马，微子等人上蹿下跳阴谋篡权，商朝大臣信念丧失离心离德，使殷纣陷入了孤立和绝望之中。殷纣对箕子、比干等人的打击压制反而成了反对派诋毁中伤他的借口，这让那些不明真相的大臣和百姓感到恐惧，加速了离心和叛变的速度。商朝的太师疵和少师彊都抱着祭器和礼器投奔了周国。祭器和礼器虽然不是稀世珍宝，但却象征着国家的政权和统治，太师和少师的出奔，给了殷纣最后的打击。

姬发知道灭商的时机已经成熟，于是向四方诸侯宣告说："殷有重罪，不可不合力讨伐。"召集诸侯共同伐商。

公元前1046年十二月（商朝的十二月，周朝的一月），姬发率领三百辆战车、精选的三千名虎贲之士、四万五千名甲胄之士，向东进发。十二月下旬，周国军队全部到达盟津渡口，与赶来会师的八个国家一起盟誓。这八个国家分别是庸国（位于今陕西省安康市到湖北省十堰市房县、竹山县一带，公元前611年被楚庄王所灭）、蜀国（今四川成都、广元，重庆市奉节县一带，公元前316年被秦惠王派张仪、司马错伐灭）、羌族（今甘肃省定西市岷县、甘南州临潭县一带，后大部纳入秦国版图）、髳国（今重庆市巴南区一带，后来被古蜀国所并）、微国（今陕西宝鸡市眉县境内，跟随西周灭商，灭商后不久遭到周朝打压，被迫迁入湖北省十堰市竹山县一带）、卢国（今湖北西北部，与彭国毗邻）、彭国（今河南省南阳市一带，春秋初年被楚国所灭）、濮国（今湖北省荆州市石首市一带）等国诸侯进行了会师。

诸侯们都相互激励说："这一次我们一定要努力勤勉，不能懈怠。"姬发召集众诸侯召开第一次联盟军事会议，发布了动员令，名为《太誓》："殷纣荒淫无道，不修政事，只听妇人之言，残酷对待他的臣民，导致天沸人怨，众叛亲离。他抛弃他祖先美妙高尚的音乐，却每天演奏一些淫靡的曲子，用来取悦他的妃子，所以今天，我姬发必须恭敬地执行上天对他的惩罚。努力吧，战士们，争取一战就把殷纣消灭，而不是等到第二次、第三次。"之后，姬发率领诸侯联军，于十二月二十八日冒雨东进，从汜地（今河南省郑州市荥阳市汜水镇）渡河北上，至百泉（今河南省新乡市辉县市西北）折而东行，于一月（周朝的二月）初四拂晓到达商都朝歌的郊外牧野（今新乡市卫辉市）。

姬发登上战车，左手拿着黄金斧钺，右手举着白牦牛尾装饰的旗帜，用来指挥联军。姬发进行战前宣誓说："各位诸侯，以及参加远征的将士们，请举起你们手中的武器，跟我宣誓。古人曾经说过，母鸡不能打鸣报晓，如果它打鸣报晓了国家就会灭亡。现在殷纣唯妇人之言是从，不祭祀他的祖先，疏远他的亲族，只是收留重用一些犯罪后逃亡到商朝来的人，任由他们胡作非为，他残害忠良，他压榨百姓，上天已经愤怒了，于是派我来惩罚他。一定要努力，将士们，你看你们多威武，就像下山的猛虎，就像入海的蛟龙，试问又有谁能战胜你们？你们打败了殷纣的将士，也不要杀死他们，让他们为我西方的人服役。但是你们也要努力作战，如果你们不努力，就会遭受杀戮之刑。"宣誓完毕之后，各诸侯国派兵来会合的战车总共四千乘（如此庞大的兵力，后世有争议），在牧野列开了阵势。

当时商朝的精锐部队都在东夷作战，殷纣惊闻周军来袭，来不及调回精锐，匆忙之中将守卫国都的卫戍部队集合了起来，又把朝歌的奴隶、罪犯等全部释放集结，混编了十七万人（一说七十万人，这个数目似不可信，因为当时朝歌城中的总人口有多少是要打一个问号的），然后开赴牧野，与周军对阵。

一月初五凌晨，双方军队在牧野相遇。周军布好阵势，姬发在阵前庄严誓师，激励将士。姬发派姜尚和百夫长向商朝军队挑战，用精锐部队迅猛地冲击殷纣的军队。商朝的军队虽然人数众多，但却都没有战心，奴隶们痛恨商朝贵族们平时虐待侮辱他们，都想让周国的军队迅速打败商军。于是在周军发起冲锋之后，奴隶全部掉转武器，纷纷倒戈。殷纣所率的正规军被奴隶反冲，立时乱了阵脚。姬发见状，于是指挥大军全力攻击，殷纣的军队混乱之下自相冲击践踏，很快土崩瓦解。

假如当初殷纣在得知周军前来之时，不集结这些奴隶，而是只用朝歌的卫戍部队坚守城池，发动城中百姓协助防守并争取时间，或许还会等来征伐东夷大军的回援，最终鹿死谁手或许又是另外一个结果。但这一切只是假设，因为历史根本不可能重演。

殷纣见大势已去，在一些亲兵的保护下，杀开一条血路，逃回了城内。周军哪里肯舍，在后紧追不舍，商都朝歌被攻陷。殷纣不甘受辱，返回王宫登上鹿台，穿上一件珠玉衣，自焚而死。

姬发手持大白旗带领诸侯进入商都朝歌，城中的百姓都在城郊迎候。他委派大臣向殷商百姓宣告说："上天为大家赐福！"于是商朝百姓一齐向他再拜稽首，姬发也拜礼答谢。姬发进城来到殷纣自焚的地方，先是朝他的尸体射了三箭，然后下车用轻剑击刺，并用黄色的斧钺斩下了他的头，挂在大白旗上。姬发又前往殷纣的两个宠妾那里，两个宠妾也都上吊自杀。姬发也射了三箭，用轻剑击刺她们的尸体，然后用黑色的斧钺砍下她们的头，将她们的头挂在小白旗上。

之后，姬发回到了军中。

第二天，诸侯国军队开始清除道路，整修并祭祀社神、稷神以及商纣的宫室。在一个占卜确定的良辰吉日，姬发在周公旦、召公、姜尚、毕公、散宜生、太颠、闳夭等人的保护和簇拥下，举行了盛大的祭祀天地的仪式。姬发登上天子之位，宣布革除殷商的天命，并由周接受上天的命令，开始统治天下。

姬发追谥父亲姬昌为周文王，更改了法度，重新制定了历法。并追尊古公亶父为太王，季历为王季。

## 第二节　　封邦建国

　　一千六百多年后的唐朝，唐太宗李世民与他的大臣们曾经有过创业难还是守业难的争论，而实际上，纵观中国历史，任何一个朝代都难逃创业与守业孰易孰难的思辨。此时刚刚建立的周朝，正面临着这样一个问题。他们倒不像唐太宗那样可以有众多朝代的兴亡史供他们借鉴，而他们能够借鉴的，也就只有夏、商两朝的兴衰而已。首先，大臣和诸侯们追随周武王攻灭了商王朝，新建的周王朝必须对这些出过大力的功臣进行赏赐，不仅赏赐，还要赏罚分明，公平服众；其次，对于殷纣的嫡系亲属，周朝也不能像后世那样诛灭九族赶尽杀绝，还得划出一块地方让人家供奉先祖，即不能灭人国绝人祀；其三，对于许多仍然忠于商王朝的部落和诸侯，周朝还需要恩威并施，一一拉拢争取，否则，这些方国很有可能会与殷商贵族联合起来，给新政权制造麻烦；其四，殷纣派往东夷作战的军队，虽然可以传檄而定，但在解除武装进行和平改编之前，必须进行妥善的安置，否则如此巨大的一支武装力量，难保不成为一颗定时炸弹；其五，被统称为东夷、西戎、南蛮、北狄的这些周边少数民族小国，不时地侵扰中原，而周朝刚刚完成政权的更迭，自然不能与这些小国大动干戈，需要采取更为稳妥的少数民族政策，而把更多的注意力放在国内。所以说，当一个大国的国君，可真不是一件容易的事情，手中的权力虽然很大，但肩上担负的责任也大，潜在的风险就更大。建立一个新的国家不容易，但守住一个政权就更不容易。

　　为了巩固政权，周武王进行了大规模的分封。

　　首先将殷商的遗民分封给殷纣的儿子禄父，称之为武庚（因为商王的称号都以天干命名），让他继续居住在殷纣的王宫，以延续殷商的祭祀。周武王虽然分封了武庚，但他心里其实并不放心，于是在朝歌周围设置了邶（今河南省安阳市汤阴县南）、鄘（今河南省新乡卫辉市北）、卫（今河南省鹤壁市浚县）三个国家，分别让自己的三个弟弟姬鲜居卫、姬度居鄘、姬处居邶，名义上让他们辅佐武庚治理商国，实际上是让他们监视武庚及殷商遗民，号为三监。

又追怀上古时期那些有名望的圣王，分别嘉奖分封他们的后代。分封神农氏的后代于焦地（今河南省三门峡市陕县），分封黄帝的后代于祝地（今江苏省连云港市赣榆区），分封唐尧的后代于蓟地（今北京市区西南部，不是今天津），分封虞舜的后代于陈地（今河南省周口市淮阳县），分封大禹的后代于杞地（今河南省开封市杞县）。

封完这些圣王，又开始分封那些功臣谋士。

排在第一位的功臣，自然是太公望姜尚。

周文王、周武王父子能够兴周灭商，姜尚起了非常重要的作用，他的地位堪比兴商灭夏的伊尹。

姜尚是东海边上人（当时属东夷，今山东省日照市莒县），字子牙。他的祖先曾经担任四岳之职，辅佐大禹治水有功，被帝舜、大禹封在吕邑（今河南南阳市），有的被封在申邑（今河南南阳市宛城区），姓姜氏。夏朝、商朝的时候，申、吕两邑的人，有的旁支子孙继续受封，有的沦为平民，姜尚就是他们的后代。他本姓姜，因为祖辈的封邑在吕，所以也以"吕"为姓，称之为吕尚。

到了姜尚这一辈，他们家的这一支已经败落很久了，姜尚过得非常穷困，直到七十多岁的时候，还没有过上像样的生活，有时连他的妻子都会忍不住斥责他。但他穷且益坚，不堕青云之志，始终没有放弃过干一番事业的理想。他能从困苦之中坚持到七十二岁见到周文王，应该就是信念的力量在一直支撑着他。

姜尚博学多闻，曾经在商朝做过小官，但却未被重用。他又去别的诸侯国游历，但也没有得到礼遇。后来，听说西伯姬昌礼贤下士，能够义务赡养老人，于是许多隐居的贤士都去归附周朝。姜尚听了，也动了心思，去了周国，希望能在那里施展抱负。但他虽然年纪很大机会已经不是很多，但那种贤者的矜持心和自尊心还是不容许他直接跑到周文王那里去讨饭吃，他必须找到一个借口、一个机会。于是他到渭水边去钓鱼，希望能在那里见到周文王。有一天周文王将要出去打猎，临行前卜了一卦，卦辞显示："所获非龙非螭、非虎非罴，所获霸王之辅。"将要得到的不是龙不是螭（古代传说中没有角的龙），不是虎也不是熊，将要得到的是成就霸王之业的辅佐之臣。周文王非常高兴，于是出外打猎，果然在渭水的北岸遇到了姜尚。周文王经过与姜尚攀谈，发现他确实是个文武全才，理民治国的方法无一不通，而且还会用兵作战，堪称文能治国、武能安邦。姜尚非常高兴地说："听我先君太公说'当有圣人到周国来，周国将因此而兴旺起来'。您就是这个人吧？我先君太公盼望您很久了。"所以就把他称为"太公望"。当天，周文王与他乘坐同一辆车子一起回到了西岐。

而这个时候的姜尚，已经七十二岁了。七十二岁，这么大的年纪，除去年幼时用于成长求学的十多年，还有将近六十年时间，他居然能一直坚持下来，可想而知，他的意志有多么坚定，他的毅力有多么坚强，换了一般人，恐怕早就准备着要入土为安了，哪里还有那么强的心性准备着去干一番大事业，可是姜尚就做到了。现今有一些人喜欢用"八十岁上学唢呐"等言语来嘲笑打击那些年纪已经不轻但却仍然准备要做一番事业的人，而实际上他们不知道这里还有一句，叫作"太公八十遇文王，甘罗十二为丞相"。所以说胸怀理想的人们，想做什么就尽管去做吧，有什么理想就尽管去实现吧，不要管年龄有多大，只要坚定信念，勇往直前，灰心时想想七十二岁的姜尚，就没有不成功的。因为这个世界上只有一种失败，那就是光说不做，或者是半途而废。

姜尚在渭水河边因垂钓而知遇于周文王，为后世留下了一则典故，那就是："姜太公钓鱼，愿者上钩。"

历史上关于周文王出猎前卜卦要得贤人而果真在渭水遇到姜尚的记载，也不一定就完全真实。比较合理的解释就是姜尚待在渭水边钓鱼等待周文王的事情传到了周文王耳朵里，周文王决定借一个梦境去考察一番，就像当年的商王武丁寻找傅说一样，假如遇到的果真是个贤人，那就正好隆重地邀请他回来，顺便借梦境这一上帝的"天命"使众人无法反对。相反，如果姜尚只是个徒有其名的人，那就说明真正的贤人没有找到，还要继续寻找。而幸运的是，他们都是对方期待已久的人。

当然，也有人说，姜尚是个隐士，隐居在海滨。周文王被囚禁在羑里之后，散宜生、闳夭等人知道他非常有智谋，于是就去聘请他。于是姜尚出主意让散宜生等人四处搜求美女珍宝，献给殷纣以赎回西伯。传说中姜尚归周的情况虽然略有不同，但最终的结局却无一例外，都是他受到了重用，做了周文王、周武王的国师。

周文王从羑里脱身回国后，与姜尚暗中谋划谨修善德以颠覆商朝政权，这些事情大多是用兵的权谋与奇计，所以后世在谈到用兵作战以及周王朝暗中运用权谋之时，都对姜尚非常推崇，认为他是最主要的谋划者。周文王政治清明，在合理判决虞、芮两国的争端后，一些诗人就据此称赞姬昌是承受天命的文王。周文王能够伐犬戎、伐密须、伐崇侯虎每战皆胜，夺取天下三分之二的土地，仁声遍布天下让诸侯信服，靠的也是姜尚的奇计。至于武王伐纣的所有军事行动，那就更不用说了。

姜尚还被尊为兵家的始祖，因为在那个时候，他就能够把音乐、五行、地理位置等要素跟用兵作战结合起来，形成无穷无尽的变化。有一次周武王问他，凭军中传出的那些号角，能不能知道军中的消息？姜尚称赞说大王您居然了解这么深刻的问题，当然能了！中国古代的音乐正音叫五声或者是五音，分别是宫、商、角、徵（音纸）、羽，对应现今的简谱1、2、3、5、6（哆来米索拉），4和7（发、西）是两个半音，不在其中。举个简单的例子，姜尚说，如果军号吹个哆音，规定让哪部分军队去进攻出击，军号吹个来音，规定让哪部分军队去骚扰偷袭，吹个索，让哪部分军队接应撤退，等等，这就是乐调与用兵的关系，所以说，听军中号角，完全可以知道军队打了胜仗还是打了败仗。后世的诸如闻鼓则进、鸣金则退，以及突击时吹冲锋号、打胜了奏得胜乐，等等，都或多或少是姜尚军事理论的继承和发展。姜尚的军事理论未能形成著作流传于世，后世有《太公望兵法》，但经考证系后人伪作。《太公望兵法》此后在传说中曾隆重登场一次，那就是圯桥进履的故事。汉初三杰之一的张良遇到黄石公，给黄石公捡了鞋并穿上，黄石公认为孺子可教，就把这部兵书传给了他，张良凭着这部兵书，辅助刘邦打下了四百多年的汉家江山。还有据称是他作的《阴符经》（另有说法是黄帝所作），也是非常深刻的理论，主要讲怎样观察事物的发展规律，并如何依此把握成功的机遇，等等。七百多年后的苏秦刻苦研读《阴符经》之后，游说齐、楚、燕、赵、魏、韩东方六国的君主，成功建立了合纵盟约，担任纵约长并同时佩戴六国相印，致使秦国长达十五年不敢向东方六国进攻，可见其威力非同凡响。

周武王灭商后大封功臣，建立了赫赫战功的姜尚被封在齐地的营丘（今山东省淄博市临淄区）。受封之后，姜尚带着自己的亲属和随员，前往齐地就国。一路上，姜尚他们走得很慢。某天晚上在一家旅舍住宿的时候，旅舍中的一个客人对姜尚说："我听说机会非常难得，并且非常容易失去。您睡得这么安稳，根本不像是一个将要前往封国的人。"姜尚听了这个客人的话之后，立时如梦初醒。

是啊，自己辛苦半生，好不容易才得到一个机会建立了一番功业，受到君主的赏赐，如果稍不留神，封地被别人夺了去，那还不成为天下人的笑柄。于是姜尚赶快起身穿衣，带领随从们星夜启程，快马加鞭赶往封国。

姜尚等人刚刚赶到封国国都营丘，正碰上莱国国君带兵前来攻打营丘。营丘靠近莱国边界，莱国属于东夷的一支，他们想趁商朝刚刚灭亡而周朝刚刚建立还来不及平定远方的混乱之际，争夺原属中原控制的营丘。

姜尚带人打退莱人，然后进驻营丘。作为齐国的第一任国君，他勤于政事，根据齐地的风俗简化礼仪，发布了一系列便于黎民百姓生产生活的政令。开通商业、手工业，以方便百姓发展渔猎、海盐等业。由于齐国的政策非常有利于百姓，所以周边的百姓都来归附齐国，齐国渐渐强盛了起来。等到周武王死后，年幼的周成王即位，国内管叔、蔡叔发动叛乱，徐州的淮夷也背叛了周朝，周成王于是派召公姬奭前去授命姜尚说："东到大海，西到黄河，南到穆陵，北到无棣，在这个区域内，五等诸侯，九州之伯，都授权你征伐他们的罪恶。"齐国由此得到了征伐周边各国的大权，逐渐成为一个大国。

姜尚后来一直活到一百一十五岁去世，这在人生七十古来稀的时代，其寿数之高，实在是令人惊叹。不过姜尚的封国传到一半时被人改了姓，齐国在春秋末期被大族田氏所取代，虽然国号仍称齐国，但国君却已经不是姜尚的后人了，这是后话，后文再讲。

在姜尚之后，第二个受封的是姬旦。

周武王共有同母兄弟十个人，他们的母亲都是周文王的正妃太姒。老大是伯邑考，老二就是周武王姬发，老三是姬鲜，老四是周公姬旦，老五是姬度，老六是姬振铎，老七是姬武，老八是姬处，老九是姬封，老十是冉季载。

十个嫡子之中，只有姬发和姬旦非常贤能，不同于其他的那些兄弟，他们成年之后，就开始辅佐周文王。所以当初周文王舍弃长子伯邑考而把姬发立为太子。周文王去世之后，姬发顺利继位。而那个时候，伯邑考早就去世了。

周武王即位之后，姬旦继续像之前辅佐文王那样辅佐周武王，朝中许多大事都由他进行处理。周武王九年前往盟津之时，姬旦随行辅佐。十一年征伐商纣之时，姬旦也随军前往牧野，为周武王提供了非常有力的辅助，写下战前激励将士的《牧誓》。灭商建周之际，许多祭祀天地的重要礼仪，都由姬旦负责制定。此时周武王论功行赏，将姬旦封在少昊的旧址曲阜（今山东省济宁市曲阜市），国号为鲁。因为姬旦封国在鲁，所以称为鲁公，又因为他最初的采邑在周（今陕西岐山北），爵位为上公，所以称之为"周公"，或是"周鲁公"。姬旦没有前往他的封地鲁国，而是留在朝中辅佐周武王，由他的长子伯禽代他前往鲁国。

接下来受封的是召公姬奭，他被封到燕国（最初的都城在渔阳，今北京市密云区境，后燕国吞并位于今北京市的蓟国，建都于蓟），召公姬奭和周武王姬发是同宗。

再之后受封的，就是周武王另外的几个弟弟了。姬鲜被封到管国（都城管城在今河南郑州市管城回族区），因此又叫管叔鲜；姬度被封到蔡国（国都蔡城位于今河南郑州荥阳市境内，姬度后来被流放，他的儿子姬胡重新被封蔡国，都城迁往今河南驻马店市上蔡县），因此又叫蔡叔度。姬振铎被封于曹（都城陶丘，今山东菏泽市定陶县西北），姬武被封于成（今河南濮阳市范县一带），姬处被封于霍（今山西临汾霍州市一带）。姬封和冉季载因为年幼，都没有受封。

受封的几个兄弟之中，只有曹叔振铎和成叔姬武前去就国，其余的都留了下来。其中周公姬旦在朝辅政，而管叔鲜、蔡叔度、霍叔处是三监，负责监视武庚治理商民。

做完这些，天下已经初定，周武王似乎应该可以放心了，但其实不然，他的压力丝毫未减。他召集九州的长官，登上豳地的高地，然后遥望商都，内心非常沉重。回到王宫之后，周武王忧心忡忡，彻夜难眠。

周公旦还未能真切地感受到周武王内心的压力，于是就来到他的寝宫，问他说："王为什么不早点歇息呢？"

周武王回答说："告诉你吧：上天不享用殷商的祭祀。从我还没出生到现在，已经六十年了，小人在朝掌权，贤臣遭到驱逐。上天不受殷的享祭而降下灾异，才有了我们今天的成功。殷商自承受天命建立以来，任用有名有姓的贤人多达三百六十人，才使殷朝既不显达也不灭亡，一直维持到今天。我还没有得到上天永葆周朝国运绵长的保佑，哪里能顾得上睡觉呢？"

周武王接着说："我一定要让上天保佑我们周国，使普天之下的人都服从周国，把恶人全都找出来，使他们都像殷王那样受到贬责。我要日夜慰劳人民，安定我们周国的土地。我要办好各种事情，直到周朝的德政遍扬四方。从洛水的河湾到伊水的河湾，居住在平坦之处没有险隘，这曾是夏朝定居的地方。我曾向南远望三涂山（古山名，在今河南洛阳市嵩县西南、伊河北岸），向北远眺太行山，回望过黄河，也留意过洛水、伊水，这里是建都的好地方，离天室山（中岳嵩山之旧称）也不远。"

于是，周武王对在洛邑修建新的都城进行初步规划之后，离开了。回朝之后，周武王下令把作战的马全部散放在华山之南，把运载的牛全部散放到桃林（今河南三门峡灵宝市）的原野，把兵器全部收藏起来，收兵并解散军队，以此昭示天下从此不再用兵。（"刀枪入库，马放南山"典故之由来。）

周武王不是个目光短浅的君主，他曾经跟随父亲姬昌兴周灭商，并且亲自发动了推翻殷商统治的决定性战役并取得了胜利，他非常清楚殷商灭亡的原因，也深知江山来之不易守之不易，因此时刻充满了忧患意识、危机意识。这种忧患意识和危机意识表现在日常的处理国政中，就是殚精竭虑、日夜操劳。这么做的结果就是，过不多久，周武王就健康透支，积劳成疾了。

而其时周王朝诸事草创，天下未集，所以大臣们都非常恐惧，担心周武王一旦一病不起，缺乏舵手的周朝这艘大船，谁知道会不会在风浪中倾覆。

太公和召公准备前往周文王庙中占卜祈祷，周公制止他们说："不能让我们的先王忧虑。"于是他以自己作为质押，设立了三个祭坛，然后向北而立，头顶玉璧，手捧玉圭，恭敬地向太王古公亶父、王季季历、周文王姬昌祷告，希望能让周武王的病早一点好起来。

史官朗诵周公写在竹简上的祝词说："你们的长孙国王姬发，因为勤劳国事，积劳成疾。如果你们三位先王欠缺上天一个用于祭祀的子孙，那就用我姬旦的生命来代替国王姬发的生命。我姬旦灵巧能干，多才多艺，还能侍奉鬼神。而国王姬发不如我姬旦多才多艺，不能侍奉鬼神。并且国王姬发是受命于天庭的，他要遍佑四方，使你们在下界的子孙都能过上安定的生活，天下人民没有不敬仰和畏服他的。他不丧失上天赐给他的宝贵生命，我们的先王也就能够永远有所依归。现在我将要听命于占卜所用的大龟，如果你们答应我的请求，我就把玉璧和玉圭献给你们，以等待你们的命令。如果你们不答应我的请求，我就收藏起玉璧和玉圭。"

周公祈祷完毕，占卜的人都说很吉利，打开占兆书一看，的确很吉利。周公非常高兴，打开收藏占兆书的锁钥，所见兆书上的占卜之辞也很吉利。周公于是前去病榻前看望周武王，并向他祝贺说："我王不会有什么灾祸了。我刚刚接受三位先王的命令，要让您为周王室做长久的打算。这是先王能思念大王的恩德。"之后，周公把他的祝文藏在金柜之中，告诫保管金柜的人不许泄露。

而周公则虔诚地斋戒祈祷，表示愿意让自己作为替身，代周武王去死。周公率领大臣们举行这些庄重的祈祷仪式，在那样一个时代，似乎真的是在向上天祈求，而来后人看来，只不过是一种天真而美好的祝愿罢了。病入膏肓的周武王，在周公祈祷之后，病情似乎有所好转，但这不过是回光返照，过不多久，他就去世了。

## 第三节　周公吐哺、武庚叛乱

周武王去世之后，他的儿子姬诵继承王位，这就是周成王。

其时周成王还在襁褓之中，年龄实在太小，没办法处理朝政。于是周公做出了一个大胆的决定，他登上天子之位，在上朝的时候把周成王抱在怀里放在膝上，接受大臣们的朝拜，自摄国政，代替周成王执掌统治大权，处理国家政务。

周公的这个举动，给当时的朝政带来了非常大的影响，并长久地影响到中国以后的历史。当然，周公的这个创举也给自己招来了非常多的非议。

周成王姬诵由于年纪太小，或许还不清楚周公这么做对他来说意味着什么。在当时，年幼的周成王就像一个被人用线牵动着的木偶，依他的心智，他还无法辨别那些宏大的场面和庄重刻板的举止后面究竟蕴含着什么样的意义。因为不理解，所以他对别人的安排很顺从、不拒绝，周公说让他上朝，他就上朝，周公说让他接受群臣的叩拜，他就接受群臣的叩拜，他的智力层次还没有达到可以妥帖鲜明地表明他立场的程度。总之，周成王对周公摄政，没有表示任何的反对意见。

但年幼的周成王不反对，不代表其他的大臣们不反对。就连和周公并肩作战多年的召公姬奭，都表达了对周公的不满。

周成王即位之后，召公也位列三公，地位和周公不相上下。自陕地（今河南三门峡市陕县）以西，由召公主治；自陕地以东，由周公主管。周公摄政，代周成王处理国政，召公很不满意周公的做法，心里也开始怀疑周公。周公觉察到了召公的不满，于是写了一篇名叫《君奭》的文章，向召公解释自己这么做的原因（君是尊称，奭是召公之名，文章的标题可以理解为"致尊敬的召公姬奭的信"）。周公在信中说："商汤之时有伊尹，他的功德得到上天的嘉许；在太戊之时，则有伊陟、臣扈，他们的功德也感动了上天，并有像巫咸那样的贤臣治理国家；在祖乙之时，则有巫贤；在武丁之时，则有傅说、甘盘。正是凭借这些贤臣的忠贞能干，才安定治理了殷朝。你我虽然比不上伊尹、傅说的才能，但为什么不尽力使周朝得到安定呢？"

召公看了之后，心里有所触动，但对周公的误会并没有彻底消除。

召公有这样的想法，姜尚心中自然也有。如果这样的误会不早一点澄清，那么他们三个重臣之间，早晚会产生裂痕。周公于是再次面见召公并向姜尚送去书信，恳切地向他们说："我之所以不回避嫌疑而代掌国政，就是担心天下人会背叛周王室，无法向我们的先王太王、王季、文王交代。三位先王为天下忧劳已经很久了，到现在才得到天下。武王早逝，成王年幼，要完成周王室的大业，所以我才选择了这么做。"

并且，周公还告诫自己的儿子鲁君伯禽说："我是文王的儿子、武王的弟弟、成王的叔父，我在天下地位已经不低了。可是我仍然是洗一次头发要三次握起头发，吃一顿饭三次吐出正在咀嚼的食物，起身接待士人。即使这样，仍然担心失去天下的贤人。你在鲁国，千万要小心谨慎，不要因为有了国土而骄慢待人。"

周公有效的沟通，及时打消了召公和姜尚的疑虑，使他们选择了一如既往地支持周公。同时也使自己的儿子意识到形势的严峻，竭尽全力维护鲁国的稳定。

周公能够说服召公和姜尚，主要是他们在朝夕相处之中建立了深厚的友谊，看问题的角度、层次都能达到同一个高度，所以有共同语言，彼此能够理解。但他的弟弟管叔鲜等人，就不这么看了。

周公在活着的几个兄弟之中，排行第四，而管叔鲜却是老三。在其他的那几个弟弟心目中，现在当王的老二姬发死了，他的儿子年幼不能主政，那也应该按照长幼次序来，先老三，再老四，你周公凭什么跳过排在前面的管叔鲜自己摄政？

在这种认识的主导下，管叔鲜等人理所当然地认为周公想要图谋不轨，于是他们派人到周都散布流言，说周公将要不利于成王。之后相互串连起来，准备一起向周公发难。

而在这个时候，一个蛰伏了好长时间的人，敏锐地觉察到了这种变化。这个人就是殷纣的儿子武庚。

殷商的灭亡，对所有的殷商遗民来说，都是一种难以言说的痛苦，而对于前朝太子的武庚而言，这种感受就显得更加痛切。武庚并不会因周武王把商朝旧都朝歌封给他而对他心存感激，消弭对他的仇恨，相反，在武庚的内心深处，没有一天不对周武王和新建的周王朝充满怨恨，因为属于周王朝的这一切，原本是属于他们家的。杀父之仇、灭国之恨，还有什么能比这更深呢？

此前周武王活着，武庚找不到任何机会，那就只有安分守己、蛰居待机，现在机会来临，作为一个商王的后代，作为一个有血性的男儿，试问武庚还有什么理由不趁势而起呢？况且一些商朝的旧属国也不同程度地表达了对武庚的支持。奄国（地处鲁国之东，今山东济宁曲阜市东）国君薄姑就曾劝武庚说："现在武王刚死，成王还很小，周公被天下人怀疑，这正是千载难逢的好机会，请举兵起事。"

得到商王朝旧属国支持的武庚于是和管叔鲜、蔡叔度、霍叔处等人取得了联系，和奄国、蒲姑（又名薄姑，今山东省滨州市博兴县一带）、淮夷（当时居住在淮河流域的少数民族）等几十个方国一起发动了叛乱，准备袭杀周公和成王，然后取而代之。

此时的周王朝，遭遇了一场比当初的周武王灭商还要严峻的考验。当初周武王伐商之时，周军不过是单线作战，并且还避开了商王朝的主力部队。而现在，周公不仅要面对武庚与三监共同发动的叛乱，还要应对受武庚教唆而叛乱的东夷部落。

面对如此紧急的状况，周公并没有惊慌失措，他对局势进行了冷静的分析。在周武王死后，周王朝内部最有实力的三个人就是周公、召公和姜尚，只要他们三个人搞好团结，周王朝内部就会坚如磐石，其他人根本翻不起什么大浪。在朝堂之内，召公是唯一可以与周公分庭抗礼的人物，只要召公不反对，朝中的其他大臣就没有资格和力量反对。而在朝堂之外，最具备实力最有发言权的则是齐君姜尚。而姜尚，他的立场和周公是一致的。毫无疑问，姜尚是忠于周王朝的，并且，姜尚的政治立场和政治鉴别力也不容置疑。不过，姜尚虽然是朝廷重臣、大国诸侯，但他对于姬姓王室成员来说，毕竟是个外人。虽然他是周成王的外公，但他如若在情况不明时插手干预，就很有可能会落下一个外戚干政的名声。而管叔鲜等人发动的叛乱，打的则是清君侧的旗号，从某种程度上说是兄弟阋于墙的同室操戈，是周王室内部的家务事，姜尚不方便插手。那么就让周公自己来解决他和管叔鲜等兄弟之间的事情，而让姜尚去解决东夷和周王朝"夷夏"之间的事情好了，正好东夷就在齐国的附近，一切名正言顺。当然，要想让姜尚出力，也还需要调动他的积极性。于是周公和召公再一次进行了深入的商讨，然后以周成王的名义，委派召公前往齐国，授权姜尚攻打叛乱的东夷。声明所有齐国平定的土地，都归齐国所有。而周公自己，则专一对付武庚和三监。

公元前1042年，周公奉成王之命，率师东征，讨伐叛乱的管、蔡及武庚。

这是一场表面上看起来充满变数但却没有产生丝毫悬念的战斗，武庚和管叔鲜被周公所率的大军打得大败。管叔鲜等人完全错估了形势，他们以为只要扯起兴师问罪的大旗，东方的夷族再群起而响应，朝廷内部立即就会乱成一锅粥，周成王迫于压力不杀周公也会把他罢黜，那样就更有利于他们浑水摸鱼。

但战争的胜负是要凭实力说话的，更要看主动权掌握在谁的手里。

当时商亡周兴，天下刚刚从战乱中重建，人心思定，将士和百姓都不愿意再打仗，这是一个客观实际。所以天下百姓都拥护周王室而不支持管叔鲜等人，这是人心所向；其次，周王室内部团结一心，目标一致，不论是周公、召公还是姜尚，他们的最终目的都是为了平息叛乱，维护周王朝的统治。而管叔鲜这边则不一样，参与起事的每一股势力都心怀鬼胎，各有各的打算，管叔和蔡叔兄弟希望夺取王室的最高统治权，武庚希望借管叔蔡叔之力趁机复辟商王朝，而东夷部落则希望借机扩大他们的地盘。所以，周公一方形成了合力，而管叔鲜一方则分散了力量；其三，周王朝的军队训练有素，而武庚本人是没有嫡系军队的，有的只是管叔蔡叔的军队，双方实力悬殊。而且由于是反叛，管叔鲜等人连战前的军事动员都做得不够充分，通常情况下，参与此类军事行动的高级将领，他们大多都是被胁迫的。管叔鲜等人为了师出有名，打着清除周公辅助成王的旗号，但周公却拿着周成王的诏书出现在了两军阵前，这就是使管叔鲜等人直接失守了起兵的道义高地并失去了民意基础，军心登时瓦解。

管叔鲜等人的行为为后世许多人所效仿，比较著名的有西汉时的吴、楚七国之乱和明朝时的燕王朱棣靖难之变。其中的区别是，朱棣成功了，而吴、楚七国及大部分的人失败了。

战争的胜负更取决于双方最高统帅的智慧和素养，周公凭借他常人鲜及的睿智，打赢了这一仗。如果周公不能准确分析形势，不去积极争取召公、姜尚的支持而为了自证清白选择下野，那么他的下场将会非常之惨。一旦管叔鲜等人势力壮大掌握了主动权，处于下风的周王室在侥幸心理驱使下，为了息事宁人，就一定会拿业已急流勇退的周公开刀向叛军妥协，天真地希望管叔鲜等人收手。而管叔鲜、武庚等人既然发动了叛乱，那就绝不会因为周王室杀了一个已经下野的周公而停下他们的脚步，他们的真正目的是要夺取最高统治权，而不是好心地帮助周成王坐稳天下。八百多年后西汉晁错的最终结局，就是最好的例证。但幸而，周公做出了明智的选择，不仅保全了自己，也保全了周王室。这是作为一个政治家所必备的基本素养，周公无愧于他杰出政治家和军事家的称号。东汉末年的曹操平定北方之后不愿意把权力交给汉献帝，而是意味深长地说了一句"不可务虚名而处实祸"，恐怕就是从周公这里借鉴了成功的经验。

　　周公击败叛军之后，杀了武庚和管叔姬鲜，然后把蔡叔姬度流放到了边地，把霍叔姬处贬为了庶民。之后，周公率军乘胜东进，与齐国的姜尚相互策应，消灭了响应武庚叛乱的淮夷、奄国、蒲姑等五十多个小方国，将其中势力较大的奄国国君薄姑进行了异地安置，把周王朝的势力一直延伸到了海边。周公平定淮夷及东部地区，用了差不多两年时间。东土被平定，各地诸侯都顺服，表示尊奉周王室。当时就连远在东北方的古少数民族息慎（也叫肃慎，今满族的祖先）也来朝拜祝贺。周成王特命大臣荣伯作《贿息慎之命》一文，以示纪念。

　　当初周武王击败商纣，只是占领了商王朝的心脏部位，直到此时周公东征，周王朝才算是真正控制了原殷商的外围区域。这个时候的周朝，才真正从一个偏居于西方的小邦国扩展为一个势力范围东到大海、南到淮河、北至辽东的大国强国。

　　周公在东征期间，国内出现了祥瑞，封在晋国的唐叔虞在封国内发现了一株两个茎秆上合生一穗的谷子（其实这是极其平常的，但在农耕文明时期，就显得意义非凡），于是把它献给了周成王。周成王命唐叔虞把谷穗献给了正在东土征战的周公，并作《馈禾》一文，以示把这株特殊的祥瑞谷穗馈赠给周公。周公收到这株谷穗之后，称赞天子的赏赐，并写下了《嘉禾》一文。周公得胜班师回朝，向周成王报告出征的经过，并写了一首名为《鸱鸮》的诗赠送给周成王（见于《诗经》）。这首诗的大意是一只母鸟飞回巢穴之时，发现自己的雏鸟被猫头鹰抓走，巢穴也被破坏，母鸟因而控诉猫头鹰的恶行。这首诗的寓意指向不明，有人认为这是周公借鸟自喻，那些外在的隐患就像猫头鹰一样威胁着周朝的政权和百姓，而自己就像那只勤劳的母鸟在维护周王朝并守护周国子民；也有人认为这是周公在借母鸟之口自我哀伤，担心自己外出期间自己的家人受到伤害。但不论如何，这首诗表达了周公内心的一种不安全之感。周成王虽然不清楚周公赠送这首诗的真实用意，但也没敢责问周公。

早在周武王灭商之时，感觉到周朝的都城镐京（今陕西省西安市长安区西北）偏西，不能控制殷商旧族广泛分布的东方地区，他在登高远望商都，考察伊、洛流域之后，就萌发了要在全国的中心伊、洛流域重建都城的想法。但周武王刚刚提出这个设想，还没来得及着手实施，就遗憾地离开了人世。

此时随着周公东征，在东方拓展了大片的疆土，周王朝统治重心的东移，便显得越发迫切。于是在这个时候，周公正式向周成王提出了营造东都洛邑的建议，并准备妥善地处置殷商贵族。

怎样处置剩余的殷商贵族，恐怕是周公在周王朝建立之初就一直考虑的事情。周公想起了周武王登高远望商都后的夙夜忧叹，想起了他夜不能寐的焦虑，更想起了他因此而身心交瘁猝然离世的怅恨。所以，必须采取一个稳妥慎重的办法，一劳永逸地解决这个后患，不再让殷商遗民成为周王朝执政的困扰。

祸兮福之所倚，福兮祸之所伏。从某种意义上说，武庚和三监发动叛乱，在一定程度上帮了周王室的大忙，否则，周公还真不容易找到这样一个恰如其分的借口，去处置那些殷商的遗民。于是周公决意把殷商旧都聚居的遗民一分为三，分而治之。

其中的一部分，也就是遗民之中很有势力的殷商贵族，他们在武庚战败之后，全都成了俘虏，周公决定把他们迁到新建的成周洛邑（今河南省洛阳市）。周公先是宣布要把他们迁到离朝歌很近的某个地方，绝处逢生的殷商贵族们一听非常高兴，表示都很拥护周公的决定。但是，周公却说，迁徙是大事，必须占卜，问问"天命"，看准备要迁过去的这个地方是否吉利。

当时有专门从事卜筮的官员叫太卜或卜师，所用的卜筮方法主要有两种，一种是用蓍草的茎，叫筮；一种用甲骨，叫卜。通常情况下，所问的事情越重要，越要采用卜法，这叫作"筮轻龟重"或"筮短龟长"。

这里简要介绍一下当时卜卦的原理。卜卦所用的甲骨最初用的是牛、羊等动物的骨头，后来因为牛、羊等动物的骨头过于粗大而改用龟甲。卜卦的时候，卜师拿火在龟甲的背面烧烤，随着温度的升高，龟甲的正面就会相应地出现裂纹，而太卜就依据裂纹出现的方向，来宣布占卜的吉凶。可是如果国君告诉太卜，或者说是周公告诉太卜，要是这一卦的卦象呈吉利状态，我就砍你的脑袋，那怎么办呢？好办，太卜就要控制好这个裂纹的方向，务必要让这一卦算得不吉利。怎么控制呢？在龟甲的背面钻小窝，引导火烧时可能出现裂纹的方向！比如到时候想让裂纹朝左边开，就在龟甲朝左的背面多钻窝，并把窝钻得深一些。到了占卜的时候，火一烧，朝左的背面因为被钻了深窝，龟甲变薄，在火烧之下立即裂了开来，这就达到了控制裂纹方向的目的。国君控制卜师，卜师控制裂纹，裂纹控制"天命"，通过这样的程序，最终达到由国君控制百姓的目的。这就是占卜的实质。

周公命太卜当众卜卦的结果可想而知，卦象显示迁到这个地方不吉利！殷商贵族们一看全都傻了眼，问那该怎么办。也好办，再占卜，看迁到哪个地方吉利。再卜，结果卦象显示洛邑最吉。卦象代表着上天的命令，当时的人们对此特别迷信，于是周公趁机把殷商贵族迁到了洛邑，让他们和周民杂居。

把这部分遗民迁到洛邑以后，周公作《多士》一文，用周成王的命令狠狠地把他们教训了一番：你们受了上天的惩罚，本来我准备要杀死你们，但上天有好生之德，现在暂且留下你们的性命。你们应该学会感恩，老老实实地在我分配给你们的田地里认真劳作，自我丰足，如果还是执迷不悟，那我就要重重地惩罚你们。

此时人为刀俎，我为鱼肉，殷商贵族们除了服从，再没有任何讨价还价的余地。为了防止这些遗民再生事端，吉公又委派召公在洛邑驻兵八师，加强对他们的监视。

殷遗民的第二部分，周公把他们封给了殷纣的庶兄微子启。

当初周武王率军攻陷朝歌的时候，商纣的庶兄微子启手持宗庙里的祭器来到周武王的军门前，他袒露上身，双手反绑，让人在左边牵着羊，在右边拿着茅，用膝盖跪着前行，来到周武王面前，表明自己归顺周朝的心意。于是周武王命人释放了微子启，并恢复了他原来的爵位。此时周公杀了武庚，考虑到商族中再没有更合适的亲周人选，于是命令微子启代替武庚做了殷商的后嗣，祭祀殷商的先祖和宗庙，并作了《微子之命》一文以阐明此意，把他封在商朝故地宋国，建都商丘（今河南省商丘市睢阳区），让他治理殷商的这部分遗民。微子启也是一个颇具才干的人，在替代武庚之后，得到了这部分殷商遗民的拥护和支持，导致宋国在此后成了一个势力较强大的诸侯国。

第三部分殷商遗民，大多是商王朝的中产阶级，是一些手工业者和庶民，复辟的愿望没有贵族们那么强烈，相对来说比较安全。周公把他们封给了自己的九弟姬封，立他为卫国国君，建都朝歌，居住在黄河和淇水之间，也是商王朝之前的故地。姬封就是卫康叔。

周公担心卫康叔年纪太小放纵自己,就一再告诫他说:"一定要访求殷国的贤人君子和德高望重的长者,询问他们最初殷朝因为什么而兴盛,最后因为什么而灭亡。一定要把爱护百姓作为头等大事。"告诉他殷纣之所以灭亡,是因为他沉溺于酒,贪酒就会出现失误,就会唯妇人之言是从,所以纣王的祸乱是从这些开始的。周公专门为卫康叔写下一篇名为《梓材》的文章,以昭示君子所以效法的准则。卫康叔到了封国之后,很好地遵循了周公的这些教导,用来安抚和团聚百姓,百姓都很顺服,卫国很快得到治理,卫地稳定了下来。

殷商遗民的迁徙和顺服,标志着商王朝的真正灭亡。

顺利地将殷商遗民迁徙之后,周成王接受周公迁都的建议,派召公前往洛邑观察地形,卜地相宅,具体规划建都的地址。召公到达洛邑,指使殷民在洛水北岸规度城郭、宫室、郊庙、朝市的位置,顺利完成规划。之后,周公又亲自前往洛邑,进行了全面细致的考察,经占卜吉利并请示周成王同意之后,周公向各诸侯国及殷民颁布命令,举行了盛大的奠基仪式,正式动工修建洛邑新城。经过为期八九个月的兴建,洛邑新城建成,周成王来到洛邑,受到各地诸侯的朝贺。由周公负责督建的洛邑新城,被称为"成周"。也就是说从这个时候起,周王朝才真正"大业始成""周道始成"。周公认为:"这里是天下的中心,四方的诸侯前来进贡,路程都是相等的。"

周成王入居成周之后,在那里举行了盛大的祭祀仪式,并在成周会盟了天下诸侯。此次盟会不仅是周成王即位之后的第一次会盟诸侯,也是周王朝自建立以来的第一次会盟诸侯,称之为"成周之会"。周成王把九鼎安放在了城中的明堂,史称"定鼎天下"。成周,从此成为周王朝朝会东方诸侯的东都。东都"成周"与西都"宗周"(位于现陕西省西安市长安区沣河两岸)相对,西都宗周又分为两部分,周文王时建军丰邑于河西,周武王时建镐京于河东,因为那里是周人的聚居地,也是祖先宗庙的所在地,所以称之为"宗周"。这就是西周时期著名的两都制度,也就是同时有首都和陪都。

## 第四节　四大制度、周公遭忌

　　在这个时候，周公作为人臣，其声望已经达到了顶点，如果他像后世的王莽、曹操那样继续把周成王架空，他当周王或者是他的儿子当周王也不是没有可能的事情。但是，周公却并没有选择这样做。对于周公为什么没有这么做的原因，后世的许多史学家和儒生一般归结为周公的品质高尚和忠厚仁慈，是道德的楷模，是贤臣的典范，其实这也并非百分之一百正确。作为一个人，一个具有普遍的人性优点和人性弱点的人，若说周公丝毫没有动过这个心思，那即使是再愚笨的人，也不会这么认为。

　　那么周公为何没有代成王而自立呢？归结起来，大概有这么几个原因：第一，流言四起之日，他为了平定武庚的叛乱，在争取姜尚、召公等人支持时说了一番慷慨激昂的话，这就等于自己给自己套上了道德的枷锁，用自己的话堵死了自己以后擅行废立的路，他若是废成王而自立，就会背上至奸至恶的名声，遗臭万年。而在他之前，还从来没有出现过这样一个人，他无法迈出这一步，那就只有践行自己的诺言，在贤臣的路上一路走下去；第二，姜尚和召公是忠于成王的，虽然他们两人的实力与周公相比还有较大差距，但如果这两个人始终忠于成王，周公也不敢轻举妄动。况且姜尚和召公并不是两个人在战斗，他们的身后还站着为数不少的大臣和将士，只要周公敢走这一步，他们两个人振臂一呼，天下人的唾沫星子都会把周公淹死。周公是绝顶聪明之人，权衡利弊，他最终选择了一条最适合自己走的路。

　　因此，后世对周公的议论从来就没有止息过，因为他是最具有篡位实力的人，居然没有篡位，很多人表示难以想象。

一千多年以后，中国历史上又出现了一个和周公很相似的人，道德品质堪称天下第一，人人都认为他不会篡位，结果他最后却篡位了，这个人就是两汉之交建立新朝的王莽。

针对这两件迥异吊诡之事，唐朝大诗人白居易感慨万端地写道："周公恐惧流言日，王莽谦恭未篡时。向使当初身便死，一生真伪复谁知？"是啊，假如当初管、蔡等人散布流言并与武庚发动叛乱，许多人怀疑周公之时，周公很不巧地死了，恐怕他马上就会被扣上一个阴谋家伪君子的帽子，数千年都不得翻身。而王莽如果在代汉之前不小心为国殉身，那么他就会因此而成为比周公还要道德高尚的人，长久地接受人们的顶礼膜拜。

不过，从周公此后所做的许多事情来看，他没有选择成为一个国君而选择做一名辅臣，所取得的成就却远远超出了中国历史上的许多帝王。

前文曾有提及，周人在建国之后，为了宣扬自己的正统，做了许多美化自我、丑化政敌的事情。这些事情包括给黄帝增加一个"姬"姓，说自己的始祖后稷之母是帝喾元妃，最大限度地抹黑殷纣，等等。做这些事情，水平低的人想不出来，也做不了那么巧妙，能够将这些事情做到完美无瑕、天衣无缝，周公姬旦难逃嫌疑。

但尽管周人在建国后运用各种方式美化宣扬自己，还是有人不认可他们的统治。商朝时期，商王宣扬"君权神授"，宣称国王是受"上帝"之命来统治天下万民的，随着统治时间的延长和推移，天下百姓都慢慢地接受并认可了这个说法。可是现在，这个"上帝"任命的特使竟然被别人取代了，这又怎么说？这又怎么说服天下百姓呢？

当时发生的一件事情，就颇具代表性，也很有影响力。这件事情就是伯夷和叔齐的绝食而死事件。

伯夷和叔齐，是孤竹国国君的两个儿子，都以贤能闻名。本来他们的父亲想让叔齐继承君位，但叔齐却坚决不肯，非要让伯夷继承，两个人推来推去谁都不愿当国君，最后双双逃亡隐居了起来。后来，他们听说周文王姬昌能赡养老人，就结伴赶去投奔。从现今的东三省徒步走到陕西，光是看看路程，就可以看出他们对周文王是多么地虔诚。可是等他们赶到周国的时候，才知道周文王已经死了，正碰上周武王车载着周文王的牌位去讨伐殷纣。

两个人不顾一切地拦在周武王的马前不让他前行，说姬发你不能去伐纣，第一，你父亲刚死不久，你不为父亲守孝却发动战争，这是不孝；第二，你是殷纣的臣子，以臣伐君，这是不忠。也就是说，殷纣的帝位是上帝赋予的，你姬发怎么能去攻打呢？

周武王可不是那种认为殷纣就是"上天之子"的愚蠢人，可是，他又不能说破这个事情，因为一旦说破了，又让别的百姓凭什么拥护他姬发呢？周武王找不到可以说服伯夷和叔齐的任何理由，所以脸色非常难看，他手下的军士们想把两个人给杀了。但姜尚却劝阻说："这两个人是忠义之人。"命令军士把他们架到了一边去。

等到周武王灭了商纣，伯夷和叔齐认为姬发的行为非常可耻，不愿意吃周朝的饭（耻食周粟），于是仍旧返回原孤竹国，逃避到距孤竹国不远的首阳山（今河北唐山迁安市岚山）隐居了起来，靠挖野菜生活。结果有一天，他们又遇到了另一个隐者。那位隐者对他们说，你们以为你们挖野菜就吃的不是周朝的饭了吗？告诉你们，普天之下，莫非王土，率土之滨，莫非王臣，所以这野菜也是周朝的，你们吃的还是周朝的饭。两个人一听，还真是这么回事，于是就绝食了，最后饿死在首阳山上。

两个人临死前作了一首诗，其后曾广为流传："登彼西山兮，采其薇矣。以暴易暴兮，不知其非矣。神农、虞、夏忽焉没兮，我安适归矣？于嗟徂兮，命之衰矣！"我们跑到首阳山上，靠挖野菜生活。残暴的姬发代替了残暴的殷纣，还不知道自己做了错事。炎帝、虞舜、夏禹那个时候的情景再也看不到了，我们该到哪里去？我们只有去死了，因为这世道实在是太黑暗了。

伯夷和叔齐的做法此后曾得到孔子的大力推崇，认为他们是求仁而得仁的圣贤，是抱节守志的典范。但换个角度想，伯夷和叔齐指责姬发讨伐殷纣是不忠，那么当初的商汤讨伐夏桀是忠还是不忠呢？如果商汤的行为无可指摘，那么姬发的行为也就无可厚非，这两个贤人为什么要对姬发这么不公平呢？

因为伯夷和叔齐素有贤名，他们义不食周粟而选择绝食而死，在当时造成了非常大的影响。

为了消除天下人的质疑并稳固自己的统治，新建的周王朝就必须采取恰当的方式进行回应。周王室的智囊们想了又想，最终提出了一个说法。他们认为，上天把权力授给人间的某个帝王，却并不一定是固定的，也就是说，这个人如果有德，上天就授给他权力，而这个人如果无德，那么上天就会收回权力。所以，商王无德，上天收回了权力，而周王有德，上天把权力授给了周王。这就是"皇天无亲，唯德是辅"的观点。至此，中国古代的治国思想由"君权神授"发展到天命和人事并重，也就是说，由神的一元论发展到了以德辅天的二元论。

但仅仅提出一个说法还不够，因为很显然，要想使一个王朝的统治稳固，光有口头的解释和自我宣扬是不够的，还必须有实际措施。用几句口号糊弄老百姓当然非常容易，而对付那些熟知其中内情的商朝贵族可不容易，政权最终归属于谁，那还要靠综合实力来说话！

因为此，周武王远望商都，彻夜不寐，周公一沐三握发，一饭三吐哺，为的就是最大限度地瓦解商人的势力，消除商人的影响，让天下人认可周朝、归顺周朝。

也因为此，周公在参考和借鉴前代制度的基础上，制定了一套行之有效的典章制度，概括起来就是分封制、宗法制、井田制、礼乐制四大制度。

因为这四大制度对后世中国的历史产生了非常深远的影响，并且会在后世的历史中经常出现，因此这里用简略的篇幅加以介绍。

先说分封制。

分封制是周朝的政治制度，就是将天下的国土分封给同姓的宗族和有功的大臣，比如周公封鲁、召公封燕、姜尚封齐等，让他们在这些国土上建立诸侯国。

诸侯又把他们国内的土地和庶民分封给他们的卿大夫（不一定全部分完），接下来就由卿大夫管理他的辖区内的庶民，诸侯再管理卿大夫，周天子再统治诸侯，这就形成了一种金字塔式的层级，一级控制一级，形成严密的统治网络。

打个形象的比喻，这与现今的传销组织非常相似，周天子处在最上层，是组织者，诸侯其次，是周天子的下线，卿大夫再其次，是诸侯的下线，民众最下层，是受剥削受压迫也就是最后被上线卷走钱物受骗最多的那一类人。

分封制也叫"封邦建国"，这就是"封建"二字的最初含义，天子、诸侯、卿大夫、士这几个等级可以世袭爵位，庶民们当然也可以说是"世袭"的，因为他们的后代还是庶民。庶民们在田里劳作创造财富，士大夫管理庶民并效忠于诸侯。诸侯听从周天子的命令和调遣，并且定期向周天子纳贡，还要随时准备带领卿大夫、士和庶民组成的军队去跟周天子作战。

在西周初期，从周武王开始，一直延续到周成王之后的周康王时期，共分封七十一国，这些诸侯国以姬姓为主体，当然也有一些异姓功臣或前朝贤王后裔。因为这里面有些重要的封国会在此后的历史中频繁出现，因此在这里略作介绍：季历的两个哥哥太伯、虞仲的后人封于吴（今江苏省苏州市），周文王的两个弟弟虢仲、虢叔分别封于东虢（今河南省郑州市荥阳市）、西虢（今陕西省宝鸡市），周文王的儿子姬鲜封于管（今郑州市管城回族区）、姬度封于蔡（今荥阳市，其后代迁河南省驻马店市上蔡县）、姬处封于霍（今山西省临汾市霍州市一带）、姬封封于卫（今河南省鹤壁市淇县）、姬郑封于毛、冉季载封于聃（音丹，今山东省菏泽市定陶县冉堌镇一带）、姬振铎封于曹（今定陶县西）、姬绣封于滕（今山东省枣庄市滕州市西南）、姬高封于毕（今陕西省咸阳市西北）等；周武王的儿子姬虞封于晋（始封在今山西省临汾市翼城市西）、姬达封于应（今河南省平顶山市一带）等；周公的儿子姬伯禽封于鲁（今山东省济宁曲阜市）、姬伯龄封于蒋（今河南省信阳市固始县西北）、姬朋叔封于邢（今河北省邢台市一带）等；召公的儿子封于燕（今北京）。主要的异姓功臣及贤王后裔受封的有：姜尚封于齐（今山东省淄博市临淄区）、殷商后裔微子启封于宋（今河南省商丘市睢阳区）、大禹的后裔封于杞（今河南省开封市杞县）、舜帝的后裔封于陈（今河南省周口市淮阳县），等等。这些封国成为周王室的屏障。

再说宗法制。

宗法制是周朝的社会制度，它是分封制的基础，是一种按照父系血统的亲疏远近来区别等级并巩固国家统治的制度，用来解决贵族之间在权力、财产和土地继承等方面的一系列问题。

宗法制的核心是嫡长子继承制。比如周武王和周公都是周文王的儿子，但周武王是嫡长子（伯邑考早死之后，姬发就成了嫡长子），所以由他继承王位，而其后的管叔鲜和周公旦不能。

之所以说宗法制是分封制的基础，是因为血缘关系最近的嫡长子，他就可以继承君位当天子，而其他各子作为别子（又称公子），只能分封到外地当诸侯。嫡长子是大宗，而别子是小宗。所以前文曾经讲到周人要将殷人的始祖记载成帝喾次妃所生的孩子，其主要目的就是为了使周王朝的建立看上去与宗法制更相契合。

国君的别子当了诸侯之后，就又成为这个家族之中的大宗，他的子孙后代，就又成为这个家族之中的小宗。由大小宗构成的整个家族中，大宗居于族长地位，称为宗子。如果大宗与小宗之间的血缘关系超过五代，就是通常所说的出了"五服"，便不再宗原来的小宗。宗法制的一个显著特点，就是大宗与小宗的关系。大宗约束小宗，小宗服从大宗。不过大宗与小宗是相对的。比如相对于周天子来说，诸侯是小宗，周天子是大宗。但对于士大夫来说，诸侯又是大宗，士大夫又是小宗，仍然像分封制那样是环环相扣的。所不同的是宗法制解决的是内在的血统远近问题，而分封制区别的则是外在的土地分配问题。

按照这样的宗法制度，周天子实际上变成全体姬姓宗族的"大宗"，也就是最大的族长，他约束着所有的小宗。

宗法制对中国社会的影响非常之大，直到今天，宗法制还时不时地出现在我们的社会生活中。比如逢年过节祭祀祖先，长子必须跪在前面；举行丧礼的时候，死者的遗像必须由长子捧着，其他儿子是没有资格的，女儿就更不用说了；家里有什么事情，家长说了就算；还有之前的什么长子不得自谋职业必须继承祖业，家族的绝技传男不传女；等等，无一不是宗法制的体现。不过随着经济社会的迅速发展，宗法制对国人的影响已是越来越微弱，很多人几乎已经无法察觉到它的存在。

其三井田制。

井田制是周朝封建的经济制度，起源于远古的氏族公社或夏商时的奴隶社会，盛行于周。所谓井田，望文生义，也就是把一大块土地划成了一个"井"字形，总共有九块，外面的八块归庶民所有，中间的一块归占有它的王室或者诸侯所有。庶民自己田里的收益归庶民所有，中间那一块田由庶民们义务劳动，收益归王室或者诸侯所有。井田的大小，一般是一个方块一百亩（约合现今的三十一亩多一点），称之为一田，九田就称之为一井，十井为一成，百井为一同。

因为周天子在名义上是全国土地和百姓的最高主宰者，有"普天之下，莫非王土，率土之滨，莫非王臣"之说，所以他就把全国的土地和依附在土地上的百姓分封给诸侯，给辖区内的每个男性主要劳动力授田百亩，即一田。

之所以要实行井田制，是因为那个时候的农耕技术不发达，再加上农具既不先进又不充足，所以必须好多人聚在一起干活，便于共同耕作共用农具（类似于现今好多家农户共用一台手扶拖拉机、播种机或者脱粒机，一起搭伙播种、脱粒）。

后来，随着牛耕和铁制农具等先进生产力的出现，井田制渐渐失去了意义，因为庶民们也是人，只要是人就有自私自利这一人性的弱点，中间那块田的收益不归自己，所以谁都不愿意多出力气，长此以往，生产效率自然就会下滑，就阻碍了生产力的发展。再过七百年，商鞅变法时果断地废除了井田制，鼓励农民开荒，收益全归个人，结果极大地促进了秦国综合国力的增长，为后来消灭六国统一全国积累了巨大的物质财富。

其四礼乐制。

礼乐制是维护周朝封建统治的文化制度，起源于氏族公社时期的古风古乐，由周公总结并完善。它用来规范贵族的身份和地位，要求贵族在衣、食、住、行方面的一举一动都要符合自己的身份，使贵贱尊卑长幼之间要体现出明显的差别。

比如说，就单单是个"死"字，不同等级的称呼都不一样，比如，天子死了叫崩、诸侯死了叫薨、卿大夫叫卒、士叫不禄、庶民叫死，等等。阅读仔细一些的读者可能已经发现，如果严格按照这个礼乐制来要求，那么前文之中对尧舜禹汤周文武王的死法称呼都是不合规矩的，但是如若严格按照这样的礼法来行文，却又感觉非常别扭，繁文缛节得不得了，所以本文之中，一律遵行现代白话文惯例，怎么方便怎么描述。

此外还有统治阶段贵族的五礼，即吉礼（祭礼）、凶礼（丧礼）、军礼（行军、出征、田猎）、宾礼（朝觐、互聘）、嘉礼（婚宴、加冠）。以其中的婚礼为例，又遵循周公六礼：一纳采，男方提着礼物到女方家求婚；二问名，男方再提礼物到女方家去问将要嫁给他的那个女子的名字；三纳吉，男子问到女子的名字后去卜算一下，看吉利不吉利，生辰八字合不合，克夫不克夫，等等；四纳征，如果占卜吉利，就送上彩礼，正式确定婚姻关系；五请期，确定婚姻关系之后，男子找卜师占卜一个黄道吉日，请女方家确定婚期，看哪天结婚合适；六亲迎，就是骑马抬轿敲锣打鼓把女子迎娶回来。看看，就这么一套严格的程序，让很多人看见就发怵，怪不得有许多人嫌麻烦选择了野合或是私奔了事。

这就是礼乐制，让人感觉既隆重，又麻烦。礼乐制是用来维护贵族阶级统治、控制庶民思想的工具。不过对于某些等级较高的人来说，礼乐制却又是一种待遇。比如说，礼乐制规定：给天子表演歌舞用八佾（音义，一佾指一列八人）六十四人，诸侯用六佾，卿大夫用四佾，士用二佾；天子饮宴时可以列九鼎，每个鼎内一种肉类，共九种肉类，品种非常丰富，而诸侯只能用七鼎，卿大夫只能用五鼎，士只能用三鼎，肉食的种类也按鼎的数目相应递减。谁要是超过规定的标准，那就是僭越。比如春秋时期的鲁国卿大夫季氏，用六十四个人跳舞，孔子就对这种破坏礼乐等级的僭越行为非常不满，表示"是可忍，孰不可忍"，认为"礼崩乐坏"；西汉时的主父偃在寒微时曾非常羡慕卿大夫的生活，梦想自己有一天能过上卿大夫用五口锅吃饭的生活，于是说出了一句令人瞠目千古的话："生不五鼎食，死当五鼎烹。"（男子汉大丈夫，一定要轰轰烈烈，活着的时候不能享受用五口锅吃饭的待遇，那还不如在死的时候遭受用五口鼎烹煮的酷刑。）

看完了四大制度，或许许多人都会由衷地对周公心生敬佩之心：带兵打仗有一套，制定法令有一套，控制百姓思想也有一套，既能文又能武，打得了天下坐得了天下，还把他的名字广泛地嵌入到了人们的日常生活中，真可谓是"随风潜入夜，润物细无声"。比如说新婚男女入洞房叫行周公之礼，睡觉叫梦周公，如果做了梦还要查一查周公解梦，等等，真是让人不佩服都不行。

四大制度不一定百分之百都出自周公的手，但周公功不可没。可是周公取得了如此重大的成就，他仍然还是遇到了让他感觉到尴尬和痛苦的事情。他是一个大臣，但却一直在做着国君的事情，要是国君一直年幼，倒也没有什么问题，以前做什么以后还继续做什么就行了。但是自然规律谁也没有办法违逆，因为周成王姬诵渐渐长大了，所以周公也就面临着一个实质上的角色转换问题，即由实质上的国君回到臣子的那个位置上去。

站在周公的立场上来看，要说他既然决定了不愿意取代周成王，那么他摆正位置做臣子也并不是什么难以办到的事情。可是其他人不这么想。不要以为周公是在为国事操劳就可以居功自傲，没有那种可能，即使他战战兢兢如履薄冰，杀身之祸仍然降临到了他的身上。

周成王成年之后，可以独立地听政了，于是周公就还政于成王，退回到北面该大臣站立的位置上去了，对待成王态度异常惶恐谨慎。可是还是有人在周成王那里说了周公的坏话，周公获悉后非常害怕，于是就逃到了楚国。

周公逃走之后，周成王命人打开府库金柜查阅机密文书，结果发现了一件令他十分震惊的事情。原来周成王很小的时候有一次生病，周公为了祈祷他的病早一点好，剪下自己的指甲沉到了河里，并向上天祈祷说："周成王年纪还非常小，什么也不懂，如果他生病是因为无意中冒犯了神灵的话，那么就让我姬旦代他去死吧。"周成王看到这篇祝文，感动得哭了起来。忠臣，周公真是难得的忠臣，都愿意代我去死，还怎么会阴谋篡夺我的王位呢？于是立即派人把周公恭恭敬敬地请了回来。

周公回来之后，担心周成王壮年之后，治理国家有所放纵淫逸，于是就写下了《多士》《无逸》两篇文章。《无逸》篇说："为人父母者，创业艰难长久，子孙骄纵奢侈忘记父母创业的艰苦，致使家业败落，为人子者能不小心谨慎吗？所以从前殷王中宗在位时，严肃恭敬地敬畏天命，以身作则治理天下百姓，时刻谨慎小心，不敢荒废政事贪图安逸，所以中宗享有国家七十五年。殷王朝到了高宗武丁当政，由于他曾长期在民间劳动，经常与百姓生活在一起，到他即位后，时常保持沉默，三年没有讲话，后来话一出口，百姓都很喜悦。他不敢荒废政事，贪图安逸，一心安定殷国，以致大大小小的政事百姓都没有怨恨的，所以高宗享有国家五十五年。到了祖甲，他认为超越兄长为王是不义之举，于是逃亡到民间做了好长时间的平民，因此深知百姓需求，能够保护和施惠于人民，不侮慢鳏寡孤独之人，所以祖甲享有国家三十三年。"《多士》篇则说："从成汤到帝乙，没有不恭顺地祭祀鬼神、修明德行的，每位帝王没有谁不配合上天意旨的。等到最后即位的纣王，荒淫逸乐，不顾念上天的法则和人民的意愿。他治下的百姓都认为他应该受到惩处。""周文王日过中午太阳偏西还顾不上吃饭，所以他享有国家五十年。"周公写下这些文章，以此告诫周成王，劝导周成王不要贪图享受骄傲自满，而是要谦虚谨慎守好祖业。

不过，虽说周成王看了周公的祈祷文书非常感动并把他迎了回来，但实际上他对周公的猜忌和防范并没有彻底消除。

不过这种情况也并没有持续多久，因为周公也是上了年岁的人了，没几年时间，他就病倒了。临死之前，周公留下遗嘱说："我死了之后，一定要把我安葬在成周，以表明我不敢离开成王。"一方面，是因为人之将死，其言也善，而另一方面，则是周公为自己的子孙后代考虑而做出的输诚之举：好了，周成王，我也是一具枯骨了，我一直对你忠心耿耿，你就再不要猜忌我了，我把我埋得离你这么近，就是死了也不会造反，请你放心。

周公如此高姿态，周成王自然也得有所谦让，于是他命人将周公葬在了毕地周文王的墓后，让他随从周文王，以表示自己不敢把周公当作臣子看待，算是给予了周公较高规格的礼遇。

周公死后的这年秋天，庄稼还没有收割，结果刮起了一场暴风，庄稼尽皆被刮倒，一些大树被连根拔起，京都的百姓见状，感到非常恐惧，以为是上天有什么不好的昭示。于是周成王和众大夫穿着朝服打开金柜，取出封存的策书，希望从里面发现一些线索，结果开柜之后，在里面发现了当年周武王病重之时周公愿意以身为质替代周武王去死的祈祷祝文。周成王于是问史官及保管金柜的官员，这些人都说："确有其事，以前周公命令我们不许泄露出去。"此时周成王内心的真实想法不好臆测，但在表面上，他仍然像上次一样，表现得非常感动，感动得流下了泪水，他手捧策书称赞周公说："自今以后就不必恭敬地占卜了。从前周公为国家付出了这么多辛劳，因为我年幼，竟然没有人知道，现在上天显威来表彰周公的功德，我应当设郊祭之礼迎其神，我这么做，按照国家的礼仪也是适宜的。"

周成王出郊祭天，于是天上下起了雨，风向也反转过来，禾苗全都被吹得直立了起来。太公、召公命令百姓，凡是被大树压倒的庄稼，全部扶起来培土，当年庄稼获得了大丰收。

因为这件事情，周成王特地下令，周公的封国，即鲁国的国君可以在郊外祭天，并且可以建庙祭祀文王。鲁国之所以有天子的礼乐，是因为要褒扬周公的美德。而其他的诸侯国，则没有资格享有这种待遇。

如果联系一千二百多年后诸葛亮死后刘禅不同意给他立庙这件事情来看，此时周成王的内心，对周公其实是既敬重，又忌恨，可说是心情十分复杂。一方面，周公活着的时候，就一直压着他，让他心里不畅快；但另一方面，他也承认，周公确实才能卓越，为维护周王朝的统治殚精竭虑，直至献出了生命。不过无论怎样，周公任劳任怨，忍辱负重，总算是做到了与周成王存小异、求大同，避免了发生内耗，为巩固周初的政权做出了积极贡献。而周成王虽然对周公多有猜忌，但他最终还是选择了包容和让步，因为在国家利益这个层面，他们的目标是一致的，那就是祖先留下的基业，需要他们共同维护。他们两个人，都妥善地把握住了各自的分寸和进退，做到了最大限度的团结，没有让先祖和百姓失望，也没有让历史失望。

史书对周公的评价是中国古代伟大的政治家、思想家、哲学家、军事家，同时也是继周文王、周武王之后的又一位圣人。周公的军事才能在剿平武庚和"三监"之乱时得到了充分的证明，而思想家、哲学家和政治家，则是对他修订完善并成功实施四大制度、维护周朝稳定的盖棺之论。客观地说，历代中国人民沉重的精神枷锁，就是周公最先打造出雏形并套在他们头上的，中国人性格中所表现出来的那种循规蹈矩、逆来顺受、忍气吞声、唯命是从，以及那种奴性的、自甘卑微和被剥削被奴役的特征，还有那些娶妻子付不起彩礼、死了人办不起丧礼等现实，也与周公的礼法制有着密不可分的关系。或许周公把一种叫"规矩"或是"秩序"的东西深深地植入了每一个中国人的潜意识里，但他的这种规矩和秩序却并不是在平等的基础上实行的，它分了好多个等次，不客气地说，它更多地维护的是富人和权贵的利益，这些思想被历代的统治者所利用，所发挥出的实际作用，远比皮鞭和荆棘更令国人痛苦，这是一种思想的凌迟。不过哲学家也有哲学家的局限性，他毕竟要为他所在的那个时代服务，为他所处的那个阶层服务，他制定出这样一套礼法来，也是他的职责所在。因为即使周公不这样做，召公、毕公等人，迟早还是会摸索完善并制定出来。因此，周公仅仅也只是一个符号、一个缩影、一个代表，把所有的指责和议论加在他这个个体身上，那显然是有失公允的。而出于另一种辩证的考虑，周公的这些策略，是基于当时的实际社会形态所制定的，至于其后长时间地被历朝统治者所利用，禁锢人民的思想，则又是另一回事，没有与时俱进，或许也不是周公初衷。

周公死后没过几年，周成王也走完了他的一生。根据史料推算，周成王死的时候，最多三十五岁。

周成王临终前，担心太子姬钊不能处理国政，于是命令召公奭和毕公高率领诸侯辅佐太子姬钊登基。周成王死后，召公奭和毕公高率领诸侯，引导太子姬钊拜谒先王庙，反复告诫他周文王、周武王能够成就王业实属不易，重要的是在于节俭，不要过多贪欲，以笃厚和诚信来治理天下，并写下了一篇名为《顾命》的文章。之后姬钊即位，是为周康王。

周康王即位之后，用文书遍告诸侯，向他们反复宣告周文王、周武王的功业，以申诫诸侯，这就是《康诰》。由于周康王较好地奉行了周文王、周武王时的法令政策，所以周成王时期稳定有序的治理成效得到了较好的传承和发扬。因为社会太平安定，人口也得到了一定程度的繁衍，于是周康王命令毕公将都城划为好几个居住区域，并把许多城里的居民迁到郊外居住，作为周都的屏障。

周成王、周康王在位的四十多年间，社会安宁，人民安居，刑罚弃置不用长达四十余年，西周进入盛世，历史上把这一段时期称为"成康之治"。

周康王死后，他的儿子姬瑕继位，是为周昭王。周昭王在位期间，发动了对南方楚地的征伐，结果在渡汉水的时候，死在了汉水之中。周王室没有把周昭王的死讯通告诸侯，以掩饰他的真实死因。直到今天，人们也不知道周昭王究竟因何而死，这成为一个历史之谜。

## 第五节　周穆王西游、周孝王养马

　　周昭王死后，其子姬满继位，是为周穆王。周穆王即位之时，已经50岁了。其时，周王室王道衰微，周穆王痛心文王、武王之道亏缺，于是任伯冏为太仆，以国事反复告诫他，天下又复归安宁。

　　在西周的历史上，周穆王是一个颇具传奇色彩的君主。对于爱好文学和喜欢幻想的人来说，周穆王姬满应该是一个偶像级的人物，他喜欢旅游，有八匹名马，叫作八骏，由一个驾驶技术特别出众的叫造父的人拉着他到处游逛。这八骏一种说法出自《穆天子传》，分别是：赤骥、盗骊、白义、逾轮、山子、渠黄、华骝、绿耳。不过这种说法从名称上来看，似乎没有什么明显的意义，但另一种说法就有趣得多，出自《拾遗记·周穆王》，分别是：一名绝地，足不践土；二名翻羽，行越飞禽；三名奔宵，夜行万里；四名超影，逐日而行；五名逾辉，毛色炳耀；六名超光，一行十影；七名腾雾，乘云而奔；八名挟翼，身有肉翅。看到这些，就会让人由衷地感叹古人的想象力之丰富，文采也相当出色。那个时候还没有飞行工具，但他们却能凭着对浩瀚无垠的太空的想象和神往，让自己在其中遨游，确实让人叹为观止，钦佩不已。这个八骏传说，成为后世画师们笔下的常用素材。

　　记载周穆王的旅游事迹的，是一部天马行空的《穆天子传》，从严格意义上来说，这应该算是中国最早的游记，周穆王也因此而成为中国历史上最早的旅行家。周穆王旅游到昆仑山，还有幸与西王母演绎出了一场风花雪月的浪漫故事。周穆王送给西王母许多珍贵的宝物，与西王母畅饮于瑶池之上，席间深情唱和，相约三年后再次聚首，之后启程返国。现今的一些学者试图依据书中的线索还原周穆王西游中的一些历史事实，认为书中记载的周穆王与西王母相会之事，大概是周穆王到了西部的某一个母系氏族部落西王母国（据考证，西王母部落在今天青海、新疆以西的帕米尔地区），那个部落的女首领出于礼节热情地接待了他而已。至于他和西王母互生情愫难舍难分之类的传说，大抵是后世多情才子们的意淫幻想和艺术创造。《穆天子传》中的记载虽然多不真实，但在一定程度上反映了周穆王想要周游天下，并与西北部各方国部落往来的情况。

周穆王在位期间，除了旅行，还做了几件影响重大的事情，其一是征伐犬戎，其二是制定《甫刑》，其三是征伐徐偃王。

其时的犬戎，处于周王朝西部较远的地方。按照之前夏禹划分的"五服"范围，属于最外围的边远地带"荒服"。那里居住的通常都是少数民族，可以向周王室进贡，也可以不进贡，只要和王室维持一种和平状态即可。之前的时候，已经建立了初步文明制度的犬戎，常向周王室进贡一些特产方物。可是有一年，犬戎没有进贡，周穆王于是下令征伐犬戎。

卿士祭公谋父和周穆王意见相左，他主张实行周文王时期的"耀德而不观兵"政策，即向天下显示德行而不是用诉诸于武力的手段使远邦臣服。但周穆王没有采纳他的意见，而是执意西征。

这场征伐的结果是周朝军队取得了胜利，但战果却并不丰硕，"得四白狼四白鹿以归"，也就是说，只击溃了犬戎的八支队伍，缴获了四只白狼四只白鹿八面旗子。周穆王对边疆少数民族国家采取高压政策，使边远异族不再尊崇周王室，从此以后，处于"荒服"之地的人，不再来朝见周王朝，周王朝在周边异族国家中失去了威信。

周穆王时期制定的《甫刑》（因为是国相甫侯提出并制定的，因此命名为《甫刑》，也叫《吕刑》），是中国流传下来最早的法典。

《甫刑》之中的疑罪从轻原则，与现代的疑罪从无法律思想颇有相似之处。不过法典中断案的依据却是主观的成分较多。《甫刑》认为，等原告、被告和证人到场后，执法官就要通过五辞来判定案件的真伪，五辞又叫五听，分别是辞听，也就是看说话；色听，也就是看表情；气听，就是看呼吸是否正常、紧张不紧张；耳听，看他听话时的样子；目听，观察他看人时的样子。这在今天看来，未免有很不完善的一面，因为如果遇到心理素质好或者是善于狡辩的人，那就很容易打赢官司，如果遇到不善言辞或者是心理素质差的人，那就极容易输掉官司,这与"以事实为依据,以法律为准绳"的标准相去甚远,但这比起通过占卜定罪来,显然是一种较大的进步。通过五辞结案之后,就要适用相应的刑罚。最重的一种是五刑,分别是黥刑(又叫墨刑,在脸上刺字)、劓(音义)刑(割掉鼻子)、膑刑(挖掉膝盖骨)、宫刑(男性阉割生殖器,女性用锤击腹部等方式使子宫脱落)、大辟(杀头)。如果判处五刑有疑点,那就改为五罚,相当于现在的罚金,分别是墨刑六百两黄铜(铜与锡的合金)、劓刑一千二百两,膑刑三千两、宫刑三千六百两、大辟六千两。如果判处五罚还有疑点,那就改为五过。五过基本上没有实际意义,连现代的虚刑都算不上,差不多就是口头警告或者是记录在案之类。《甫刑》之中,墨刑的刑罚条文有一千条,劓刑的刑罚条文有一千条,膑刑的刑罚条文有五百条,宫刑的刑罚条文有三百条,大辟之刑的刑罚条文有两百条,五种刑罚加起来,共三千条。

《甫刑》之中的五种刑罚墨、劓、膑、宫、大辟,被后世许多朝代所一直沿用。

当时处在东方的徐国,辖境在现今的淮河、泗河一带。国君徐子(子爵的国君),好行仁义,因此前来归顺的东夷国家有三十六个,徐子因此自称为徐偃王。周穆王巡视各国,听说徐偃王在东方各国中树立了较高的威望,并且僭号称王,于是联合楚国突袭徐国。徐偃王平素施行仁义不注重战备,周师和楚军前来进攻时又奉行仁义避而不战带领百姓逃亡,最终徐国被攻破,徐偃王被杀。徐偃王死后,他的儿子带领数万徐国百姓向北迁往彭城(今江苏徐州市),周穆王封徐偃王的儿子仍为徐子,仍旧管理徐国。

徐偃王奉行仁义被灭,在历史上通常与穷兵黩武恃武而亡的国君相互并列,被许多统治者引为镜鉴。

周穆王在位期间还曾南征。通过巡游和征伐,周穆王使东南方的许多方国和部落归顺于周王朝的统治。在征服荆、越之后,周穆王效仿当年的大禹,在涂山大会诸侯,巩固了周王朝在东南的统治。

由于周穆王在位期间扩张了周王朝的疆域,巩固了周王朝的统治,因此在历史上也被尊为一代雄主。但由于他经常出游加上征伐,常年不在朝中,所以导致朝纲松弛,在他之后,周王朝的统治由盛转衰。

周穆王是西周在位时间最长的周王,他五十岁即位,又当了五十五年天子,活了一百零五岁。

周穆王死后,他的儿子姬繄扈(音衣户)即位,这就是周共王。周共王在位期间的主要事迹，就是消灭密国。而周共王灭密，并不是出于什么扩张领土巩固政权的雄心壮志，而是起于一件令人啼笑皆非的小事。

周共王有一次到泾水河边去游玩，因为属于密国的辖境，所以密国的密康公跟随他。到了一个地方，有人见密康公前来，于是把三个美貌的女子献给了他，密康公就自己收纳了下来。密康公的母亲见状，深为儿子的行为担忧，于是赶快劝他说："你一定要把这三个女子献给王。三个兽在一起称为群，三个人在一起称为众，三个女子在一起称为粲。粲，也就是非常美好的东西。人家把美好的东西献给你，你何德何能承受得起，就是周王都有些承受不起，何况是你这个小丑？小丑占有美好的东西，就必定会自取灭亡。"但密康公执意不听母亲的劝告，没有把三个女子献给周共王。密康公的行为理所当然地触怒了周共王，不到一年，周共王派兵消灭了密国。看起来，有时候艳遇临头并不代表着真能消受齐人之福，而是对政治智慧实实在在的考验啊。

周共王死后，他的儿子姬囏（音艰，同艰）即位，是为周懿王。

周懿王之时，周王朝国势日衰。严狁、西戎、翟人等相继侵犯西周，国人深受其苦，作诗讽刺周懿王治国无能。周懿王曾经命令虢公率军北伐犬戎，结果大败而归。

因为周懿王元年，发生了"天再旦"（天亮后发生日食）的现象，再加上即位以来诸事不顺，所以周懿王感觉十分不祥，于是在第七年将国都从镐京迁到槐里（今陕西省咸阳市兴平市东南）。迁都只是一个消极的执政方式，根本无助于政治腐败、国势衰落的周王室重振雄风。生性懦弱的周懿王，简单地拿迁都来挽救国运，结果使周王朝的统治进一步弱化，加剧了贵族阶层的矛盾。周懿王死后，王位被他的叔父姬辟方所夺。姬辟方就是周孝王。

周王朝自建立之日起，为了避免继承人争夺君位自相残杀而破坏王朝稳定，制定了嫡长子继承制。这一制度在周成王时期被周公加以完善，形成等级森严的宗法制。而周孝王破坏祖制登上王位，成为西周时期王位继承的一个很大异数。所以后世的许多史书，对周孝王在位期间的所作所为很少提及。

而周孝王，正是在目睹周懿王软弱无能被外族侵凌的一系列惨痛现实之后，才依靠自身的才能夺取了王位。

夺取王位之后，周孝王首先做的事情就是命令申侯率兵征伐犬戎。

申侯是申国（今河南省南阳市唐河县西北）国君，他其实根本不愿意率兵去攻打犬戎，因为他和犬戎之地颇有渊源。

西戎有个地方叫犬丘（这是西犬丘，在今甘肃省陇南市礼县一带，与秦朝时改名的废丘和汉朝时改名的槐里不是一个犬丘，后一个犬丘在今陕西省咸阳市兴平市东南），犬丘的封主名叫大骆，大骆有个庶子名叫非子，当时替周孝王养马，因为养的马非常肥壮，繁殖很快，为周王室发展军事立下汗马功劳，所以周孝王想让非子做大骆的继承人。而申侯的女儿是大骆的正妻，生的儿子是嫡子，周孝王这么做，自然会影响到申侯的切身利益。所以申侯就对周孝王说："从前我的祖先娶郦山氏之女，生下一个女儿，嫁给西戎的胥轩为妻，生下一个儿子名叫中潏（战国时秦国和赵国的共同祖先）。中潏因为母亲的缘故归服周朝，保卫周朝的西部边境，使周朝西部保持和睦安定。现在我又把女儿嫁给中潏的后人大骆，生下嫡子成。如今由于申国与大骆再次结亲，西方的戎族都归顺了周朝，所以您的王位才能稳固。大王您认真地考虑一下吧。"

周孝王听了之后，明白了申侯的用意。觉得与西戎讲和也不失为一个两全其美的好办法，于是把非子封在秦邑，并让他继续为周王室饲养马匹，不让他回到西戎去，从而保证了申侯外孙成的嫡子继承人之位不受影响。

申侯达成所愿，于是利用大骆的影响，出面与西戎讲和，西戎接受了申侯的建议，与周王朝握手言和。周孝王五年，西戎派遣使者入朝，向周王朝进献良马百匹。周孝王非常高兴，厚赏来使，加强了与西戎的邦交。在冷兵器时代，马匹是一个国家重要的战略资源，无论是祭祀、农耕、战争都需要大量的马匹，西戎进献良马和非子养马，对于解除周边少数民族的军事威胁提供了保证，同时也对国内各诸侯国是一种无声的震慑，这在一定程度上使周王朝的统治力得到了恢复和加强。

所以说，周孝王夺位虽然违反了周朝的宗法制，但他在位期间能够采取积极有效的少数民族政策，与西戎讲和并使周王朝的国力得到一定程度的恢复，是一个很有作为的君主。

周孝王死后，为了维护宗法制和周王朝内部的稳定，西周贵族们又恢复了嫡长子继承制，拥立周懿王的太子姬燮继位，这就是周夷王。

周夷王在位期间，曾命虢公率兵攻伐太原之戎（这里的太原不是现今山西的太原，据考证在今甘肃东南部一带），周军到达俞泉（古地名，在今甘肃东南部，具体已无考），缴获马匹上千。周夷王之时，周王室更加衰微，诸侯大都不来朝见，而是相互攻伐。

## 第六节　防民之口、冰美人褒姒、烽火戏诸侯

周夷王死后，其子姬胡继位，这就是周厉王。

周厉王在历史的记载中是一位声名狼藉的国君，且看他在位期间，究竟做过哪些事情。

周厉王即位之后，重用有经济专长的荣夷公做卿士执掌大权，把原本百姓可以自由享用的森林、草原、湖泊等资源全部收为国有，即施行国家垄断主义，向百姓征税，试图增加王室的财政收入。一时之间，不论是贵族还是平民，都激烈反对。

有一位名叫芮良夫的大夫就向他进谏说："王室恐怕要衰落了吧？荣夷公这个人，他只知道敛财而不知道国家已经面临大祸。财产这个东西，是天地万物产生的，而生活在这片土地上的人都必须支配它，这是个自然规律，怎么能一个人独占呢？独占的结果只会让越来越多的人心生怨恨，这就大祸临头了，荣夷公这么做，必定会影响到你，你这个王怎么能当得长久？做人民之王的，都是开发天下的财利而使天下人普遍受惠，以前的周文王他们都是让天下人都得到了好处（即藏富于民），这才有了周朝的天下，并一直到了今天。老百姓霸占财产人们都会把他们称为强盗，你这么做，又怎么说呢？照这样下去，归顺你的人会越来越少，周朝会因此而灭亡的。"但是周厉王却并不认为芮良夫说得有道理，因为王室已经入不敷出，如果再不加强王室的税收，那么周王室早晚会在经济上垮台，从而导致政治上的垮台，于是坚持重用了荣夷公。

王室垄断山林川泽，不许百姓依山泽而谋生，于是国内的百姓都开始议论咒

骂周厉王。召公（这个召公不是周武王时的召公姬奭，而是姬奭的后裔召穆公）又向他进谏说："再不能这样了，老百姓已经受不了了，他们每天都在议论这件事情，我担心这样下去，早晚会出大问题。"周厉王大怒，从卫国找了个巫师来，监视议论他的人。为什么要让巫师干这个活，是因为那个时候的人迷信，认为巫师只要通过占卜，就可以知道哪些人在咒骂周厉王，而周厉王就可以依据巫师的报告把那个人杀了。这样一来，议论的人少了，诸侯也不来朝拜了。又过了四年，周厉王的统治愈加严苛，老百姓们都不敢说话了，走在路上，只是使个眼色打个招呼，就匆匆走过去了。（典故"道路以目"出处。）

周厉王得意地对召穆公说："看一看，还是我厉害吧，现在我已经成功地平息了国人的议论，他们现在连话都不敢说了。"召公说："你这只是不想让百姓说真话而已，哪里是平息了国人的议论。你要知道，你把百姓的嘴堵上，比把一条河流拦腰截断的后果还要可怕（防民之口，甚于防川），等河水冲垮了河堤，那就会危及更多的人，堵老百姓的嘴也是这个道理。所以说那些治水的人都是因势利导，尽量让水流畅通，这才能够疏通河道；治理国家，也应该让老百姓想说什么就说什么，这才能够听到正确的意见，发现哪些地方做得正确，哪些地方做得不对需要改进或废止。你这样把百姓的嘴堵上，我看你能堵多久。"周厉王还是不采纳他的意见。于是国内的人都不敢说话了。由于周厉王的高压政策，三年之后，京都的贵族和平民联合起来发动叛乱，袭击周厉王，周厉王只好仓皇出逃，跑到一个叫彘（音制，今山西临汾霍州市）的地方躲了起来。

这件事情在历史上被称为"国人暴动"。这里的"国人"，是指在周代，所营筑的城邑通常有两层城墙，内为城，外为郭，住在城内的就称之为"国人"，住在城外的就称之为"野人"或"鄙人"。"国人"的主体，有一些失势的贵族和贫困的士人，当然还有许多工商业者和下层平民。

周厉王出逃之后，他立的太子姬静藏在召穆公家里，贵族们听到之后，又把召穆公的家围了起来，并威胁召穆公交出姬静。召穆公叹息说："以前我多次劝谏厉王，可是厉王不听，才发生了今天这样的事情。如果今天让百姓们杀了太子，那么厉王一定认为我是在怀恨报复他。作为一名下属，身处险境也不应该心怀怨恨，被责骂了也不应该生气发怒，更何况是侍奉君主的大臣呢？"于是让自己的儿子假装太子姬静，让百姓们抓走杀了。

单纯地以"愚忠"二字评价召穆公，显然非常片面，在他交出儿子的时候，他内心的痛苦完全能够想象，虎毒不食子，即使是最狠毒的父亲，也不会眼看着亲生骨肉惨遭不测，更何况是贤良的召穆公呢？但作为周朝的股肱之臣，他必须为王朝的延续着想，为整个周朝的稳定着想，因此做出这样的牺牲，只能是让人产生一种痛彻心肺的敬佩。但召穆公的这个忠义之举，并未为更多的人所知晓，倒是两百多年后与此相似的"赵氏孤儿"事件，设法营救赵氏孤儿的程婴和公孙杵臼两个人，因其忠烈和感慨赴死，赢得了后人广泛的赞誉。

国不可一日无君，贵族们公推卫国国君卫僖侯的长子共伯和（即卫武公）代行天子事，并将这一年定为共和元年。共伯和执政，这在历史上称为"共和行政"（另有一种说法，是召穆公和周公旦的后嗣周定公二人共同执政，所以称之为"共和行政"）。共和元年是公元前841年，这是我国历史上有确切纪年的开始。

共伯和执政十四年后，周厉王在彘地死去。他躲在召穆公家里的太子姬静也刚好长大成人，于是召穆公和周定公又把姬静拥立为周王，这就是周宣王。在召穆公和周定公的辅佐下，周宣王实行比较开明宽缓的政策，效法周文王、周武王、周成王、周康王时期的政策法令，天下诸侯又重新归附于周，出现了短暂的"宣王中兴"的局面。

当时有一种籍礼，也叫籍千亩，就是在每年的春耕之时，由周王和公卿大臣在井田举行开耕仪式，巡查庶人在公田内的耕作情况，并无偿占有他们的劳动成果。因为中国古代是农耕社会，农业生产被视为社会的命脉，所以每年的春耕开始前，都要由王或是皇帝举行籍礼，祭祀先农氏（即神农氏），以示对农业的重视。所谓籍田，就是指王或首领的田地。史书上说，天子有籍田千亩，征用农夫耕种（实际上就是庶民们耕种井田最中间的那一块公田）。在现今北京的先农坛观耕台南侧，就是封建时代皇帝行籍礼的籍田，北京人称之为"一亩三分地"。

行籍礼时，天子亲自扶着犁在田内耕第一犁，以示先天下耕种，并劝勉全天下的农人，这个仪式在以农为本的封建时代被一直沿用。具体的仪式是皇帝左手执鞭，右手扶犁，精心挑选的农夫牵着牛背上披着大红绸缎的耕牛，四推四返（清朝时改为三推三返）之后，登上观耕台看三公九卿把这"一亩三分地"耕完。之后，农夫们开始耕种周边的田地。

皇帝耕种的这一块田，由专门的人员负责管理，到当年秋天收获之时，由该管理人员向皇帝献穗，以示皇天保佑，风调雨顺，五谷丰登。

但周宣王在位期间，却不到田间去举行籍礼，虢公劝谏他，但周宣王没有听从。其时，井田制已经遭到较大程度的破坏，原本属于集体所有的公田，实际上已经变成周王、诸侯以及贵族的私田，庶民们耕作的积极性一点也不高，再去举行籍礼，实际上就有点自欺欺人，甚至在老百姓看来，有公然愚弄之嫌。周宣王不愿再去做这种违心的事情，于是籍礼被取消。实际上无论何时，维系某种存在的，永远是表面上不可或缺的一些程序和礼仪，周宣王不愿意去做这些事情，那就标志着，维系周王朝统治的礼制，已经到了濒临崩溃瓦解甚至连最高统治者自己都不相信的地步！试问周王朝又怎么能不衰败呢？

周宣王在位期间，由于武力干涉鲁国的君位继承，引发了各诸侯的普遍不满。

公元前817年（周宣王十一年）春，鲁国国君鲁武公带着长子公子括、少子公子戏前来朝见周宣王。周宣王非常喜爱公子戏，想要立公子戏为鲁国太子。大夫仲山甫就劝他说，废长立幼，不合祖制，但周宣王不听，执意立公子戏为鲁国太子。同年夏天，鲁武公回国后去世，公子戏继位，是为鲁懿公。十年后，公子括之子伯御与鲁国贵族攻杀鲁懿公，伯御被拥立为鲁君，史称"鲁废公"。周宣王对此不满，率兵攻打鲁国，杀死鲁废公伯御，立鲁懿公的弟弟公子称为鲁国国君，是为鲁孝公。周宣王的做法理所当然地引起了各诸侯国的不满，从此以后，诸侯对王室多有抗命之举。

周宣王晚年，多次对周边少数民族国家用兵，但大多以失败告终。公元前797年，周宣王派军队攻打太原之戎，周军战败。公元前792年，周宣王派军队征讨条戎、奔戎（今山西省运城市夏县西南），再次战败。公元前789年（周宣王三十九年），周宣王派遣军队攻打姜氏之戎，结果在千亩（今山西省晋中市介休市南）大败，周宣王调去作战的南国之师全军覆没。

周宣王尽丧南阳一带的南国之师后，于是在太原（即将人丁集中到高原空阔地带）进行人口普查，想要补充兵源、征调物资。大臣仲山甫认为百姓的户口多少官方有记载，问一问百官就可以知道，根本没必要劳民伤财，引发混乱，于是劝谏说："民户是不可以统计的，这样会引发混乱。"但周宣王不听，还是执意普查了户口。

周宣王晚年独断专行，拒绝纳谏，还滥杀大臣杜伯等人，引发了不小的混乱，为西周灭亡埋下了隐患。

周宣王死后，他的儿子姬宫湦（音生）继位，这就是周幽王。

提起周幽王，估计不熟悉他的人并不是很多，有此知名度，一来他是西周的亡国之君，二来还要归功于他烽火戏诸侯的"壮举"。

周幽王二年，西周丰邑、镐京和泾水、渭水、洛水一带都发生地震。大臣伯阳甫说："周朝将要灭亡了。天地之间有阴阳二气，不可失去其规律；如果乱了规律，一定是有人扰乱了它。阳气伏在地下不能出来，阴气压迫着阳气不能上升，这样就会发生地震。现在泾、渭、洛三河一带发生地震，这是阳气不得其所而被阴气镇着啊。阳气失其所而被阴气镇着，河川的源头必然会堵塞；水源堵塞，国家就一定会灭亡。水土气通而湿润，万物才会生长，人民才能利用。土地没有水源，人民缺乏财用，国家不亡还等什么？当初伊水、洛水枯竭，夏朝灭亡，黄河枯竭，商朝灭亡。现在周朝就像夏、商末年，其水源又堵塞，堵塞了就要枯竭。国家的建立一定要依山傍河，山崩水竭，这是亡国的征兆啊。水源枯竭一定会引发山崩。如果亡国则不出十年，因为从一到十是一个轮回。上天抛弃一个国家，不会超过这一期限。"

　　伯阳甫的说辞虽然来源于当时的一些学说，但却蕴含着大自然中的一些朴素哲理，并且，周王朝的命运，也确实被他不幸言中。

　　周幽王三年，得到一个名叫褒姒的妃子，周幽王非常宠爱她，于是把原来的王后申后和太子姬宜臼废了，然后立褒姒所生的儿子伯服为太子，并将褒姒立为了王后。太史伯阳看到这种情况叹息说："大祸已经酿成，周朝就要灭亡了。"

　　那么这个褒姒，到底是什么来历，太史伯阳又为什么要这么说呢？

　　因为在这之前有一个极为荒诞的传说，并且有一则预言周王朝将要灭国的童谣。

　　传说夏朝衰落之时，天上降下来两条龙，自称是褒国（今陕西省汉中市西北）的两位国君。夏王不知如何应对，就命人占卜，是杀了两条龙，还是赶走两条龙，抑或是把它们留在宫廷里，结果占卜的结果都不吉利，没办法又占卜，发现把两条龙的唾液收集起来最吉利。于是夏王就举行了一个隆重的仪式，陈设锦帐，宣读策文，请两条龙把唾液留下。然后两条龙就把唾液留下飞走了，夏王赶快命人把龙的唾液装在一个匣子里放了起来。夏朝灭亡后，这个匣子传给了商朝，商朝灭亡后，又传给了周朝。总之是谁也不敢打开来看。到了周厉王末年的时候，待在彘地的周厉王闲来无事，禁不住好奇把匣子打开观看，结果里面的唾液流到了地面上，怎么擦也擦不掉。周厉王比较害怕，于是让宫女们赤身裸体在地板上跳着大声喊叫，结果龙的唾液变成了一只黑色的鼋（音猿，一种形体类似于龟的动物），钻进了后宫，结果让一个七八岁的小宫女给撞见了。后来，这个小宫女到了十五岁，未婚自孕，生了个女婴。因为她没有丈夫就生下了孩子，心里很害怕，就让人把女婴扔到了野外。

周宣王在位的时期，有一则广为流传的童谣是这样唱的："檿（音眼，一种野桑）弧箕服，实亡周国。"也就是说，野桑木做的弓，箕木做的箭袋，它们会让周朝灭亡。

古代的童谣，创作者一般都是些怀有某种政治目的且可以根据时局发展对未来做出某种预测的人，他们编出一首简单易唱的歌谣，教给小孩子们在闹市街区传唱就可以了。比如后来三国时的董卓临死前传唱的那首"千里草，何青青，十日卜，不得生"，等等，总之不一定百分之百跟现实对应上关系，但却跟现实有着千丝万缕的联系。传唱的童谣非常多，而只要发生某种后果，跟其中一首对上关系，人们马上就会认为这首童谣简直就是神的预言，非常准确。这实际上也存在一个概率的问题，因此，如果说是这则童谣预示了西周将要灭亡，那将是非常夸张的。一个事实情况是，当时的西周王朝积贫积弱，国力大衰，政治腐败，关于周朝将要灭亡的谣言四起，而这则童谣，只不过是其中的一首而已。它的本意，只不过是想说明，弓箭（战争）会导致周王朝灭亡。

周宣王无意中听到这首童谣之后非常生气，于是派人调查，发现都城里刚好有一对夫妇在卖这两样东西，于是就命人把他们抓起来杀掉。这对夫妇得知消息后赶快逃命，结果在荒郊野外遇到了那个小宫女无夫而生并丢弃的女婴，看她哭得非常可怜，于是就抱起她逃到了褒国。

这个小女孩长大以后，长得非常漂亮，由于她生长在褒国，所以就把她称为褒姒（姒是姑娘之意）。后来褒国人犯了罪，为了免祸，就把她献给了当时的周天子周幽王。而周幽王一见到褒姒，就对她非常着迷。

要说周幽王宠幸褒姒也就宠幸了，历代的君王哪一个不曾有过宠幸某个妃子的先例，何至于亡国呢？但这里面却有一个令人出乎意料的原因。因为这个褒姒，她不爱笑，是一个高冷的冰美人。宠爱的美人不笑，周幽王实在是心急如焚，于是就想尽一切办法想让她笑，但所有的办法都想过了，褒姒就是不笑。万般无奈之下，周幽王想到了一个主意。因为周王朝时常会遇到外敌入侵，为了及时将外敌入侵的消息传递给诸侯，召集诸侯前来拱卫国都，于是建造了烽火台，一有紧急情况，就在烽火台上燃放狼烟（据说烧的是狼的粪便，因为狼粪燃烧时会产生很浓的烟，不轻易散去，很远的地方都能看到，故名狼烟）。诸侯们一看到狼烟，就会以最快的速度率兵前来勤王。周幽王想到的博褒姒一笑的办法，就是命人点燃狼烟，让诸侯们赶来勤王，看褒姒笑还是不笑。结果这一次，周幽王的创意起了作用，烽火点燃之后，诸侯们果然带兵慌慌张张地赶来了，结果到了之后，警惕万状地哨探周遭，并没有发现敌情，却发现周幽王和褒姒在高台上悠闲自得地玩乐。诸侯们又狼狈，又气愤，却又敢怒不敢言，只得灰溜溜地退兵回国。褒姒看到这种情景，乐得哈哈大笑。周幽王一看这个办法管用，于是一次又一次地点燃烽火，不断地戏弄诸侯。点了好几次，诸侯们不堪其扰，就再也不来了。

这不过是一个翻版的伊索寓言《狼来了》，第一次小孩子喊狼来了，大人们都赶来打狼，结果发现受骗了，等到后来真的来了狼，谁也不会再赶来救他。所不同的是小孩子损失的是一群羊，而周幽王将要失去的，却是他的性命和王位，还有周王朝黎民百姓的幸福和安宁。

被周幽王废掉的申后，是申侯的女儿。废太子姬宜臼，是申侯的外孙。他们母子被废之后，就逃到了申侯那里。如果申后和姬宜臼不被废黜，那么将来姬宜臼继承王位，申侯的权力自然就会更加稳固。但现在周幽王立了褒姒所生的儿子姬伯服，申侯一族的荣华富贵自然也就成了过眼烟云。申侯非常生气，于是联合鄫国（今河南省南阳市方城县一带）和西部的犬戎，让他们进攻周朝。西部的犬戎和申国素来有亲戚关系，因此申侯一联络，犬戎马上就出兵了。此时周朝内无贤良之臣，外失诸侯之援，犬戎的兵马到了城下，周幽王命人大举烽火，但诸侯们却没有一路前来。周幽王最终为他的荒唐行为付出了惨重的代价，周都镐京被犬戎攻破，周幽王被杀死在骊山（今陕西省西安市骊山）之下，褒姒被掳走。同时被掳走的，还有国都的全部珍宝和大批财产。

古代的儒生们为了尽量维护国君形象，总爱把脏水泼在女人身上，谓之红颜祸水。褒姒同样难逃这个命运，她和夏末的妹喜、商末的妲己以及后来东周晋献公的妃子骊姬被并称为中国古代四大妖姬。实际上，不论是神话传说还是历史记载，其实所有的坏事都跟褒姒沾不上边，相反，她是一个苦孩子，刚生下来就被抛弃了，连自己的父亲是谁都不知道。她只是一个政治的筹码，一个强权社会的牺牲品，她唯一的罪状大概也就是没有笑容，但让她绽开笑颜有很多种办法，作为她的丈夫，周幽王也完全不应该拿举烽火这种军国大事去逗乐她，所以说，将褒姒定位为亡国妖姬是不公平的。褒姒被掳到犬戎之后，历史再无记载，估计以她的美貌，应该也会得到犬戎首领的宠幸，继续度过她没有笑容而备受争议的一生吧。

抛开周幽王昏庸、愚蠢的一面不说，单就他对待褒姒这件事情上来说，完全可以将其定位为一个情痴，痴得可怕，竟然痴到了拿国家的生死存亡去讨好宠妃的地步，不能不令人扼腕叹息。如果他是个普通百姓，可能会是个很有情趣的模范丈夫，但作为国君，这就万不可以。历史的教训非常深刻，归纳起来大致有以下几种"即情痴不能当皇帝（周幽王）、才子不能当皇帝（宋徽宗赵佶、南唐李煜）、痴呆不能当皇帝（晋代司马衷）、疯子不能当皇帝（北齐高洋），这几类人当了皇帝，不论怎么样最终都会给国家招来祸患，使人民深受其苦。

犬戎杀死周幽王之后，将周都劫掠一空，之后退兵。昔日繁华的周都，立即变得满目疮痍。这一年是公元前771年，西周宣告灭亡。

西周共历十一代十二王，从公元前1046年始，到公元前771年至，享国二百七十五年。都城为镐京和丰京，并有东都成周洛邑。周朝的国名来自古公亶父所迁的"周原"，因为周族迁居周原之后得以兴旺，所以周武王灭商之后，就把国号定为"周"。又因为都城镐京在东周的都城洛邑之西，因此把定都镐京时期的周朝，称为西周。

因为周族在建国初期，势力和疆域都没有殷商大，人口也没有殷商多，所以在推翻殷商之后，为了巩固自己的统治，采取了包容性极强的政策，不仅对殷商遗民，也对周边的少数民族采取了包容、合作、共存的态度，可说是你中有我、我中有你，互相接近、互相影响，这就加快了民族的同化和融合，从而形成了后来华夏族的基干、汉民族的前身。而周文化也因此而呈现出商、周及其他少数民族文化共存共荣的显著特征，中国历史上光辉灿烂的文化高峰能在东周时期出现，就不再显得偶然。